航道安全保障
国际合作机制研究

史春林 · 著

时事出版社
北京

图书在版编目（CIP）数据

航道安全保障国际合作机制研究 / 史春林著 . —北京：时事出版社，2023. 8

ISBN 978-7-5195-0534-9

Ⅰ. ①航…　Ⅱ. ①史…　Ⅲ. ①航道—水上交通—交通运输安全—保障—国际海运—研究　Ⅳ. ①U698②F551

中国版本图书馆 CIP 数据核字（2022）第 256101 号

出 版 发 行：时事出版社
地　　　址：北京市海淀区彰化路 138 号西荣阁 B 座 G2 层
邮　　　编：100097
发 行 热 线：（010） 88869831　88869832
传　　　真：（010） 88869875
电 子 邮 箱：shishichubanshe@ sina. com
网　　　址：www. shishishe. com
印　　　刷：北京良义印刷科技有限公司

开本：787×1092　1/16　印张：16. 5　字数：250 千字
2023 年 8 月第 1 版　2023 年 8 月第 1 次印刷
定价：105. 00 元

国家社会科学基金项目
（16BGJ031）

目 录

Contents

绪　论

航道安全是保障全球供应链安全的重要环节。国际海运贸易具有先导作用，而航道安全保障及其合作机制的构建则是重要前提与基础。因此，通过港口网络连接与航道开发，可有力促进货物和人员等安全高效畅通，消除海上贸易障碍，进而共同打造沿海经济带，并创建新的、稳定的、可持续的发展空间。

一、相关问题的提出

国际海运贸易首先是依托运输工具，与有关国家建立便捷的海上贸易联系，这涉及有关沿岸国家的港口城市及物流集散地。而航道则是连接沿岸国家港口城市最便利与最直接的方式，其核心是航道价值与安全保障及其有关合作机制的构建。而且由于海运属于低敏感行业，航道安全保障及其合作机制构建有助于消除有关国家疑虑，提升政治互信，缓解区域矛盾，共建利益共同体。

但有关国际航道漫长，各种复杂因素对航道安全影响较大，有关航道安全保障脆弱，面临着以下风险与威胁：第一，从影响航道安全的内外因素来看，一方面外力引发的航道安全威胁主要有：其一，海盗与海上恐怖活动袭扰；其二，海上封锁、咽喉要道关闭；其三，有关国家动荡、骚乱以及国家间冲突、对抗、战争等向海上方向延伸。另一方面与内部因素相关的航道安全威胁主要有：其一，海洋自然因素，如海啸、风浪、雨雾、冰雪等对航道安全的影响；其二，与航道连成一体的还有港航配套设施，如出海口、港口、船队等基础设施与条件也是海运安全所依赖的关键环节；其三，与海运当事者本身操守有关，包括船舶海损事故与污染、海运管理混乱、海员素质低下等。第二，从威胁航道安全的性质来看，主要包括：其一，传统安全威胁，是指国家间或区域内的武装冲突、军事对峙乃至战争爆发以及沿岸国家动乱外溢所形成的威胁；其二，非传统安全威胁，是指现代海盗和海上恐怖分子武装袭扰以及海上走私、偷渡、毒品贩卖、跨国有组织犯罪、武器扩散等对航道安全的威胁。

由此可见，目前有关航道安全所面临的威胁种类多、涉及面广、解决难度大，单靠一个国家无法从容应对，再加上航道本身所具有的国际共享性这一特点，因此必须全面加强国际合作才能确保其安全通畅，这是沿岸国家共同的利益与需求。但目前还没有形成一个十分有效的航道安全保障国际合作机制，因此沿岸国家应全面加强有关航道安全保障国际合作机制平台与制度等方面建设，确保有关航道有序、和谐与畅通。

二、研究动态的梳理

近年来，有关航道安全保障及其合作机制构建问题研究是学界关注的一个重点与热点，该问题的研究虽然取得了一定成果，但仍存在一些不足，需要今后进一步加强研究。

一方面从国内研究动态来看，国内学界对航道安全保障及其合作机制构建问题主要进行了以下几方面研究。

第一，关于“21 世纪海上丝绸之路”航道安全保障问题的研究。朱时雨和王玉的《21 世纪海上丝绸之路航道安全探析》（《交通运输研究》2015 年第 2 期）、张洁的《海上通道安全与中国战略支点的构建：兼谈 21 世纪海上丝绸之路建设的安全考量》（《国际安全研究》2015 年第 2 期）、谢博和岳蓉的《地缘政治视角下的 21 世纪海上丝绸之路通道安全》（《东南亚纵横》2015 年第 5 期）、陈楠枰的《21 世纪海上丝绸之路的交通谋划从水路安全畅通起步》（《交通建设与管理》2014 年第 11 期）等文章对航道安全威胁及其安全保障措施等问题进行了总体研究。

第二，关于部分海域航道安全保障问题的研究。王斌传的《非政府组织参与马六甲海峡航道安全管控研究》（《江西社会科学》2016 年第 4 期）、苏李杰的《海上新丝路背景下的马六甲海峡通道安全研究》（《学理论》2019 年第 4 期）、张才圣的《21 世纪海上丝绸之路背景下的东南亚海上通道安全问题研究》［《广西师范大学学报（哲学社会科学版）》2015 年第 6 期］、张文木的《从整体上把握中国海洋安全："海上丝绸之路"西太平洋航线的安全保障、关键环节与力量配置》（《当代亚太》2015 年第 5 期）、张芃菲的《印度洋通道安全对中国的重要意义及面临的挑战》（《江南社会学院学报》2015 年第 1 期）、邵雪婷、荣正通的《21 世纪海上丝绸之路中东海域的安全机制建设研究》［《中国海洋大学学报（社会科学版）》2015 年第 4 期］等文章对马六甲海峡、西太平洋、印度洋等海域有关航道安全保障及其合作机制构建等问题进行了研究。特别是梁甲瑞的《海上战略通道视角下中国南太地区的海洋战略》（《世界经济与政治论坛》2016 年第 3 期）、《试析大国何以对南太平洋地区的海上战略通道展开争夺》（《理论月刊》2016 年第 5 期）、《海上战略通道视角下中印在南太平洋地区的海洋战略博弈》（《南亚研究季刊》2017 年第 1 期）、《南太平洋地区海上战略通道安全与战略支点港口的构建》（《战略决策研究》2017 年第 2 期）、《英国在南太平洋地区的战略评析：基于海上战略通道的视角》（《国际论坛》2018 年第 2 期）等文章以及《中美南太平洋地区合作：基于维护海上战略通道安全的视角》（中国社会科学出版社 2018 年版）一书对南太平洋有关航道安全保障及合作机制构建等问题进行了较为全面、系统的研究。

第三，关于能源航道安全保障问题的研究。周云亨的《海上能源通道安全与中国海权发展》（《太平洋学报》2014 年第 3 期）、高文胜的《南太平洋能源战略通道的价值、面临的风险及中国的对策》

(《世界地理研究》2017 年第 6 期)、陈腾瀚的《中国主要海上能源通道风险刍议》(《油气储运》2019 年第 11 期)等文章对有关能源航道安全保障问题开展了研究。

第四，关于航道战略支点安全保障问题的研究。周方冶的《中泰关系：东盟合作中的战略支点作用——基于 21 世纪海上丝绸之路的分析视角》(《南洋问题研究》2014 年第 3 期)，丁阳、黄海刚、王春豪的《21 世纪海上丝绸之路的战略枢纽：克拉运河》(《亚太经济》2015 年第 3 期)，刘大海、王艺潼、刘芳明、于莹、连晨超、徐孟的《"21 世纪海上丝绸之路"海上战略支点港的主要建设模式及其政策风险》(《改革与战略》2017 年第 3 期)等文章对有关航道战略支点安全保障问题进行了具体研究。

第五，关于航道安全保障法律问题的研究。李建勋的《南海航道安全保障法律机制有效性与局限性研究》(《东南亚研究》2015 年第 3 期)与《南海航道安全保障法律机制对"21 世纪海上丝绸之路"的借鉴意义》(《太平洋学报》2015 年第 5 期)、宋云霞的《海上丝绸之路安全保障法律问题研究》(《中国海商法研究》2015 年第 2 期)、李卫海的《中国海上航运的安保模式及其法律保障：以应对 21 世纪海上丝路的海盗为例》(《中国社会科学》2015 年第 6 期)、牛文杰的《"一带一路"视角下海洋航道安全法律保障机制研究》(《海南广播电视大学学报》2016 年第 3 期)、翟语嘉的《"21 世纪海上丝绸之路"框架下能源通道安全保障法律机制探究》(《法学评论》2019 年第 2 期)等文章对有关航道安全保障的法律问题进行了专门研究。

另一方面从国外研究动态来看，国外学术界对航道安全保障问题主要进行了以下几方面的研究。

第一，关于航道安全影响因素问题的研究。2014 年英国出台的《国家海洋安全战略》指出，由于战争、犯罪、海盗或国际规范的变化会导致对重要航道的破坏，欧盟提出的海上安全战略将以下因素列为航道主要威胁：领海争端、国家之间侵略行为与武装冲突；对海上交通系统尤其是基础设施潜在影响的自然灾害、极端事故、气候变化；削弱海事领域的增长潜力与就业机会的海上及沿海状况。①

第二，关于航道安全保障合作问题的总体研究。土耳其有关专家研讨了全球航道及航运基础设施安全保障合作的新视野与新举措。英国卡迪夫大学的有关专家则认为可采取“海上安全共同体”来研究航道安全保障合作机制，其理想模式是：各航道安全利益相关方一起研究确定哪个目标存在哪个威胁，采取怎样的措施消除这种威胁。为此，各方应保持日常信息交换，协调彼此行动，就构建海上安全达成共识并采取相应举措。②

第三，关于航道安全保障合作问题的个案研究。有些学者对重要海域的航道安全保障合作问题进行了较为深入的具体研究：一是关于亚太地区航道安全保障合作问题研究，如美国有关专家分析了美国、澳大利亚、日本在亚太地区有关航道安全利益诉求及其合作机制。二是关于印度洋航道安全保障合作问题研究，如 2015 年 6 月英国皇家国际事务研究所与新加坡国立大学能源研究所召开的“中东与东南亚之间航道安全的未来”国际会议指出，目前印度洋航道面临多种安全威胁，但该地区的国家与机构基本上没有能力也没有强烈意志来独立管理航道安全。而其他相关国家在该地区保障航道安全方面具有共同利益，不过目前对于如何合作，如由谁来保障航道安全或负责相关费用，相关国家意见并不一致，因此到目前还没有形成一个全面的区域性框架，各方合作十分困难。三是关于几内亚湾航道安全保障合作问题研究，如澳大利亚有关专家分析了非洲

① UK Government, *National Strategy for Maritime Security*, London: UK Government, 2014; European Union, *European Union Maritime Security Strategy*, Brussels: European Union, 2014.

② Joseph S. Szyliowlcz & Ozlen Celebi, *Global Maritime Security: New Horizons*, Istanbul: Turkish Naval Forces Printing Office, 2014; Christian Bueger, Communities of Security Practice at Work? The Emerging African Maritime Security Regime, *African Security*, Vol. 6, No. 3 -4, 2013.

几内亚湾航道安全状况及其对有关航运、能源、可持续渔业以及国家和区域安全等的潜在影响，探讨了目前几内亚湾打击海盗等有关航道区域性与国际性安全合作机制的局限性并提出了相应对策。四是关于芬兰湾航道安全保障合作问题研究，如芬兰有关专家研究了目前在波罗的海芬兰湾采取积极主动的区域性航道安全保障合作措施的重要意义与具体举措，包括建立一个永久性的利益相关者委员会来负责风险管理，建设与维护海上安全风险数据库，通过有关机构进行风险科学评估，以识别事故风险，调整风险预防管理模式，强化航运业安全意识，提高各方信任度，以便把风险降到最低程度。①

第四，关于中国参与航道安全保障合作问题的研究。美国海军战争学院有关专家研究了中国参与国际社会打击亚丁湾海盗的行动，认为这是中国与国际社会合作保护航道安全的一个重要案例。菲律宾德拉萨大学和印度贾瓦哈拉尔·尼赫鲁大学的专家也指出，中国参与打击亚丁湾海盗的多国行动说明中国对于资源密集区的海上安全关注度的加强。美国有关专家分析了中国支持新加坡以西有关港口建设的目的，阐述了中国要实现这些目标所面临的限制及其破解对策，并以此来保护中国在印度洋与非洲沿岸的航道安全。新加坡国立大学的专家指出，目前中国越来越依赖南海和印度洋能源供应链，因此需要保障有关海域的航道安全。在这种情况下，中国加强了在有关国家投资开发港口以促进区域性海上互联互通。荷兰国际

① Sheldon W. Simon, The United States, Japan, and Australia: Security Linkages to Southeast Asia, In T. Inoguchi, *The U. S. – Japan Security Alliance*, New York: Palgrave Macmillan, 2011; US Project Meeting Summary, *The Future of Sea Lane Security Between the Middle East and Southeast Asia*, Chatham House: The Royal Institute of International Affairs, Energy Studies Institute, National University of Singapore, 2015; Kamal – Deen Ali, *Maritime Security Cooperation in the Gulf of Guinea: Prospects and Challenges*, Leiden: Brill, 2015; Päivi Haapasaari, A Proactive Approach for Maritime Safety Policy Making For the Gulf of Finland: Seeking Best Practices, *Marine Policy*, Vol. 60, 2015.

关系研究所专家主要分析了中国参与从南海到地中海亚欧海上走廊的港口建设对欧盟的影响，如中国投资建设希腊比雷埃夫斯港为中欧和亚洲构建了一条经希腊和巴尔干地区的新贸易航道，这样亚洲与非洲未来的海上交通与物流供应链可能会绕过欧洲。在这种情况下，对此进行监控但又与中国合作是维护欧洲利益的最佳方式。美国乔治梅森大学的专家则认为，中国为保护从波斯湾、非洲海域到中国香港的海运经济动脉，修建了一系列港航基础设施，这将引发以斯里兰卡科伦坡为中心的大国博弈。①

由此可见，上述国内外有关研究成果对航道安全保障及其国际合作机制构建问题或多或少都有所涉及，这对本书进一步进行相关研究具有一定的启发性。但目前国内外学界对有关航道安全保障国际合作机制构建的必要性和可能性、现有机制的有效性和局限性，以及未来长效机制构建的原则和举措等方面都还缺少专门研究，因此本书拟就这些问题进行全面、深入、具体和系统的研究。

三、研究意义与价值

本书研究具有十分重要的理论意义与应用价值。一方面从理论

---

① Andrew S. Erickson and Austin M. Strange, Chinese Cooperation to Protect Sea－Lane Security: Antipiracy Operations in the Gulf of Aden, in Peter A. Dutton & Ryan D. Martinson, Beyond the Wall: Chinese Far Seas Operations, *China Maritime Study*, May 13, 2015; Lucio Blanco Pitlo III & Amruta Karambelkar, India's Perception and Response to China's "One Belt, One Road" Initiative: Views From Indian Mainstream Media, *Asian Politics and Policy*, Vol. 7, No. 4, 2015; Morgan Clemens, The Maritime Silk Road and the PLA: Part One, *China Brief*, Vol. 15, No. 6－7, 2015; Christopher Len, China's 21st Century Maritime Silk Road Initiative, Energy Security and SLOC Access, *Maritime Affairs: Journal of the National Maritime Foundation of India*, Vol. 11, No. 1, 2015; Frans－Paul van der Putten, *China, Europe and the Maritime Silk Road*, Netherlands Institute of International Relations Clingendael, March 2015; Patrick Mendis, The Sri Lankan Silk Road, *Harvard International Review*, Fall 2012.

意义来看，目前国内外学界对航道安全保障国际合作机制系统性的理论框架和有效的实践模式研究不足。因此本书拟在界定航道安全保障国际合作机制内涵的基础上，全面分析有关国际航道的分布及其所面临的安全威胁，从航道安全保障国际合作机制产生的基础、条件、运作方式以及沿岸国家对合作机制的认知程度、利益诉求等角度入手，努力克服阻碍合作机制构建的不利因素，积极探讨沿岸各相关方在利益一致性领域可能的合作空间、原则、要素、平台、特点以及未来合作的发展趋势，进而运用问题导向型研究方法，分析利益相关方构建航道安全保障国际合作长效机制的路径和举措，以推动有关航道安全保障国际合作常态化、规则化和多元化，这可在一定程度上弥补目前学界在这方面研究的不足，为新时代中国参与合作机制构建提供科学指导；同时也可为其他沿岸国家参与合作机制构建奠定基础，并为有关海洋安全保障国际合作机制的理论研究提供更多案例与框架。

另一方面从应用价值来看，航道安全具有先导性与基础性地位及作用，因此国际海运物流的畅通与否首先需要落实航道安全保障这一基本前提。航道安全一般是指货物自出口地通过船舶沿特定海上航道可靠、稳定、经济地运至进口地的一种状态。由于有关国际航道涉及的点多、线长、面广，再加上影响航道安全因素较多、保障难度大，单靠任何一个国家都无法有效解决，因此必须全面加强沿岸国家合作。同时相对其他领域国际合作而言，该领域合作由于具有共同的经济利益与安全需求，较易在不同国家或地区间达成一致，因此合作潜力与空间巨大。但目前有关航道安全保障国际合作机制欠缺或欠佳，还没有形成完整的合作链条和完善的合作平台与制度。因此本书试图通过破解航道安全保障国际合作机制的困境，挖掘沿岸国家有关航道安全保障的共同利益诉求，利用相关平台，进一步完善有关航道安全保障国际合作机制构建的理论框架、内在构成要素和有效实施的工具手段，全方位、多层次地构建长效机制。这将有助于维护良好的航行秩序与航道的安全畅通，从而更好地保障国际海运贸易长期繁荣与稳定。在此基础上，本书对中国参与及推动构建航道安全保障国际合作机制的战略定位和原则立场进行深入思考，进一步制定或完善相关具体规则和操作程序，掌握话语权和主动权，这将有助于促进中国海外贸易、能源进口、远洋渔业开展以及海上资源开发和海洋经济发展，维护国家海洋权益，建设海洋强国与交通运输强国以及“21 世纪海上丝绸之路”，并为相关部门科学决策提供一定参考依据。

四、研究内容与方法

本书首先界定了航道安全、航道安全威胁、航道安全保障及其国际合作机制的内涵，厘清了主要国际航道所面临的安全威胁的种类、性质与危害，说明航道安全环境的错综复杂性。接着，以航道安全保障公共产品供需为切入点，紧密围绕航道安全保障国际合作机制这一核心内容，探讨有关航道安全保障的举措以及国际合作的主要形式，通过案例分析等研究方法，阐释现有机制的有效性、局限性及其影响因素。在此基础上，提出航道安全保障国际合作长效机制构建的原则和举措以及中国的策略选择和具体的实施路径。

一方面从研究内容来看，主要体现在以下几方面：第一，从研究重点来看：其一，航道安全保障国际合作机制构建的必要性与可能性；其二，航道安全保障国际合作机制构建的主要成效、现实困境及其基本成因；其三，航道安全保障国际合作长效机制构建的对策建议以及中国的策略选择。第二，从研究难点来看：其一，有关航道所经海域地缘政治和安全环境复杂性评估；其二，航道安全保障国际合作现有机制有效性和局限性分析；其三，航道安全保障国际合作长效机制体系构成、主要功能、基本特点以及运作方式。第三，从研究创新点来看：其一，在学术思想方面，目前国内外学界对航道安全保障国际合作机制研究尚缺乏整体架构，只是在有关论文中零星分散提到一些内容，而本书则对航道安全保障国际合作机制有关重大问题进行全面、系统梳理与分析，可弥补学术界在这方面研究的不足；其二，在学术观点方面，本书分析了航道安全保障国际合作机制构建的必要性和可能性，探讨了现有相关机制的有效性、局限性及其成因，阐述并提出了航道安全保障国际合作长效机制的体系构成、主要功能和基本特点及其构建原则立场和具体举措，以及中国策略方针和实施路径，这将有助于维护有关航道良好秩序，营造安全畅通的和谐氛围。

另一方面从研究方法来看，本书在占有翔实资料的基础上，运用历史分析、对比分析、案例分析以及跨学科综合分析等研究方法，把纵向与横向研究、理论与实践研究、宏观与微观研究、普遍性与特殊性研究、跨学科综合研究与专题研究相结合，体现了点线面层递、纵横交错、时空变换等多视域、广角度研究思路，从而使本书研究更加全面、科学、深入、具体、系统。第一，宏观研究与微观研究相结合。目前对航道安全保障国际合作机制大多属于宏观、整体研究，而对此进行微观、个案研究则更具有针对性与现实性。第二，专题研究与综合研究相结合。航道安全保障国际合作机制研究是一项复杂的系统工程，既有历史问题也有现实问题，特别是影响航道安全的因素十分广泛，涉及海洋政治、经济、军事、外交、管理、法律、地理、航海等诸多方面知识，这就既要进行专题研究以解决一些具体问题，又要运用有关学科知识进行跨学科、全面综合研究。第三，理论研究与实践研究相结合。本书以有关航道安全保障法规和理论为指导，通过对有关文献资料分析，科学评估航道安全保障国际合作现有机制的有效性和局限性，并针对存在的问题及其成因提出有关长效机制构建的原则和对策以及中国的策略选择，使研究成果更具有实践借鉴意义。

第一章　国际主要航道及其通行与安全制度

国际航道是国家之间互联互通的桥梁与纽带，不仅涉及一些重要海运贸易与石油运输航道，还需经过一些海峡与运河等咽喉要道。为保证这些航道安全畅通，《联合国海洋法公约》（以下简称《公约》）以及国际海事组织等制定的有关公约规定了有关通行与安全制度。

第一节　国际主要航道

开展国际贸易需要实现海上互联互通，为此就要进行海上运输，而船舶在运输过程中是沿着固定航道行驶的，由此形成了有关海上贸易及战略物资航道。有些航道还会经过海上咽喉要道，因此具有重要的价值与地位。

一、航道定义与类型

古代由于船小、导航定位条件差，一般只能在沿岸航行，因此当时航道大都在近岸附近海域。但随着船舶大型化与航海技术发展，人们开始走向深海大洋，尤其是中世纪大航海探险后，大西洋、印度洋与太平洋之间航道被连通，出现了远洋航道和大洋航道。一方面从广义来讲，世界海洋处处有航道，只要有船舶能通达的海面都属于航道；另一方面从狭义来讲，航道等同于“航槽”，因为航道应有固定的尺度标准和设标界限，即为船舶航行所规定或设置的航行通道。航道一般要设置航标等助航标志，以保证船舶安全航行。

第一，从航道定义来看，航道是船舶航行通道，其基本任务是引导船舶安全顺畅、经济便捷地由出发港到达目的港，但不同学者却有不同理解。其一，有学者把航道理解为航路与航线。如学者张天怀认为“世界各地水域，在港湾、潮流、风向、水深及地球球面距离等自然条件限制下，可供船舶航行的一定路径，即称为航路”。在此基础上，张天怀认为海上运输承运人在许多不同的航路中，就主客观条件“为达到最大的经济效益所选定的营运通路称为航线”。[①] 其二，有学者把航道理解为海上通道，如学者刀书林指出，海上通道是指船舶从甲地到乙地所经过的海洋路线，它应是路程短、经济和安全的运输线，因此海上通道就是指“海上交通线”或“海洋航线”。[②] 张洁指出，海上通道是指物流经船舶运输通过的海域，是连接世界主要经济资源中心的通道，也是大多数海上航线必经之地与诸多利益交汇之处。[③] 张炜则从两个方面指出，广义海上通道是指对国家经济社会发展具有全面、长久和较大影响，往往需要持续不断使用的海上重要交通线；狭义海上通道是指两陆域之间用于通航、较为狭长且特别重要的海域如运河、海峡及群岛之间的水道，特别是指海上运送战略物资航线上的要道与咽喉之处，因而被称为海上战略通道。[④]

第二，从航道要求来看，应满足以下条件：其一，要有足够深度。航道深度是指在整个航道中所具有的最小通航保证深度，这取

---

① 张天怀编著：《中国外贸港口与航线》，对外经济贸易大学出版社 2005 年版，第 425 页。

② 中国现代国际关系研究院海上通道安全课题组：《海上通道安全与国际合作》，时事出版社 2005 年版，第 46 页。

③ 张洁：《海上通道安全与中国战略支点的构建：兼谈 21 世纪海上丝绸之路建设的安全考量》，《国际安全研究》2015 年第 2 期，第 101 页。

④ 张炜主编：《国家海上安全》，海潮出版社 2008 年版，第 394 页。

决于航道上关键区段与浅滩的深度。航道深浅是选用船舶吃水量与载重量的主要因素，航道深度增加便可航行吃水深、载重量大的船舶，但增加航道深度会使整治与维护航道费用提高。其二，要有足够宽度。航道宽度一般视航道等级而定，海上航道船舶双线航行较为普遍，而单线航行情况较少，除非是在咽喉要道。其三，要有适宜航道转弯半径。航道转弯半径是指航道中心线上最小曲率半径，一般不得小于最大航行船舶长度的4—5倍。如果受自然条件限制，航道转弯半径最低也不能小于船舶长度的3倍，而且航行时要特别谨慎以防止海损事故。其四，要有符合规定的水上净空。水上外廓是保证船舶在海面以上部分通过所需要的高度与宽度要求，如在港口附近通过桥梁所需的净空高度以及桥墩之间的跨度。航道选择与建设标准应满足船舶航行安全、方便、经济等方面要求，一般来说航道尺度（航道深度、宽度、弯曲半径、水上净空）与船型选定相互影响，与海域自然条件和货运量大小密切相关。如运量大所需要的航道尺度就要相应增大，因此航道选择与建设应对海运成本、航道工程基建投资和维护费用等方面进行综合比较与协调，以便实现航道安全畅通。

第三，从航道类型来看，可有以下划分方法：其一，按照航道成因，可分为天然航道与人工航道两大类。天然航道是指先天自然形成的航道，世界上大部分航道属于天然航道，但天然航道一般只占海面宽度很小的一部分，因为用航标所标示出的可供船舶航行利用的那部分海域会受到自然条件限制；人工航道是指后天在陆地上开辟的航道，如苏伊士运河等。其二，按照航道通行时间长短，可分为常年通行航道与季节通行航道。常年通行航道是指供船舶全年通行的航道，大部分海上航道属于这一类型；季节通行航道是指只能在一定季节通行的航道，严寒地区会面临冰封期问题，如北极航道。其三，按照航道通行限制条件，可分为单行航道与双行航道。单行航道是指海峡、运河等由于水面狭窄、断面系数小等限制原因，在同一时间内船舶只能沿一个方向行驶，不得追越或会让，又称单线或单向航道；双行航道是指在同一时间内，允许船舶对驶、并行或追越，又称双线或双向航道。其四，按照航道通行船舶类别，可分为主航道与副航道。主航道是指供多数尺度较大的船舶或船队通行的航道；副航道是指为分流部分尺度较小的船舶或船队而另行开辟的航道。其五，按照航道航程远近，可分为远洋航道、近洋航道、沿海航道。远洋航道是指航程距离远，船舶跨越大洋的通道；近洋航道是指从本国各港至邻国港口间的通道；沿海航道是指本国沿海各港口间的通道。其六，根据航道范围，分为太平洋航道、大西洋航道、印度洋航道、北冰洋航道。太平洋航道是横跨北太平洋的航道以及东亚、东南亚与大洋洲之间的航道；大西洋航道是以美国东岸为中心，由北美东岸、五大湖到西北欧、地中海之间的航道组成；印度洋航道是横贯印度洋东西的大洋航道和通达波斯湾沿岸产油国的石油航道；北冰洋航道主要包括东北航道、西北航道及通过北极点的中央航道。另外，随着世界海运业发展，航道还派生出其他分类，如相对于航道的通行方向，有东西航道与南北航道；相对于不同经济发达程度地区之间的海运，有北—南航道和南—南航道。① 本书所说的国际航道主要是指各国港口之间相联系的通道，包括航道起点与终点的港口、船舶航行所经过的海域及其附近地区以及海上咽喉要道。

二、航道地位与价值

海洋是经贸发展之路，海运是外贸经济晴雨表、基础与支撑，具有先行与主导作用，海运物流畅通与否将直接影响到国际贸易的成效。② 只要有海运就会有航道，因此航道在海运业发展中具有重要

---

① 张天怀编著：《中国外贸港口与航线》，对外经济贸易大学出版社 2005 年版，第 427—430 页。

② 李振福：《新“海丝”带来新机遇　航运业可有大作为》，《中国海事》2015 年第 7 期，第 13 页。

作用与地位，特别是一些咽喉要道更具有特别的政治、经济与军事价值。

一是从航道地位来看，海洋最基本的功能就是提供运输便利。美国前国务卿基辛格认为，海洋过去是，现在仍然是，平时与战时大量运输的巨大交通干线。国内学者也指出，由于航道的多选择性，“它在和平时是保证自身利益的手段，也可以抵消先天地理位置或资源量上的不利地位；在战时，它就是扰乱敌手的工具，可以灵活地给予敌手以压力，保障国家本身的稳固性。任何一国拱手让出对海上交通的控制，也就意味着放弃海权，置自身于前所未有的凶险地位”。[①] 人类在远古时期便乘独木舟与木筏在海上航行，开始交通往来。随着船舶进步，海上运力增长，航道也从沿岸向远海乃至全球海洋发展。同时随着科技进步，除了传统渔业与海运业外，海上科考与勘探、资源开发与利用等层出不穷，航道地位与作用日益凸显。

第一，海洋最基本的社会经济属性就是为商品流通与经贸活动提供航道。海权论鼻祖马汉曾强调：海洋就其本身并无什么产出，但作为主要的商业通道和交通场所，它拥有独一无二的价值。海洋的独特意义体现在被转运的商品身上，变换的利润带来了国家的物质繁荣。由此可见，海洋是人员与商品流通以及价值增值的主要途径。一方面，当社会生产力超出自然经济阶段后，世界各国物质生产活动便紧密相连，越来越多原材料和终端产品需跨洋进行洲际运输；另一方面，当一个国家不满足本国范围内物质生活的时候，也会产生向海上方向索取新利益的冲动。国家通过海洋这条“流动的公路”开展对外贸易，实现商品使用价值互换与互补，进而通过发展商品流通促进价值增值，因此海洋作为交通媒介极大影响了人类生活。目前国际上 80% 左右的跨国贸易都是通过海运完成的，每天在大洋上从事海运的船舶有 3 万多艘，航行于全球 2300 多个港口。

① 罗伦士：《亮剑与剑道：从中国海军赴索马里护航说起》，《现代舰船》2009 年第 3 期，第 19 页。

由此可见，海上国际贸易地位日益提高，现已成为世界各国经济发展的重要因素。

第二，地球上海陆与资源分布不均会极大影响航道走向。马汉认为依赖海运的国家，航道有着数量及便利程度上的优势并在很大程度上决定着贸易路线。[①] 国内学者也指出："地球陆海分布具有不规则性，用于海上贸易的航线和战略通道线的客观分布也千差万别，这使各个濒海国家所处的地理位置并不平等。"[②] 近年来在海上贸易大量增长的同时，能源、矿产等重要战略资源的需求量与运输量也急剧增长，而世界战略物资特别是能源、粮食、铁矿石等分布不平衡性与相对稀缺性以及各国经济发展和生产消费不平衡性都致使这些物资必须沿着一定方向与航道进行互补性流动，这样有关能源、矿产等航道的战略意义便大为提升。如中东国家石油产量目前位居世界前列，但消费量却很低，成为主要的石油输出国。而经济规模和科技发展水平较高的欧盟、日韩、中国等则成为主要石油消费国，这导致以中东地区为起点的石油航道特别重要，而东向的马六甲海峡、龙目海峡、巽他海峡、巴士海峡、台湾海峡等，西向的苏伊士运河以及相关的曼德海峡、红海等咽喉要道便具有了战略意义。

第三，在铁路和飞机等其他交通工具还没出现或不发达的情况下，海运是世界各国联系的唯一重要方式，即使有了其他更先进与更快速的交通工具后，海运的重要地位与优越性也是其他任何类型运输方式所无法替代的。其一，海运不受时空条件限制。由于海洋覆盖广，而且是连续水体，具有全球相互贯通性，如通过德雷克海峡、麦哲伦海峡与巴拿马运河可将大西洋与太平洋航道连在一起；通过马六甲海峡和澳大利亚塔斯马尼亚岛以南海域可将太平洋与印度洋航道连在一起；通过好望角以南海域和苏伊士运河可将大西洋

---

① ［美］艾·塞·马汉著，萧伟中、梅然译：《海权论》，中国言实出版社 1997 年版，第 229、260 页。

② 张炜主编：《国家海上安全》，海潮出版社 2008 年版，第 32、46 页。

与印度洋航道连在一起。这样世界大洋航道四通八达，船舶不必经过转运就可直达目的地。其二，船舶航行自由度大。一方面，海上通行能力一般不受限制，航道自然障碍少，在主航道上可有多条航线供船舶同时通行；另一方面，原始海洋没有国界限制，现代海洋仍有大面积公海，使用自由度大，可依据国际海洋法畅行无阻。其三，海运成本低、运量大，有利于节约资源。对此，马汉指出："尽管海上有各种常见和不常见的危险，但是无论是旅行还是运输，经海路总比经陆路方便、便宜。"① 海上航道大都是天然的，除必要的港口建设和维护以及一些助航设备与岸基导航设施外，海上航道是天赐的，开辟航道不需花费大量资金并可省去日常维修费用。同时，海运量大且不受货种限制，特别适合承担诸如油、汽、矿、粮、铁等大宗、笨重、远距离货物运输。② 因此海运价格较低，陆地、管道、航空运输成本一般是海运成本的 5 倍、15 倍、50 倍。

总之，海运凭借其高效、便捷、安全的服务现已成为国际贸易主要交通媒介，是国家财富重要来源。③

二是从航道价值来看，海上航道不仅会对国家安全产生重要影响，而且在世界政治与经济发展中发挥着重要作用，具有政治、经济和军事价值。

第一，从政治价值来看，海上航道与国家及地区安危有重大关联，具有地缘政治意义。自地理大发现以来，世界主要海洋强国基本都是围绕控制航道、扩大海外贸易、争夺海洋利益来开展有关行动，最终达到称雄世界的目的。其一，海上航道在一定程度上属于富有价值的战略资源，会对国家的生存方式产生一定影响。如历史

---

① ［美］A. T. 马汉著，安常荣、成忠勤译：《海权对历史的影响（1660—1783）》，解放军出版社 2006 年版，第 34 页。

② 中国现代国际关系研究院海上通道安全课题组：《海上通道安全与国际合作》，时事出版社 2005 年版，第 7 页。

③ 徐祖远：《走向世界的中国海运》，《中国水运》2009 年第 6 期，第 31—39 页。

上的沙俄作为横跨欧亚大陆的大国，始终把获取出海口和打通海上航道作为其追求目标，最后经过长达20多年的北方战争终于获得波罗的海出海口，由内陆国变成濒海国，使其和欧洲国家能够保持密切联系，直接促成俄国崛起。① 其二，海上航道变迁在一定程度上会影响相关国家地位并改变国际力量格局。如在地理大发现之前，地中海是欧洲通往其他地区与连接东西方的主要航道，因而地中海沿岸国家在当时的国际政治中扮演了极为重要的角色。但好望角的发现使地中海地区丧失了优势，从而把大西洋沿岸的航海大国葡萄牙与西班牙推上了重要地位。后来由于苏伊士运河通航，好望角的地缘价值骤降，这给后来英法等国崛起注入了新血液。其三，海上航道得失会影响国家利益的实现。海上航道畅通与否在一定程度上关系到国家机器是否正常运转，濒海国若不掌控海上航道就无法掌控国家命运，因此要保护国家利益、促进社会发展就必须有效控制有关航道。从历史来看，世界海洋强国追求海洋利益的战略线大都沿着海上航道而展开，国家战略利益的获取也与其获得有关航道有着直接关系，特别是联系大洋之间的海上咽喉要道更成为有关国家占据主动权的关键。如英国最强盛的时候几乎控制着除巴拿马运河之外的所有航道，而英国的衰落也首先是从失去对马六甲海峡、苏伊士运河、曼德海峡等重要航道的控制开始的。② 其四，海上航道是地缘安全博弈的重要内容。世界上具有重要地缘价值的航道，如马六甲海峡、霍尔木兹海峡、苏伊士运河等一直是世界海洋强国争夺和控制的重点，见证了激烈的地缘政治博弈。

第二，从经济价值来看，海运是当今世界上最重要的跨国运输方式，尤其是一些发达国家的海运地位更加重要，如日本工业原料产地和产品销售市场主要在国外，原料和产品运输主要靠海运，对

① 梁芳：《海上战略通道论》，时事出版社2011年版，第160页。

② 李兵：《论海上战略通道的地位与作用》，《当代世界与社会主义》2010年第2期，第92页。

海上交通依赖性较大。同时近年来发展中国家经济发展较快，海运业也随之迅速发展，如中国改革开放以来经济发展迅速，海运量连年增加，海运成为中国对外贸易的主要运输方式，航道经济价值日益凸显。对此，有国外学者指出，中国目前已成为海运大国，其所拥有的世界级商船队、集装箱生产和港口吞吐能力的扩大都越来越凸显其对海运的依赖。① 特别是那些海上咽喉要道是贸易和物流的关卡，使用频率高，构成了当今世界经济地理的关键节点，在国际海运中扮演着极为重要的角色，是海上运输生命线、货物贸易大动脉。一方面，海上咽喉要道一般是交通运输枢纽，使区域间人员、贸易物资和能源等能够顺利交流与流通；另一方面，许多咽喉要道是国际海运捷径，可缩短航程，因此世界各国对海上咽喉要道都非常关注。目前世界上常用的海上咽喉要道有 100 多个，其通航价值各不相同，也不是一成不变，一般来说咽喉要道航运价值主要受以下因素影响：其一，与其所处位置有关。一般来说，位于重要航道上的海峡通航价值较大，如位于地中海经苏伊士运河、红海至印度洋的曼德海峡以及位于北海至大西洋航道上的多佛尔海峡与英吉利海峡。特别是位于重要航道上同时又是唯一出口的海峡通航价值更大，如波斯湾至印度洋石油航道上的霍尔木兹海峡、黑海至地中海航道上的黑海海峡、波罗的海至北海航道上的波罗的海诸海峡等通航价值都很大。其二，与其所处地区经济兴衰以及资源中心演变有着密切关系。如近年来东北亚与东南亚地区经济发展迅速，使得太平洋西部的津轻海峡、大隅海峡、巴士海峡、龙目海峡等海运逐渐繁忙起来。其三，随着人类海上活动变化而发生变化。如近年来随着极地考察兴起，去北极的白令海峡过往船舶逐渐增多。其四，随着海上其他航道变迁而发生变化。如苏伊士运河开通后使莫桑比克海峡与

---

① Srikanth Kondapalli, *China Tosses Maritime Silk Route Bait to india*, http: //www. indiawrites. org/diplomacy/china – tosses – maritime – silk – route – bait – to – india/.

好望角南航道的地位相应降低，但却提高了曼德海峡地位；而苏伊士运河如果被关闭，曼德海峡的地位也会跟着降低。[①]

第三，从军事价值来看，海上航道特别是咽喉要道通常是战时争夺的焦点。其一，海上咽喉要道自古以来战事频繁，如黑海海峡由于是地中海和黑海之间唯一航道，因此历史上冲突较多。目前控制有关航道也已成为国际利益博弈的关键领域与军事战略的重要课题。[②] 其二，海上咽喉要道是国家安全的天然屏障。海上咽喉要道一般连接两个海域又隔断两个陆域，因此既是海上交通要冲，又是陆路交通阻碍。在过去武器装备不发达的情况下，咽喉要道会成为国家安全天然屏障，既是防守依托，又是进攻天堑；既是隐蔽、伏击支撑，又是遏制、封锁节点。如英吉利海峡被英国丘吉尔首相称为“世界上最佳战壕”，也有人把其称为“一座巨大的防波堤”，因此自 1066 年以后英国从未被外敌占领过，即使当年横扫欧洲的希特勒对此也只能裹足不前，因为“英吉利海峡变成了一道巨型的反坦克壕”。其三，海上咽喉要道是控制海洋的战略据点。海上咽喉要道因其特殊的地理位置、地形特征会对附近海战场的控制起到决定性作用。一方面从地理位置来看，如果海上咽喉要道同时处于 2—3 条航道交叉点上，那么其对于海洋控制的战略意义就会增强。如达达尼尔海峡、直布罗陀海峡等一些洲际海峡因其为两处海域之间的唯一沟通环节而具有很强的控制力。另一方面从地形特征来看，海上咽喉要道的地形特征决定了舰船通行难易程度，在其他条件等同的前提下，海上咽喉要道的控制力会随着舰船通行难度的增大而增强。其四，海上咽喉要道是军事部署的重点和方向，因而其附近军事基地较多，有助于为防御兵力提供全面保障，同时也会对敌方水面舰艇、潜艇兵力与登陆输送队等突破具有很强的阻碍作用，在一定程

---

① 里弼东、楼锡淳、凌勇编著：《海峡》，测绘出版社 2008 年版，第 12—14 页。

② 石家铸：《海权与中国》，上海三联书店 2008 年版，第 57 页。

度上可增强控制海洋能力。[①] 其五，海上咽喉要道是封锁战中保交战与破交战的关键海域。在茫茫大海上无法进行长期争夺和占领，也不可能建立起固定防线，但控制海上咽喉要道则完全可能，这对于海上作战力量自由机动、后勤补给、减少作战能力衰减、赢得宝贵时间等都具有重要意义。这是因为海上咽喉要道往往是多条重要航道交汇或航道必须经由的狭小海域，是航道上的关键节点，容易控制与封锁，从而达成战略或战役目的。[②] 在这种情况下，围绕海上咽喉要道的争夺与反争夺、控制与反控制斗争始终是海上冲突的重要内容。因为在战时海上咽喉要道一旦为一方所控制，占据方可依据其两侧陆地扼控航道，对己可通过这一捷径在最短时间内把海军兵力从一个海区转到另一个海区，进行战区间兵力机动、集结以及物资供应，同时对敌可阻断交通，逼其远程绕航。

三、国际主要贸易与战略物资航道

国际上主要海运贸易与战略物资航道将世界主要港口相互联系起来，极大地促进了运输业与物流业的发展。在这里仅以中国为例，国际航道不仅把中国与亚非欧美洲主要经济区与贸易伙伴密切联系起来，而且对中国进口石油、矿石、煤炭等战略物资具有重要意义。

一是从中国对外主要贸易航道来看，以中国沿海主要海港为起点，有东向、西向、南向 3 个主要航道，把中国与进出口目的地紧密联系起来。

第一，从东向航道来看，该条航道主要由中国沿海港口出发向东或向北行驶，抵达朝鲜、韩国、日本以及俄罗斯远东海港。该条航道主要承载互补性较强的对日本、韩国及俄罗斯远东地区的海上

---

① 赵峰、楼锡淳：《海上航道咽喉：海峡》，《海洋测绘》1998 年第 1 期，第 46—47 页。

② 张炜主编：《国家海上安全》，海潮出版社 2008 年版，第 397 页。

贸易，是中国距离最近的对外贸易航道之一。具体来说，该条航道又包括以下几条航线：其一，中国—日本航线，即由中国沿海港口启航，到达日本港口；其二，中国—韩国航线，即由中国沿海港口启航，到达韩国港口；其三，中国—朝鲜—俄罗斯航线，即由中国沿海各港北行进入朝鲜各港口以及俄罗斯远东港口。

在此基础上，经日本东渡太平洋可抵达北美与南美西海岸，然后再通过巴拿马运河到达加勒比海地区、北美东海岸和拉美各国。这条航道是中国对北美贸易的主要航道，约占中国对外贸易额的16.1%。近年来由于中国与南美国家的石油以及铁、铜矿石贸易的增加，该航道的战略意义越来越大。具体来说，该条航道又包括以下几条航线：其一，中国—北美西海岸航线，即由中国各港口启航，横渡太平洋到达北美西海岸，可靠泊美国西雅图、波特兰、旧金山、洛杉矶以及加拿大温哥华等港口。其二，中国—中美洲航线，即通过巴拿马运河靠泊科隆港和加勒比海地区的哈瓦那港。其三，中国—北美东海岸航线，即穿越巴拿马运河到达北美东海岸的哈利法克斯、魁北克、蒙特利尔、多伦多、纽约、诺福克、新奥尔良、休斯敦等港口。其四，中国—南美东海岸航线，可停靠里约热内卢、圣多斯、布宜诺斯艾利斯等港口。其五，中国—南美西海岸航线，可停泊利马的外港卡亚俄、玛塔腊尼港、圣地亚哥的外港瓦尔帕莱索和北部的安托法加斯塔港。

第二，从西向航道来看，该条航道主要由中国沿海各港先南行，至新加坡折向西行，穿过马六甲海峡入印度洋，经红海过苏伊士运河进地中海，出直布罗陀海峡进入大西洋，到达南亚、西亚、非洲、欧洲各国。具体来说，该条航道又包括以下几条航线：其一，中国—东南亚—阿拉伯海—红海航线，即由中国沿海各港到达越南、柬埔寨、泰国、缅甸、孟加拉国、印度、斯里兰卡、巴基斯坦等港口；经阿曼湾和霍尔木兹海峡进入波斯湾，可停靠迪拜、多哈、科威特等港口；再到亚丁湾和红海沿岸，可停靠亚丁、荷台达、苏丹等港口。其二，中国—东非航线，即经马六甲海峡横渡印度洋到达东非沿岸，可停泊摩加迪沙、蒙巴萨、达累斯萨拉姆、桑给巴尔等港口。其三，中国—西非航线，可停泊拉各斯、阿比让、卡萨布兰卡等港口。其四，中国—地中海航线，可停泊意大利、法国、西班牙等国家港口。其五，中国—黑海航线，即经马六甲海峡、印度洋、苏伊士运河、地中海，北航爱琴海、马尔马拉海进入黑海，到达罗马尼亚康斯坦萨港，可停泊塞得、亚历山大、比雷埃夫斯、伊斯坦布尔等港口。其六，中国—地中海—欧洲航线，即经地中海出直布罗陀海峡进入大西洋，北上英吉利海峡和多佛尔海峡，可停泊英国、德国、荷兰、葡萄牙等国家港口。另外，由西欧航线延长，可经北海或基尔运河入波罗的海，可停泊奥斯陆、哥本哈根、斯德哥尔摩、赫尔辛基等港口。

第三，从南向航道来看，船舶由中国沿海港口起航向南到达东南亚、大洋洲以及南太平洋岛国，是中国天然气、铁矿石、石油、橡胶、木材等重要物资进口航道，也是中国对东南亚诸国最重要的贸易航道，还是前出印度洋的必经之路。具体来说，该条航道又包括以下几条航线：其一，中国—东南亚航线，即由中国港口出发去东南亚各港，可到达新加坡、吉隆坡、雅加达等港口。其二，中国—澳大利亚、新西兰航线，即经琉球群岛的久米岛、加罗林群岛的雅浦岛，从新爱尔岛与布干维尔岛之间进入所罗门海、珊瑚海，到达澳大利亚东海岸或过菲律宾民都洛海峡后，经望加锡海峡与龙目海峡南下，可到达澳大利亚与新西兰各港。

在上述 3 条航道中，西行航道是最主要航道，也是“21 世纪海上丝绸之路”建设的主要方向，对中国来说具有重要战略价值，中国进出口贸易的 40% 以及中国与中东、非洲、欧洲主要贸易伙伴联系都需经西行航道。

二是从中国主要战略物资进口航道来看，主要包括石油、铁矿石与煤炭航道，具有特殊价值。

第一，从中国进口石油航道来看，目前世界上主要石油航道有 7 条，其中与中国经济发展与能源安全紧密相关、应重点保护的有 4

条：其一，中东航道，波斯湾—霍尔木兹海峡—马六甲海峡（或望加锡海峡）—台湾海峡—中国大陆；其二，西非航道（非洲南航道），西非—好望角—印度洋—马六甲海峡—台湾海峡—中国大陆；其三，北非航道（非洲北航道），北非—直布罗陀海峡—地中海—苏伊士运河—红海—亚丁湾—印度洋—马六甲海峡—台湾海峡—中国大陆；其四，东南亚航道，马六甲海峡—台湾海峡—中国大陆。另外，近年来随着非洲所探明的油气资源日益增长，非洲石油航道正显得越来越重要。中东与非洲这两条航道约占中国进口石油总量的80%，而且这两条航道都要经过印度洋，因此印度洋航道安全对中国石油安全具有重要作用。

第二，从中国进口铁矿石航道来看，目前世界上主要航道有5条，其中有4条对中国影响较大：其一，澳大利亚—太平洋—中国大陆；其二，巴西—好望角—印度洋—马六甲海峡（巽他海峡或望加锡海峡）—中国南海—台湾海峡—中国大陆；其三，南非—印度洋—马六甲海峡—中国南海—台湾海峡—中国大陆；其四，印度—印度洋—马六甲海峡—中国南海—台湾海峡—中国北方各港。

第三，从中国进口煤炭航道来看，目前世界上主要航道有5条，其中有4条与中国关系较大：其一，澳大利亚—太平洋（琉球群岛）—中国南海—中国大陆；其二，越南—琼州海峡—台湾海峡—中国北方各港；其三，印尼—马六甲海峡—中国南海—中国大陆；其四，南非—好望角—马六甲海峡（巽他海峡或望加锡海峡）—中国南海—中国大陆。

由此可见，上述这些国际航道基本上涵盖了中国对外贸易以及战略物资进口的主要航道，因此维护和经营好这些航道对于中国经济安全以及政治与社会生活稳定具有重要战略意义。①

---

① 朱时雨、王玉：《21世纪海上丝绸之路航道安全探析》，《交通运输研究》2015年第2期，第11页。

四、国际海上咽喉要道

国际上一些重要海峡和运河等“咽喉要道不仅是开发和利用海洋的关键，也是控制海洋的关键所在。从一定意义上讲，只有掌握了海上咽喉要道的使用权和控制权，才真正具有了海权”。[①] 由此可见，由于海上咽喉要道扼控世界海上交通，对支撑海洋国家拓展利益、形成全球战略布局具有重要作用，因此“获得制海权或控制了海上要冲的国家就掌握了历史的主动权”，[②] 才能真正具有航行自由权，其中尤以海峡最具代表性。其一，海峡是连接出发地和目的地之间距离最短、最经济的海运捷径。其二，海峡本身航道狭窄，易受各种人为因素与自然灾害影响。其三，海峡一旦被阻塞，在短期内一般没有其他可替代航道能投入使用。其四，海峡由于受到自然条件与后勤保障限制，无法对其进行长期、不间断监控，其安全保障具有一定难度。在这种情况下，“对于走向远海依赖于海峡通道的中国来说，在国际水道自由通过的权力，已经越来越迫切地摆在面前，它事关国家经济安全和战略发展的大局”。[③]

目前，全球适于航行的海峡有 130 多个，其中经常用于国际航行的有 40 多个，是世界各国关注的重点，也是海上强国竞争的焦点。另外，在世界主要石油航道上还有七大石油运输咽喉，其中曼德海峡、霍尔木兹海峡、马六甲海峡等尤为重要。目前有关国际航道所经过的海峡与运河按其功能及价值来看，对海运安全与畅通影响较大、在战略利益中占有显著位置的咽喉要道主要有 13 个。

第一，朝鲜海峡。朝鲜海峡位于朝鲜半岛东南部与日本九州岛

---

① 章示平：《中国海权》，人民日报出版社 1998 年版，第 194 页。

② ［美］罗伯特·西格著，刘军成等编译：《马汉》，解放军出版社 1989 年版，第 148 页。

③ 蒲宁：《地缘战略与中国安全环境的塑造》，时事出版社 2009 年版，第 330 页。

北岸、本州岛西岸之间，海峡呈东北—西南走向，长约 300 千米，宽约 180 千米，水深 66—229 米。向北通过日本海出鞑靼海峡到达鄂霍次克海，西南与东海相通，经过济州海峡通向黄海，东南方可经关门海峡、濑户内海进入太平洋。朝鲜海峡不但是沟通日本海与黄海、东海的唯一航道，为日本海南大门，而且还是东北亚海上交通枢纽。海峡中部横卧的对马岛将海峡分为西、东两条航道，西航道仍称为朝鲜海峡，宽约 50 千米，最深处 229 米；东航道又被壹岐岛分为对马海峡和壹岐海峡。对马海峡长约 222 千米，宽 46.3 千米，最深处 129 米，两岸岬湾交错、多具良港，近岸主要岛屿有巨济岛、对马岛、壹岐岛等，是从中国沿海到日本海的重要航道，来往于韩国东海岸、日本西部以及俄罗斯符拉迪沃斯托克（海参崴）的船舶都要走此海峡。

第二，宫古海峡。宫古海峡位于冲绳岛和宫古岛之间，航道很宽，从中国前往南太平洋到澳大利亚、新西兰，穿行宫古海峡非常便捷。

第三，台湾海峡。台湾海峡位于中国台湾岛和福建海岸之间，呈东北—西南走向，南北长约 370 千米，东西宽约 130—140 千米，水深 40—80 米。澎湖列岛位于台湾海峡南部，扼海峡南口，形势险要。台湾海峡不但是纵贯中国东南沿海的重要航道，而且还是从东亚太平洋前往印度洋的重要航道，素有“海上走廊”之称。

第四，巴士海峡。巴士海峡位于中国台湾南端与菲律宾之间，由巴士海峡、巴林塘海峡、巴布延海峡组成，其中巴士海峡最为重要。该海峡宽约 370 千米，沟通南海与太平洋，既是东南亚与东北亚往来要道，也是中国东南沿海前往澳大利亚的必经之地。另外，该海峡深达 3—5 千米，适合潜艇航行。

第五，马六甲海峡。马六甲海峡位于亚洲东南部的马来半岛和苏门答腊岛之间，呈西北—东南走向，海峡长约 1080 千米，是太平洋最长海峡。海峡西宽东窄，其宽度和水深由西北向东南方向递减，西北最宽处可达 370 千米，东南最窄处仅 37 千米，水深一般在 25—

113 米，最深处达 200 米。主要深水航道靠近马来半岛一侧，宽 2.7—3.6 千米，水深 26—73 米，可通航 20 万吨海轮及吃水 20 米的舰船。海峡沿岸主要港口有马来西亚的槟城、马六甲和巴生港及位于海峡东南口的新加坡港。海峡连接南海与安达曼海，是太平洋和印度洋之间重要航道，为东亚与非洲、欧洲海上交通捷径，素有两洋“战略走廊”、太平洋“西大门”以及“东方苏伊士运河”“东方直布罗陀”之称。海峡航道助航设施完备，地理位置优越，目前是仅次于英吉利—多佛尔海峡的全球第二大繁忙航道，每年停靠与经过海峡的船舶有 10 万多艘，① 而且每年还以 8% 的速度增长。通过海峡的商船是苏伊士运河的 3 倍，是巴拿马运河的 5 倍，② 其年均海运总量约占全球海运总量 2/5。③ 同时该海峡也是重要的石油航道，全球海运石油量的 1/2 要经过该海峡。

第六，巽他海峡。巽他海峡位于印尼苏门答腊岛和爪哇岛之间，略呈东北—西南走向，连接爪哇海和印度洋。海峡长约 150 千米，宽 26—110 千米，平均水深 70—80 米，主航道靠近爪哇岛一侧，沿岸有潘姜、默拉克军商两用港。

第七，龙目海峡。龙目海峡位于印尼巴厘岛与龙目岛之间，是西太平洋通往印度洋的交通要道。该海峡水深在 150 米以上，最窄航道也有 18.5 千米宽，因此近年来大型油轮多从该海峡通过，可起到给马六甲海峡分流作用。

第八，望加锡海峡。望加锡海峡位于印尼加里曼丹岛和苏拉威西岛之间，呈西南—东北走向，连接苏拉威西海和爪哇海，是西太

---

① Sim Plus Pte. Ltd., *Carriage Capacity of the Straits of Malacca and Singapore*, Singapore: Working Paper Commissioned by the Maritime and Port Authority of Singapore, 2009, pp. 4-5, 10-12.

② David Rosenberg, Environmental Pollution around the South China Sea: Developing a Regional Response, *Contemporary Southeast Asia*, Vol. 21, No. 1, 1999, p. 120.

③ Robert D. Kaplan, Center Stage for the 21st Century: Power Plays in the Indian Ocean, *Foreign Affairs*, Vol. 88, No. 2, 2009, pp. 19-20.

平洋与印度洋东北部之间的重要航道，也是东南亚区际间近海交通捷径。海峡长约 965 千米，宽 17.7 千米，沿岸主要港口有巴厘巴板、栋加拉、乌戎潘当。海峡平均水深 900 多米，靠近苏拉威西岛一侧的深水航道为 930—3392 米，便于潜艇和大型舰船通航。

第九，霍尔木兹海峡。霍尔木兹海峡位于阿曼和伊朗之间，西接波斯湾，东联阿曼湾。南岸的阿曼半岛向北突入海峡，使海峡呈一个巨大的“人”字形。海峡长 150 千米，宽 55—95 千米，但进出口航道宽仅 3.7 千米。该海峡平均水深 70 米，最深处 219 米。海峡主航道位于大库因岛北侧，沿岸主要港口有伊朗阿巴斯、阿曼半岛，其中阿巴斯位于海峡北岸，扼海湾出口，港南有格什姆岛和霍尔木兹岛屏障，码头可靠泊万吨级舰船。该海峡是波斯湾唯一出口，因此有“海湾的咽喉”之称。该海峡历史上一直是亚欧各国贸易中心和商品转运、集散枢纽，目前每年通过海峡的船舶 50%—55% 是油轮，35%—40% 是货船，其余是大国军舰。一方面从经贸来看，目前海湾沿岸各国大部分生活必需品和物资需从该海峡进口；另一方面从海上石油运输来看，波斯湾为世界著名的“石油宝库”，目前从海湾出口石油的 90% 即国际能源市场上 40% 的石油贸易量需经该海峡运输，① 而且据国际能源署预测，到 2030 年中东地区将成为世界石油 53% 的产出地，② 因此该海峡被称为“石油海峡”、“海上石油通道咽喉”、“石油宝库”的“油闸”和“总阀门”、“世界石油瓶颈”、国际石油供应“生死攸关颈静脉”。

第十，曼德海峡。曼德海峡处于阿拉伯半岛西南端与东非岬角之间，沟通红海和亚丁湾，是欧洲、地中海地区和亚洲之间交通要道，被称为连接亚非欧三大洲的“水上走廊”“红海南大门”“世界战略心脏”，因此该海峡在经济和军事上与苏伊士运河有着同样重要

---

① R. D. Sokolsky, *The United States and the Persian Gulf*: *Reshaping Security Strategy for the Post - Containment Era*, Washington: National Defense University Press, 2003, p. 118.

② IEA, *World Energy Outlook* 2004, Paris: IEA, 2004, p. 32.

的战略地位，“失去了对曼德海峡的控制，苏伊士运河的作用也就降低了 90%”。[①] 该海峡长 18 千米，宽 25—32 千米。海峡年通过船舶逾 2 万艘次，承担着往来于亚欧两洲 80% 的海运任务，石油运量仅次于霍尔木兹海峡与马六甲海峡。

第十一，苏伊士运河。苏伊士运河处于红海北端、埃及东北部，扼控世界航运要冲，沟通地中海与红海，是亚非欧三大洲交通枢纽，因此被马克思称为“东方伟大航道”。该运河长约 195 千米，水面宽度为 280—345 米，深度为 22.5 米，可通过 25 万吨以下货轮。每年有 2 万艘船通过，货运量占世界海运总量的 1/5；世界 1/4 油轮航经该运河，故有“输油管”之称；4/5 的亚欧两洲海运货物要经过运河，成为东西方贸易大动脉。

第十二，直布罗陀海峡。直布罗陀海峡处于欧洲伊比利亚半岛南端与非洲大陆西北角之间，为非欧两洲自然分界线，是沟通地中海与大西洋的唯一航道，可以说是地中海瓶颈。海峡长 65 千米，宽 14—43 千米，平均水深 375 米。海峡多海角、少岛礁，利于航行，两岸主要港口有西班牙的阿尔赫西拉斯、休达，摩洛哥的丹吉尔。19 世纪 60 年代末苏伊士运河通航后，该海峡成为连接大西洋与印度洋、太平洋的捷径。目前每年有 15 万艘船通过，海运量占国际海运总量的 35%。

第十三，巴拿马运河。巴拿马运河位于南北美洲最窄处，即巴拿马中部的蜂腰地带，横贯巴拿马地峡，东南起自太平洋巴拿马湾内的巴尔博亚港，西北端至大西洋加勒比海沿岸的克里斯托瓦尔港，长 81.3 千米，宽 152—304 米，水深 13.5—26.5 米，最大可通行 6 万吨级舰船。该运河自 1914 年通航后缩短了大西洋与太平洋之间的航程，由此通行比绕行南美洲的麦哲伦海峡的航道可缩短 5000—14000 千米的航程，是仅次于苏伊士运河的世界性咽喉要道，被称为“地峡生命线”“世界桥梁”。该运河昼夜通航能力为平均 36 艘，最

① 《扼住海上生命线》，《瞭望新闻周刊》2004 年第 30 期，第 34 页。

多可达48艘，承担着世界贸易量的5%。

由此可见，上述这些咽喉要道不但是世界各国对外海运贸易的主要航道，而且也是各海洋大国争夺的重点。除此之外，近年来世界主要海洋国家还加强了对陆间海、边缘海的控制。位于世界各大陆之间的陆间海，如地中海，以及紧靠大陆的边缘海，如南海，因位置特殊而具有重要战略意义，“它们是大陆与大洋的交接部位，既可用于进出大陆，又可用于出没海洋，是沟通世界各地的捷径与枢纽，往往是海洋国家争夺的要害区域”。[①] 如南海是世界上一些主要航道必经之地，其中主要有3条航道：经南海至马六甲海峡通往印度洋；经南海过巽他海峡通往印度洋，一般为往返非洲船舶所用；经南海过苏拉威西海、望加锡海峡、龙目海峡通往澳洲，一般为进行南北贸易船舶所用。特别是从南海西边或南边来的油轮和其他船舶一般要经上述3条航道，而使用最多的应数从马六甲海峡进入南海、航经越南与南沙群岛之间的航道，然后经吕宋或台湾海峡出口。[②] 目前每年约有6万多艘船舶航经南海，经由南海运输的货物、石油和液化天然气总量分别占到全球的1/3、1/2和2/3，同时在南海常年作业的渔船还有2万多艘。另外，南海诸岛还是重要的避风港、补给站与中继站。因此南海素有“亚洲地中海”“远东十字路口”之称，是沟通太平洋与印度洋以及联系亚非欧三大洲的航道要冲。哪个国家控制了南海，就可获取监控该海域船舶的便利并使之成为潜在的船舶侦察基地，[③] 也就基本控制了东南亚并对西太平洋和印度洋的未来起到决定性作用，包括控制往返中东油田的航道。[④] 由

---

① 张炜主编：《国家海上安全》，海潮出版社2008年版，第54页。

② 李金明：《马六甲海峡与南海航道安全》，《南洋问题研究》2006年第3期，第1页。

③ Lee Lai To, *China and the South China Sea Dialogues*, Westport: Connecticut London, 1999, p. 10.

④ A. S. Pablo – Baviera, Security Challenges of the Philippine Archipelago, *Southeast Asian Affairs*, 1998, p. 226.

此可见南海航道的战略价值与重要意义。

第二节　国际航道通行与安全制度

航道通行与交通安全具有国际法规约束性，会受到一系列规则或制度的规制，因此船舶航行必须遵守《公约》以及相关的国际海事公约的有关规定，合理、有序、和平地使用航道。

一、航道通行制度

目前与航道通行的法规制度很多，概括起来主要有以下几项制度。

首先，无害通过制度。按照《公约》规定，无害通过制度适用于以下两种情况：一是由大陆和一个岛屿形成的海峡，其岛屿外侧又有相同条件可供通行的航道；二是海峡一端是公海或专属经济区，另一端为一国领海。其一，领海无害通过制度。《公约》做出了详细规定，通过只要不损害沿海国和平、良好秩序或安全就是无害的。而外国核动力船舶与载运核物质或其他有毒物质的船舶在行使无害通过领海权利时应持有相应证书并遵守有关特别预防措施。同时《公约》还对沿海国管理无害通过权问题做出了相应规定，明确了沿海国的权利与义务。其二，用于国际航行海峡无害通过制度。《公约》规定该制度适用于以下两种情况：一是不适用过境通行制度的海峡，二是在公海或专属经济区的一个部分和外国领海之间的海峡。其三，群岛水域无害通过制度。《公约》规定在不妨害群岛国划定内水界限的情形下，所有国家船舶都享有通过群岛水域无害通过权，但为保护国家安全可对外公布暂时停止外国船舶在其群岛水域特定区域内无害通过。而对于是否允许别国军舰和军用飞机无害通过，《公约》并未规定，有的国家不允许，有的国家要求事先申请批准，有的国家允许有条件通过。

其次，过境通行制度。根据《公约》规定，过境通行制度适用于两端都是公海或专属经济区的国际航行海峡。船舶在行使过境通行权时一般应毫不迟延地通过，除因不可抗力或遇难而有必要外，不从事其继续不停和迅速过境的通常方式所附带发生的活动以外的任何活动。过境通行的船舶应遵守一般接受的关于海上安全以及防止、减少和控制来自船舶污染的国际规章、程序和惯例。[①]

再次，用于国际航行海峡通行制度。用于国际航行海峡特别是构成世界性主要航道的海峡，目前大都以国际条约保障其通行，其中涉及以下几种制度：其一，马六甲海峡与新加坡海峡通行制度。1971 年 11 月马六甲海峡沿岸的印尼、马来西亚、新加坡三国发表联合声明，反对海峡“国际化”，宣布三国共管海峡事务并承担安全责任。1976 年海峡沿岸国达成协议，并经国际海事组织批准，要求船舶遵守分道航行办法。[②] 2005 年 8 月召开的沿岸三国部长会议发布的《巴淡岛部长联合声明》再次确认了沿岸国对海峡享有主权并对有关航道安全保障等负主责。其二，伊斯坦布尔海峡（博斯普鲁斯海峡）和达达尼尔海峡（恰纳卡莱海峡）通行制度。这两处海峡两岸均为土耳其领土，根据 1871 年的《黑海和多瑙河航行条约》（《伦敦条约》）、1923 年的《关于海峡制度公约》（《洛桑公约》）、1936 年的《关于海峡制度公约》（《蒙特勒公约》）规定，无论平时还是战时，各国商船均有航行这两处海峡的完全自由，但须缴纳通行税并遵守有关卫生等方面规定，但在战时土耳其有权拒绝对其作战的敌国商船通行。土耳其还对黑海沿岸国和非黑海沿岸国的军用船舶在平时和战时通过海峡的条件都做了不同规定。1994 年土耳其又制定了新的通航规定，对通过海峡所有船舶的技术要求更加严格，

① *United Nations Convention On the Law of the Sea*, http://www.un.org/Depts/los/convention_agreements/texts/unclos/closindx.htm.

② 里弼东、楼锡淳、凌勇编著：《海峡》，测绘出版社 2008 年版，第 20—22 页。

不符合要求的船舶将被强令停在土耳其港口，而核动力船舶与装载核废料的船舶须征得土耳其海事秘书处的允许才能通过海峡。同时土耳其海事当局重新划定了海峡航道，要求长度超过 150 米的外国船舶要强制接受领航。其三，直布罗陀海峡通行制度。直布罗陀海峡北岸为西班牙领土，南岸为摩洛哥领土。1904 年直布罗陀港被英国占领，摩洛哥为法国“保护区”，因此当时英法两国签署的协定规定，保证海峡航行自由，两国在沿海的摩洛哥岸上不修筑工事并向世界上所有国家军舰与商船开放。同年西班牙加入该协定，后来英、法、西三国又重申了上述规定。其四，波罗的海诸海峡通行制度。尽管波罗的海某些海峡属于丹麦领海，但按国际法规定为用于国际航行海峡，所有国家船舶都可通航。1857 年的《哥本哈根条约》废除了海峡税并制定了厄勒海峡以及大、小贝尔特海峡的航行制度，商船可不受任何限制昼夜航行。其五，苏伊士运河通行制度。1888 年当时统治埃及的奥斯曼帝国与英、法、德等国就苏伊士运河通航问题签署了《君士坦丁堡公约》，该协议规定苏伊士运河在战争与和平时期均向所有船舶开放，实行自由通航。入口港、河内及其附近水域 5. 5 千米以内禁止一切战斗。1958 年埃及在收回苏伊士运河主权后通告联合国，埃及将继续恪守这一协议，重申苏伊士运河无论是在战争时期还是在和平时期都向所有船舶开放，但埃及有权对直接交战国的船舶关闭运河。2003 年海湾战争期间埃及再次强调，根据有关国际协议埃及有责任维持苏伊士运河中立地位并允许任何国家船舶不受歧视地通过苏伊士运河，但埃及有权禁止同其处于交战状况的国家舰船通过苏伊士运河。① 其六，巴拿马运河通行制度。1977 年 9 月巴拿马与美国签订了《关于巴拿马运河永久中立和营运的条约》，两国承认、遵守与尊重巴拿马运河永久中立，无论是和平时期还是战争时期都要保证巴拿马运河安全与平等地向各国和平通

---

① 马海兵：《埃及缘何允许美英战舰过苏伊士运河》，《光明日报》2003 年 4 月 2 日。

过的船舶开放。

最后，群岛海道通过制度。由于群岛海道情况较为复杂，因此《公约》专门对群岛海道通过权做出具体规定：其一，群岛国可指定适当航道以便外国船舶继续不停和迅速通过其群岛水域和邻接的领海；其二，这种航道应穿过群岛水域和邻接的领海；其三，这种航道应以进出点之间的一系列连续不断的中心线划定，通过群岛航道的船舶在通过时不应偏离中心线25海里以外，但船舶在航行时与海岸的距离不应小于航道边缘各岛最近各点之间距离的10%。[①]

二、航道安全制度

有关航道交通安全制度，主要包括狭水道通航制与分道通航制。

首先，狭水道通航制。狭水道通常是指可航水域宽度狭窄、船舶操纵受到限制、船舶安全通航难度较大的航道。目前国际上对于狭水道的宽度还没有统一标准，一般习惯将宽度2海里以内的航道定义为狭水道，如英国在1983年以1.8海里为标准，日本的标准是2海里，其他国家一般为2—4海里。[②] 但随着船体日益增大与海运事业不断发展，在一些即便超过4海里的航道上，交通密集程度的增加也会使得船舶航行难度有所增加，所以狭水道概念也在不断发生变化以适应船舶航行需要。因此《1972年国际海上避碰规则》认为，判定一个航道是否属于规则当中的狭水道，从而确定是否适用于狭水道的各类条款，通常考虑的依据是船员习惯的统一航行方法与航海专家的有关意见。[③]

---

① *United Nations Convention On the Law of the Sea*, http://www.un.org/Depts/los/convention_agreements/texts/unclos/closindx.htm.

② 黄文件、艾万政：《狭水道船舶安全通航控制》，《中国水运》2014年第6期，第28页。

③ 李井顺：《浅谈狭水道船舶操纵》，《中国水运》2013年第8期，第8页。

苏伊士运河、巴拿马运河等海上咽喉要道是较为有名的狭水道，但随着世界海运经济和现代科技的快速发展，这些狭水道的运力需求在逐年增加，导致部分航道交通日趋繁忙，同时船舶大型化、高速化和智能化也给部分狭水道运力带来极大挑战。再加上船舶在狭水道航行时，狭水道本身还存在着很多对船舶航行不利的因素，致使狭水道海损事故频发，给船员生命、财产以及海洋环境和海运业发展都造成严重影响。由此可见，狭水道航行环境复杂多变，不仅受到各种水文地质条件等影响，还会受到国际海事组织重点关注以及国际公约和各国有关规章约束。①

《1972 年国际海上避碰规则》对狭水道通航制做出如下规定：其一，沿狭水道行驶的船舶应尽量靠近其右舷的外缘行驶；其二，帆船、渔船或长度小于 20 米的船舶不应妨碍在狭水道内航行的船舶通过；其三，在狭水道或航道内如只有在被追越船必须采取行动以允许安全通过才能追越时，则企图追越的船应鸣放有关规定的相应信号以表示其意图；其四，船舶在驶近狭水道弯头或地段时应谨慎驾驶并应鸣放有关规定的信号；其五，任何船舶如当时环境许可，都应避免在狭水道内锚泊。

其次，分道通航制。1898 年开始实行分道通航制，当时一些经营横渡北大西洋客轮的海运公司为了船舶航行安全采用了分道通航制。随着世界经济不断发展，海上交通日趋繁忙，海上咽喉要道过往船舶日益增多，这对于一些通航条件不是很好的海上咽喉要道来说，很容易发生海损事故。为确保海上交通安全，政府间海事组织正式提出了分道通航制并在《1972 年国际海上避碰规则》中得以确认，自此分道通航制进入强制实施阶段。如英吉利海峡和多佛尔海峡是世界上最繁忙的海峡，但其最窄处仅为 33 千米，且经常起雾，导致撞船事故时有发生。为改变这种状况，1977 年该海峡实行了分

① 戴喜平：《浅析狭水道航行特点及避碰措施》，《科技视界》2012 年第 15 期，第 275—276 页。

道通航制，东北向航船沿法国海岸航行，西南向航船沿英国海岸航行。

《1972年国际海上避碰规则》对分道通航制度做出如下主要规定：其一，使用分道通航制的船舶应顺着该分道的船舶总流向行驶，一般在分道的端部驶进或驶出；其二，船舶通常不应进入分隔带或穿越分隔线；其三，船舶应避免在分道通航制区域内或其端部附近锚泊；其四，渔船、帆船或长度小于20米的船舶不应妨碍按分道通航行驶的机动船通行。①

1982年《公约》又对分道通航制做出以下规定：其一，关于领海内的海道及其分道通航制。（1）沿海国考虑到航行安全认为必要时，可要求行使无害通过其领海权利的外国船舶使用其为管制船舶通过而指定或规定的海道和分道通航制；（2）沿海国指定海道和规定分道通航制时应考虑主管国际组织的建议，习惯上用于国际航行的水道、特定船舶和水道的特殊性质、船舶来往的频繁程度；（3）沿海国应在海图上清楚标出其指定或规定的海道和分道通航制并妥为公布。其二，关于用于国际航行海峡内海道及其分道通航制。（1）海峡沿岸国可于必要时为海峡航行指定海道和规定分道通航制，并于情况需要时经妥为公布后可用其他海道或分道通航制替换原先指定或规定的海道或分道通航制；（2）海峡沿岸国在指定或替换海道或在规定或替换分道通航制前应将提议提交主管国际组织以期得到采纳；（3）如所提议的海道或分道通航制穿过海峡2个或2个以上沿岸国水域，有关各国应同主管国际组织协商、合作拟订提议；（4）海峡沿岸国应在海图上清楚标出其指定或规定的海道和分道通航制并妥为公布。其三，关于群岛海道及其分道通航制。（1）群岛国指定海道时可规定分道通航制，并于情况需要时经妥为公布后可用其他海道或分道通航制替换任何原先指定或规定的海道或分道通航制；（2）群

---

① 吴兆麟主编：《船舶避碰与值班》，大连海事大学出版社2008年版，第214—216页。

岛国在指定或替换海道与分道通航制时应向主管国际组织提出建议以期得到采纳；（3）群岛国应在海图上清楚标出其指定或规定的海道中心线和分道通航制并妥为公布。[①]

根据上述规定，目前世界上已在120个航道建立了分道通航制，如马六甲海峡、曼德海峡、霍尔木兹海峡等都已实行了分道通航制。随着海运业快速发展，将会有越来越多的海上咽喉要道实行分道通航制，有关设计也日趋完善，对接近和驶入分道通航制区域的船舶要求将会越来越明确与严格。

---

① *United Nations Convention On the Law of the Sea*, http：//www. un. org/Depts/los/convention_agreements/texts/unclos/closindx. htm.

第二章 国际航道安全威胁因素及其安全保障作用

在国际航道应用过程中，安全要素是基本保证，但目前一些海域是国际博弈敏感区，地缘政治关系错综复杂。同时，沿岸各国在国家规模、发达程度、政治制度、历史传统、民族宗教、语言文化等方面差别巨大，利益诉求不一，特别是有关航道面临着传统安全与非传统安全双重威胁，因此加强航道安全保障具有重要意义。

第一节 国际航道安全威胁因素识别

安全问题是航道形成与选择的首要因素。有关航道的形成一般受安全、货运、港口、技术、国际政治形势以及各国经贸与海运政策等多种因素影响，其中安全问题是首要因素。从世界地理大发现以来，围绕海上航道的控制与反控制斗争一直是海上争端与冲突的重要内容。目前有关航道并不太平，面临诸多现实与潜在因素威胁。国外学者认为影响航道安全的主要因素是沿岸国家试图控制自由进出航道、内部不稳定与外部冲突以及相邻国家在重叠区的争夺。① 国内学者石家铸把影响海上航道安全的因素归纳为国际法、地区冲突、

---

① M. Leifer, The Security of Sea Lanes in Southeast Asia, *Survival*, Vol. 25, No. 1, 1983, p. 16.

大国争夺与海上恐怖主义等方面；[①] 梁芳认为海上航道面临的威胁与挑战主要有美国强权战略遏制、区域大国战略争夺、利益相关国战略摩擦、非传统安全现实影响。[②] 综上所述，国际航道安全主要受现代国际海洋法、美国海洋霸权遏制、区域大国争夺、利益相关国家摩擦及地区动荡外溢、海盗和海上恐怖主义、海损事故等多种因素综合影响。

一、现代国际海洋法因素

现代国际海洋法因素对航道安全影响主要表现在不同海域会受到有关规定的限制，特别是《公约》等有关规定影响较大。《公约》在保障航行自由方面建立了 3 项重要制度，即领海无害通过权、国际海峡过境通行权以及群岛海道通过权。此外，还规定了在毗连区、专属经济区和公海的航行自由。但由于该《公约》是各方利益折衷妥协产物，如“在维护航行自由和授予发展中国家享有公海矿产资源优惠份额上做出了很大的妥协”，以便在海洋使用国享有适当的自由航行权与沿岸国维护其主权、海洋资源和环境的利益之间做出平衡，[③] 因此它在关于海上航行方面的许多规定都模棱两可、含混不清，仅提供一般性规则与原则。而世界各国由于立场与利益不同，在理解和解释这些条款时分歧较多，所以在执行过程中难免会发生矛盾与斗争。其一，该《公约》关于专属经济区航行自由权的规定，既承认他国在专属经济区内的航行自由权，但同时又规定这种自由受制于沿海国有关资源和环保法律；既规定他国在专属经济区内行使航行自由权时应适当顾及沿海国权利，但同时又规定沿海国在专属经济区内行使其与资源和环境有关的权利时应适当顾及其他国家

① 石家铸：《海权与中国》，上海三联书店 2008 年版，第 149 页。

② 梁芳：《海上战略通道论》，时事出版社 2011 年版，第 276—285 页。

③ 季国兴：《中国的海洋安全和海域管辖》，上海人民出版社 2009 年版，第 106 页。

权利。其二，该《公约》有关用于国际航行海峡的规定调和了沿海国与海洋大国之间的不同主张。沿海国强调这类海峡是位于一国领海范围内的，其性质是领海不可分割的一部分，而海洋大国则强调用于国际航行的海峡无论是否处于沿海国领海范围内或不论是否连接公海或专属经济区都应实行自由通航。其三，国际社会关于群岛水域的航行制度也存在较大争议。群岛国主张群岛水域无害通过制度，而海洋大国则主张自由通过，其他一些国家主张采用海峡航行制度。由此可见，现代国际海洋法有关规则与制度会在一定程度上限制海上航道通行。

第一，从海峡通行规则来看，传统的领海宽度是 3 海里，这对海峡通行问题影响不大，但《公约》所确立的 12 海里领海制度就使得国际上有 130 多个海峡被置于沿海国管辖之下。而且根据《公约》有关专属经济区、大陆架和群岛国等项的规定，目前世界上已有 100 多个国家宣布拥有 200 海里专属经济区与大陆架，17 个国家宣布为群岛国，享受群岛国制度。这就使得 30.4% 的原属国际公共海域被分割掉，总面积高达 1.1 亿平方千米，几乎包括了世界上所有重要海域与航道，扩大了沿海国管辖海域范围，缩小了公海自由航行范围。而且目前一些拥有重要海峡的国家提出的一些建议还超出了国际海事组织的安全规则和划定的航道，对过往船舶施加额外限制，甚至包括收取通行税。另外，一些海峡国家出于对污染的担心，如马六甲海峡沿岸国一再提出限制装有核物资及其他危险货物的船舶通过。又如 2021 年 1 月 4 日伊朗伊斯兰革命卫队在波斯湾以涉嫌海洋污染为名，扣留了韩国运输船“韩国化学号”。

第二，从群岛国制度来看，群岛国对整个群岛海域享有主权，外国舰船应按照其指定的航道行驶并遵守有关法令。在这种情况下，国际社会在对权利的专属与非专属部分的理解与解释上分歧较多，沿岸国与使用国在海上航道管理和使用问题上，特别是在用足权利与尽好义务方面的争议时有发生。如 1978 年和 1988 年印尼曾两次试图关闭龙目海峡和巽他海峡，以维护其对这两个重要海运咽喉的主权。目前印尼仅在涉及航标与航行安全问题上承认国际海事组织的职权，而在划定航道时则不予承认。1996 年印尼在宣布其新的群岛航道时就把过境通过仅限于 3 条南北航道，对此美国认为在未达成一致意见下就擅自设立航道将创危险先例。

第三，从公海航行自由来看，过去领海以外都是公海，而目前根据《公约》的规定，公海是指领海或内水、专属经济区以及群岛国群岛水域以外海域，这就扩大了沿海国管辖海域的范围，缩小了公海自由航行的范围。同时《公约》虽规定公海对所有国家开放，但海洋大国会把公海航行自由解释成无限制的绝对自由，但实际上行使公海航行自由并不是无限制的。

另外，《公约》以及国际海事组织有关规定在协调有关航行自由权与沿海国海域安全管辖权冲突时，也会在某种程度上对航行自由加以限制。其一，关于安全地带制度。《公约》规定沿海国可于必要时在人工岛屿、设施和结构的周围设置合理的安全地带。虽然《公约》并没有明确禁止船舶在安全地带航行，但沿海国有权采取包括禁航措施在内的适当安全措施，因此安全地带的设置构成了对航行自由的限制。而且国际海事组织还根据上述规定制定了《关于在近海勘探区域建立安全地带的决议》与《关于防止侵犯近海设施或结构周围安全地带措施的决议》，明确要求船舶遵守谨慎航行标准并建议沿海国采取更合理的程序和安全措施。由此可见，安全地带设立后，一切船舶都须尊重这些安全地带并遵守关于在石油设施与安全地带附近航行的国际标准，这样会对航行自由在某种程度上有所限制。其二，避航区制度。国际海事组织经 1988 年议定书修订的《1974 年国际海上人命安全公约》对避航区做了相应规定，指一国主管当局为实现航行安全与保护海洋生态环境目的，通过船舶定线制在管辖海域或（和）公海设置禁止或限制特定船舶航行区域，这样会对某些特定船舶航行范围有所限制。由此可见，这两种针对特定事项的特殊管辖制度的设置和履行虽体现了对船舶航行秩序的引导，但却是对航行自由的一种人为与技术干预。

二、美国海洋霸权遏制因素

海洋霸权是指海洋大国推行海上霸权主义与强权政治，对所谓的敌对国家进行海上封锁和禁运，力图对航道特别是咽喉要道实行垄断性、排他性控制。公海航行自由是现代国际海洋秩序一项基本原则，但海洋大国追求的是自我商业贸易绝对自由，而试图对他国自由加以限制。因此，从理论上讲，每个国家享有自由航行权；从实践上讲，发达国家和海洋大国才享有大部分自由航行权。① 由于各国海上实力差别较大，开发与利用公海能力不一，存在着海上实力强大的国家侵占甚至剥夺他国行使公海航行自由的现象，由此可能引发争端或冲突，从而对航道安全构成威胁。近年来美国持续推进"亚太再平衡"战略与"印太"战略，重点利用东亚海洋争端极力扶持其盟友，插手与控制有关航道。

第一，加紧对海上咽喉要道与石油航道进行战略争夺及控制。一方面从对海上咽喉要道争夺和控制来看，早在 1986 年美军就宣布战时应控制 16 个世界海上咽喉要道，以便"确保战时能够封锁他国的海上运输船舶和海军力量的行动，维护美军的航道安全，并在平时通过对这些水道的有效控制，大量获取各种情报，进而确保美军全球战略的实施"。② 1999 年美国能源部又列出了要控制的世界石油六大运输咽喉，2002 年美国国防大学则开出一份要控制全球 22 个海上咽喉要道的名单。这些海上咽喉要道如朝鲜海峡、马六甲海峡、霍尔木兹海峡、苏伊士运河等具有强烈的地缘政治含义，一旦由于朝鲜半岛、南海地区等热点问题升温，有关航道都将面临重大政治与军事风险。此外，美国及其盟国还利用岛链地缘因素，对有关航

① 季国兴：《中国的海洋安全和海域管辖》，上海人民出版社 2009 年版，第 105 页。

② 李杰：《全球战略海峡通道纵览》，《决策与信息》2010 年第 11 期，第 73 页。

道加强战略控制。为此，近年来美国围绕东北亚至中东“不稳定弧”来调整战略布局，加强动态性海上力量存在，希图通过这些海上安全安排全程控制有关航道，特别是对海上咽喉要道实行排他性控制。另一方面从对石油航道争夺与控制来看，1998 年 11 月美国在《东亚地区安全战略报告》中就强调确保能源供应线安全符合美国经济与安全利益。① 美国发动海湾战争、伊拉克战争以及对利比亚空袭和卷入叙利亚内战的主要目的之一就是控制石油航道。

第二，极力构筑以美国为主导的航道安全秩序。2005 年 9 月美国发布《国家海上安全战略》白皮书，认为除了大规模海上战争外，恐怖主义极大增强了海洋领域非军事、跨国性与非对称威胁特征，因此美国必须与其他国家一起确保海上安全共同利益。在航道安全领域，一方面美国强调保护航行自由是其根本利益，“船舶的国际水域自由航行权、合法经营权、无害通过权和港口进出权是国家安全的基本组成部分”。另一方面美国必须为商业提供便利和保护，促进人员和商品跨境流动，同时筛除危险分子和危险品，以确保海运自由与航道安全基本目标。② 为此，近年来美国提出一系列倡议，试图借海上反恐之名建立以美国为主导的航道安全秩序，这虽在一定程度上有助于打击海上恐怖主义，但美国却夹带私心，对相关航道安全造成一定负面影响。其一，2003 年 5 月布什总统提出了防扩散安全倡议，目的在于建立国际防扩散联盟，共同对被怀疑载有大规模杀伤性武器及相关物资的船舶在公海进行拦截。③ 由于巴拿马与利比里亚是世界主要船籍注册国，因此能否将这两个国家拉进该倡议就成为其成功与否的关键。2004 年 2 月和 5 月美国分别与利比里亚和

---

① The White House, *The United States Security for the East Asia – Pacific Region*, November 1998, http://www.defenselink.mil/pubs/easr98/.

② *The National Strategy for Maritime Security*, September 2005, http://whitehouse.gov/homeland/maritime – security.html.

③ United States Department of State, *The Proliferation Security Initiative*, www.state.gov/t/np/c10390.htm.

巴拿马达成协议，允许美国在领海和公海登临和搜查在这两个国家登记的商船。这样，再加上防扩散安全倡议成员国船舶，就使得美国在公海上可拦截的船舶吨位数达到了世界船舶总吨位数的一半，但美国的这一做法有悖公海航行自由权，危害海运贸易。因为按照《公约》的规定，在公海运输武器给他国的军舰及政府船舶享有完全豁免权，其他任何国家不得登临拦截。实施登临只有在获得船舶所悬挂国旗的国家批准，或该船属于无国籍，或是海盗、运送奴隶或载运非法毒品的船舶才能进行，① 而防止大规模杀伤性武器扩散并不在此列。而且在没有联合国安理会明确支持拦截的决议以及没有确凿证据表明船上大规模杀伤性武器是运送给恐怖分子的情况下，该倡议在公海实施拦截、检查和没收就会超越《公约》所赋予的权限，导致登临权与紧追权的滥用，侵犯船旗国主权，影响船舶正常行驶，破坏现有国际海洋法体系，因此会遭到有关国家反抗而引起冲突，从而影响航道安全。其二，2004 年 3 月美国太平洋司令部司令托马斯·法戈提出了一个监测马六甲海峡的“区域海事安全倡议”，美国准备派海军陆战队和特种部队进驻该海峡，搭乘高速舰艇巡逻以协助反恐，同时该倡议还涉及提高信息共享、改善决策结构、加强海上阻止能力与整合区域国家海岸警卫队以及改善机构与部门合作以整合区域能力等内容。② 但该倡议超出了领海无害通过权、国际海峡过境通行权和专属经济区自由航行权，侵犯了沿岸国对海峡的主权与管辖权，其目的在于控制海峡。因此这一倡议引起沿岸国高度警觉，美国不得不暂时放弃直接派兵进驻的企图，但仍旧谋求以联合巡逻等其他合作方式进入并协防海峡。一旦美国控制海峡，将直接威胁沿岸国贸易与能源航道。

第三，高调实施“亚太再平衡”战略与“印太”战略。2011 年

---

① *United Nations Convention On the Law of the Sea*, http://www.un.org/Depts/los/convention_agreements/texts/unclos/closindx.htm.

② Kwa Chong Guan, *Maritime Security in Southeast Asia*, New York: Routledge, 2007, p. 135.

美国宣布“重返”亚太，推出“亚太再平衡”战略；2017 年美国又推出“印太”战略，加紧在有关航道附近加强军事存在。这两个战略试图建立从东北亚经东南亚到南亚的一个海上大战略链，搅动与搅乱了有关航道和平与安全格局，改变了亚太海上安全生态，其实质是维护美国海上霸权，从而加剧了各国在航道秩序方面的战略博弈。其一，重新调整军事部署。2012 年 1 月美国海军宣布未来 10—15 年将有超过 1/3 的美军战舰部署在西太平洋，再加上美军驻波斯湾的战舰，其作战半径可涵盖整个西太平洋与印度洋地区。特别是近年来美国强化了其在印度洋中部的迪戈加西亚军事基地的建设，这对有关航道安全构成严重挑战。[①] 其二，大幅提高军演频率与规模。近年来在美军主导下，在有关航道附近海域连番进行了超强度的联合军演，无论是频率还是规模都史无前例，威慑意图明显，从而加剧有关海域紧张局势。其三，加强与有关国家军事合作。近年来美国不断增加其在亚太地区与印度洋的军事存在。（1）加强与印度合作。近年来美国提升了与印度的军事关系，加强了与印度海上力量合作，促进两国在防务领域开展交流，向印度出售先进武器，竭力帮助印度塑造在印度洋地区领导者形象，使印度称霸印度洋的野心进一步膨胀。（2）加强与日本合作。近年来美国支持日本解禁集体自卫权，加强其在日本海军事部署，双方还举行了不同形式与背景的海上联合军演。同时日本也意欲借船出海，不断突破“和平宪法”，加强海上自卫队建设，在海上安全事务上与美国绑在一起。（3）加强与澳大利亚合作。2011 年美国开始在澳大利亚达尔文港驻军，[②] 到 2019 年美国在该港驻军已增到 2500 名，使之成为美军前沿

---

① 张芃菲：《印度洋通道安全对中国的重要意义及面临的挑战》，《江南社会学院学报》2015 年第 1 期，第 19 页。

② *Australia – United States Force Posture Initiatives*, November 16, 2011, http: //www. defense – aerospace. com/articles – view/release/3/130408/us% 2c – az – Strenghten – military – ties – down – under. html.

部署基地，试图将其打造成第二个关岛。① 达尔文港位于澳大利亚西北海岸，处在澳大利亚与东南亚中心位置，具有明显地缘政治与经济优势，② 号称是“通往亚洲的大门”。而美国在该港驻军可为美军提供连接太平洋与印度洋的立足点，并可与关岛美军基地形成联动与夹击之势，为美国实施“亚太再平衡”战略、向南海投送兵力、继而控制太平洋和印度洋航道增加一个重要支点。（4）加强与菲律宾合作。2014 年两国签订了新的轮防协议，使美军获得了菲律宾所有军事基地使用权，进一步稳固了其“亚太再平衡”战略的阵脚。（5）加强与越南合作。近年来美国与越南加紧重建安全纽带，2011 年 8 月双方达成了越战后首份军事合作协议，2015 年 8 月美国参谋长联席会议主席时隔 43 年后正式访问越南并称准备对越南出售致命武器。（6）加强与新加坡合作。新加坡位于马六甲海峡东部，扼守海峡咽喉。从 2014 年开始美军在新加坡海域部署了最新濒海战斗舰，这样马六甲海峡将被美国实际控制。

三、区域大国争夺因素

近年来日本、印度与澳大利亚等区域性大国追随美国制定了对抗性海洋战略，将对有关航道安全产生重大影响。

第一，从日本来看，早在 20 世纪 70 年代日本就把海上防卫范围拓展到“周边数百海里和远洋航线 1000 海里”，进入 20 世纪 80 年代以后日本更是明确将防卫东南（东京到关岛）和西南（大阪经台湾海峡到马六甲海峡）两条航道作为战略目标，并经常动用海上巡逻飞机与舰艇监视这些航道，“假如地区其他国家也像日本一样保

① The Department of Defense of U. S. , *Indo – Pacific Strategy Report*, June 1, 2019, p. 27, https://www.defense.gov/Newsroom/ Publications/.

② Jiaping Wu, Between the Centre and the Periphery: The Development of Port Trade in Darwin, Australia, *Australian Geographer*, Vol. 42, No. 3, 2011, pp. 273 – 288.

卫领土外1000海里海区，那么，地区内所有海域将充满着潜在的冲突"。[①] 1996年日本在《防卫计划大纲》中提出要提高保卫周围海域重要航道的能力；1997年通过的《日美防卫合作指针》将南海纳入防卫范围；2002年12月日本在《中期防卫力量整备计划》中将确保航道安全作为海上自卫队主要任务之一；2005年日本又公然将台湾地区看作是其生命线的核心环节；2011年日本在《中期防务规划(2011—2015)》中建议采用"区域拒阻"战略来防卫其离岛，准备在西南诸岛部署沿岸监视部队，利用先进设备监视在东海航行的船舶。为此目的，近年来日本将其海上自卫队发展成为一支远洋力量。其一，凭借其雄厚的经济与技术实力大力扩充海军军备。如近年来日本建造了"宙斯盾"驱逐舰、大型两栖登陆舰（"准航母"）以及具有隐形与续航能力强的"亲潮"级潜艇，组建了适于远洋作战的"十·九舰队"（由10艘驱逐舰和巡防舰以及9架舰载反潜直升机组成的海上编队），着重提升远洋战力。其二，加强在有关航道附近岛屿进行军事部署。如近年来日本开始在宫古岛部署沿岸监视部队，将该岛建成扼守宫古海峡以及西太平洋航道的军事据点，同时强化在琉球群岛的军事能力。其三，不断与有关国家进行保护航道的联合军演。近年来日本借口反恐与打击海盗以及防止大规模武器扩散，与美国、越南、印度、澳大利亚等国在东海、日本海、南海以及印度洋等地开展了各种形式的联合军演，大大提高了日本海上自卫队对自波斯湾至日本本土航道的掌控能力。

第二，从印度来看，印度雄居印度洋中北部，三面环海，其国土向印度洋延伸达1600千米，海岸线长7500多千米，拥有1200个岛屿，专属经济区达250万平方千米，扼守印度洋航道枢纽，即中东与东亚之间贸易航道的关键节点，同时处于苏伊士运河—波斯湾—马六甲海峡能源航道的中段，具有得天独厚的地缘优势。印度95%的

① 季国兴：《中国的海洋安全和海域管辖》，上海人民出版社2009年版，第99页。

对外贸易与近 80% 的石油进口都要通过印度洋,[①] 因此在《确保海洋安全：印度的海洋安全战略》中称其贸易和能源安全、深海矿区勘探、南极科考等全都依赖海上交通，保护航道安全至关重要。[②]

长期以来，印度凭借其地理优势想在印度洋“称大”，宣称从阿拉伯海的北面到南海都是印度的利益范围。印度前总理拉吉夫·甘地曾强调：“我们必须牢牢控制通向印度的海上通道。”[③] 为此，印度一方面将其海军分为西部、南部和东部三大舰队；另一方面印度海军以“沿海防御—区域控制—远洋进攻”为战略方向，尽量实现“区域内”与“区域外”平衡。[④] 特别是近年来印度奉行带有明显排他性与扩张性特征的“积极海洋战略”，以建立具备相当威慑力的远洋舰队为依托，促进武器装备升级换代，不断增强对印度洋航道管控。由此可见，中国对外贸易与能源运输的主航道都无法绕开印度海军的控制区，在这种情况下，近年来印度采取了一系列强势措施，影响了相关航道安全。其一，提出竞争计划以削弱中国在印度洋影响力。2014 年 9 月印度推出“季风计划”，对此有印度学者认为，该计划是莫迪政府推出的旨在反制中国的最重要外交策略。[⑤] 其二，加强在有关航道重要节点的军事存在。（1）加强安达曼·尼科巴群岛军事要塞建设。安达曼·尼科巴群岛位于马六甲海峡西北口，是监视、封锁海峡前哨。2012 年 7 月群岛上的巴兹军事基地启用，2013 年 11 月群岛指挥中枢——远东司令部建成使用，2018 年 5 月又决定在群岛进行永久性海军部署；同时，近年来印度还耗费巨资

---

① Indian Ministry of Defence, *Annual Report* 2016 - 17, p. 26.

② Indian Integrated Headquarters Ministry of Defence (Navy), *Ensuring Secure Seas: Indian Maritime Security Strategy*, 2015, p. 21.

③ 张炜主编：《国家海上安全》，海潮出版社 2008 年版，第 430 页。

④ C. Raja Mohan, *India and the Changing Geopolitics of the Indian Ocean*, July 19, 2010, http://www.tandfonline.com/doi/full/10.1080/09733159.2010.559779?scroll=top&needAccess=true.

⑤ Akhilesh Pillalamarri, Project Mausam: India's Answer to China's "Maritime Silk Road", *The Diplomat*, September 18, 2014.

改造与扩建该群岛各种设施，部署现代化军事装备，为其海军控制马六甲海峡、进入南海提供了前进基地。（2）加快援建伊朗恰巴哈尔港。2016 年与 2018 年印度与伊朗两次签署协议，决定共同开发、翻建与运营恰巴哈尔港，这样便可绕过巴基斯坦与中亚国家建立一条新航道。在此基础上，2018 年以来印度海军还以该港为支点，加强在波斯湾地区军事部署。目前，印度海军每两个月都会派一艘军舰在波斯湾常态部署 15 天，特别是印度在该港附近部署了特遣部队，有时还会增派空中侦察力量以监测该海域。（3）利用阿曼杜克姆港设施。2017 年 2 月印度与阿曼签订协议，印度海军可利用其杜克姆港设施，这样就使印度在印度洋西部有了立足之地。阿曼位于印度西海岸与非洲东海岸中间，其南方与东方临阿拉伯海，东北方抵阿曼湾，扼守重要的石油输出航道霍尔木兹海峡。而杜克姆港位于阿曼东南沿海，俯瞰阿拉伯海与印度洋，成为印度进入西亚与东非的切入点。其三，确立对印度洋沿岸国家的海上优势，积极构建以印度为主导的“印度洋海军论坛”、印度洋“五国安全合作机制”等来扩大地区影响力，以便确立其在印度洋地位。其四，将其海上战略前沿推进到南海。印度变“东向”政策为“东在”政策、“东向行动”政策，积极“东进”，与东盟国家加强互动，提高其对亚太事务辐射能力。

第三，从澳大利亚来看，澳大利亚东临太平洋、西接印度洋，这种独特地理位置使其成为各大洲之间海上运输补充燃料、淡水以及食物的中间供应站。同时澳大利亚对外贸易主要靠海运，因此澳大利亚极为重视有关航道安全。2000 年澳大利亚发表的《国防白皮书》就明确提出要保卫航道安全，而在 2016 年的《国防白皮书》则把保护航道安全置于国防战略利益首位。[①] 为此，近年来澳大利亚以“印太”战略为核心，在南太平洋、南海、印度洋三个方向加强对有

---

① Australian Department of Defense, *The* 2016 *Defence White Paper*, http://www.defence.gov.au/whitepaper/SouthChinaSea2016/docs/WP_2016_web.pdf.

关航道控制。

从“印太”战略来看，近年来澳大利亚为了实现“中等强国”目标，开始“脱大入亚”。2013 年 5 月在其公布的《国防白皮书》中完整系统描述了“印太”战略，即从印度到东南亚再到东北亚弧形地带及其海上航道是其国防利益的关切。由于澳大利亚位于南太平洋与印度洋交汇处，通过介入“印太”战略，不仅可强化其对南太平洋岛国的领导地位，而且还可扩大在印度洋海运范围，从而大大拓展其在西印度洋—南亚—东南亚的战略空间，实现自身地缘政治、经济与安全利益。其一，在南太平洋岛国方向，澳大利亚是南太平洋地区传统大国，与南太平洋岛国有深厚的历史联系，在南太平洋岛国拥有绝对影响力与控制力以及毋庸置疑的话语权和主导权。南太平洋岛国被澳大利亚视为通往亚洲的海上门户，目前有 3 条航道贯穿南太平洋地区：从新喀里多尼亚南部经过，然后经斐济向东通往美国；从澳大利亚东海岸向北，经新不列颠和巴布亚新几内亚；从澳大利亚东海岸向北，沿着所罗门群岛东海岸，向北穿过布干维尔和新不列颠间海峡，这 3 条航道目前占澳大利亚海运出口的 45%。（1）澳大利亚强调要继续主导南太平洋地区秩序，如 2017 年版《外交政策白皮书》强调，提升对南太平洋地区的重视程度将成为其优先级别最高的外交政策之一，[①] 为此近年来澳大利亚在该地区力图“谋求更具动力和战略性的地区目标”。[②]（2）加强在南太平洋岛国军事存在，如 2018 年澳大利亚开始在巴布亚新几内亚马努斯岛重新部署军事基地。[③]（3）澳大利亚通过政治外交、经贸往来与援助、

---

① Australian Government, *2017 Foreign Policy White Paper*, https: //www.fpwhitepaper.gov.au/.

② Mary – Louise O’ Callaghan, *Stepping Out – and Up – in the Hot Mess of the Pacific*, June 5, 2019, https: //www.lowyinstitute.org/the – interpreter/stepping – out – and – hotmess – pacific.

③ Andrew Tillett, APEC 2018: US to Join Australia in Redeveloping PNG Naval Base, *The Financial Review*, November 17, 2018.

安全合作等多层次、全方位的政策安排，加强对南太平洋岛国介入和控制，以维持其在该地区领导力与主导地位。特别是在安全问题上，南太平洋岛国由于国力孱弱，无法独自应对。对此，澳大利亚不断改善与这些岛国在防务、执法、情报、海关等多方面的合作与协调，通过《太平洋安全计划》为太平洋岛国提供与更新巡航舰船，提高其海上搜救以及打击非法捕捞、人口偷渡、毒品走私等能力。同时澳大利亚还出资援助太平洋岛国基础设施建设，以提升岛国应对气候变化与自然灾害能力。2018 年 12 月澳大利亚承诺建立太平洋安全学院，为太平洋岛国提供国防和执法培训。其二，从南海方向来看，南海是澳大利亚实施南太平洋至东亚“脱大入亚”以及与东南亚、南亚和东非开展海运贸易的必经航道，为此近年来澳大利亚积极介入南海地缘空间博弈，强调包括南海在内的穿越东南亚的航道是印太核心。[①] 在其 2017 年版《外交政策白皮书》中声称南海构成了地区秩序一个主要断层线，澳大利亚在此拥有航行自由与维护地区秩序稳定的国家利益。澳大利亚的这些做法会使南海地缘风险提升，威胁有关航道安全。其三，从印度洋方向来看，澳大利亚有 1/3 的专属经济区在印度洋，而且这里是其与印度、中东、南非、欧洲进行货物贸易的必经之路，同时也是其煤炭、铁矿石、液化天然气等资源外运航道，因此印度洋航道和平与稳定对澳大利亚而言具有重要经济价值。为保卫上述航道畅通无阻，近年来澳大利亚加强了在印度洋的投入与建设。（1）提出“向西看”战略，积极寻求与印度洋沿岸国家建立友好关系，特别是将印度定位为“优先合作伙伴”，并在 2020 年 6 月将双边关系升级为“全面战略伙伴关系”。（2）调整海军力量部署，现已将其 1/3 的海军力量部署在印度洋。[②]

---

① Rory Medcalf, Rules, Balance, and Lifelines: An Australian Perspective on the South China Sea, *Asia Policy*, Vol. 21, No. 1, 2016, p. 9.

② David Brewster, Australia and India: The Indian Ocean and the Limit of Strategic Convergence, *Australian Journal of International Affairs*, Vol. 64, No. 5, 2010, p. 549.

（3）大力加强与印度海上防务合作，如 2020 年 6 月两国签订军事协定，允许双方进入对方基地开展后勤保障，支持航行自由。①

四、利益相关国家摩擦及地区动荡外溢因素

国际航道途经地区国家众多、民族林立、文化各异、国情不一，安全形势复杂，有关航道周边存在着程度不同的国家纠纷与争议且难以化解，特别是一些国家在强劲的海洋战略驱使下，肆意渲染“中国威胁论”，无视国际海洋法与国际惯例，甚至借助国际海上战略力量，以及海洋大国对沿岸国家有关问题的干涉所造成的地区动荡，这些都会对有关航道安全、顺畅提出严峻挑战。冷战结束后由各种因素所引起的国家政局不稳和地区冲突数量较多，尤其是亚太地区由于冷战遗留问题及海洋领土纠纷所形成的潜在热点较多，且这些冲突短期内都没有彻底解决的迹象，构成了有关航道安全的风险因素。“沿海国家坚持海洋管辖区，特别是海洋中部岛屿的要求而引起的武装冲突，所产生的副作用之一是干扰了海运线的安全”，“按照苏伊士运河和波斯湾的经验，沿海国家在这些海峡内妨碍和阻拦船只通航的任何企图都将对地区海运线的安全构成威胁”。② 在这种情况下，一些重要海域如东北亚海域、南海、印度洋、中东海域等都有地区热点问题存在。

一些国家动荡、矛盾、摩擦、纠纷与冲突及其外溢造成的紧张局势会对周边海域航道安全产生严重影响：第一，导致海上航道使

---

① Ministry of External Affairs, Government of India, *Joint Statement on a Comprehensive Strategic Partnership between Republic of India and Australia*, June 4, 2020, https://www.mea.gov.in/bilateral - documents.htm? dtl/32729/Joint + Statement + on + a + Comprehensive + Strategic + Partnership + between + Republic + of + India + and + Australia.

② 季国兴：《中国的海洋安全和海域管辖》，上海人民出版社 2009 年版，第 98—99 页。

用危险性加大。其一，军舰行动会妨碍商船正常航行，商船甚至会遭到军舰炮轰，造成海员受伤，船舶受损；其二，造成海员畏惧驶往动荡地区，不利于海运业健康、均衡发展；其三，造成商船保费增加，商船不得不增加保安投入；其四，迫使商船绕行，增加安全成本。

第二，影响正常海运贸易与港口装卸，致使货物无法进出口而造成损失。如2011年与2013年埃及骚乱和动荡局势都直接影响到苏伊士运河正常航行与港口装卸。[①]又如2019年7月4日英国怀疑伊朗油轮“格蕾丝1号”装载的石油将运往叙利亚，违反了欧盟的所谓制裁，于是在英属直布罗陀将其扣押；作为报复，7月19日伊朗伊斯兰革命卫队则在霍尔木兹海峡扣押了英国油轮“史丹纳帝国号”。

第三，造成海峡、运河等咽喉要道临时或长期关闭。如印尼曾擅自缩小有关航道范围，在1978年和1988年两度试图关闭龙目海峡与巽他海峡。日本海上自卫队还进行过封锁宗谷海峡、对马海峡和津轻海峡的模拟演习，其目的是“防止敌国潜艇通过海峡驶往日本海和太平洋，其次是防止敌国船只返回国内港口补给”。[②]

第四，给海盗活动以可乘之机。近年来一些国家政府治理职能的弱化或丧失是海盗及海上恐怖主义猖獗的重要原因。一方面国家政局的混乱会导致社会问题突出，使政府无法组织有效的军警力量维护航道秩序与安全；另一方面有些国家经济发展困难会导致就业机会缺乏，而海盗及海上恐怖主义活动的低风险与高回报会吸引当地大量闲散青年加入。如在2000年前后马六甲海盗一度十分猖獗，其主要原因之一就是当时东南亚金融危机爆发后，东南亚一些国家贫困人口和失业率上升，从事海盗活动的人员增加。而目前索马里

---

① 兰晓萌：《苏伊士运河波澜》，《华夏时报》2013年2月15日。

② 季国兴：《中国的海洋安全和海域管辖》，上海人民出版社2009年版，第95页。

海盗有恃无恐的活动也和当地局势动荡、武装割据以及政府能力有限相关，这种“混乱的局势为海盗提供了生存空间，使他们可以肆无忌惮、为所欲为、从容作案而不必担心受到任何惩罚”,① 从而对航道安全构成严重威胁。

五、海盗和海上恐怖主义因素

有关航道安全除了受传统安全因素的影响，近年来受非传统安全因素的影响也在增多，这主要是指海盗和海上恐怖主义的威胁，而且非传统安全问题所带来的威胁往往更为直接与密集，也更难应对。

一是从海盗威胁来看，近年来在多种因素交叉作用下海盗行为日益猖獗，暴力程度愈演愈烈，特别是西非与东非索马里沿岸、红海与亚丁湾一带、孟加拉湾沿岸以及马六甲海峡与东南亚海域是国际海盗活跃区。这些海域一方面拥有繁忙的航道，供海盗袭击的船舶众多，如亚丁湾每年有 2.2 万艘船舶运载世界贸易量 8% 的货物以及 12% 的海运石油量经过。② 另一方面因航道狭窄、船舶航速慢以及当地民众贫困、政府管控能力弱等原因而成为海盗作案的集中地，使得海盗袭击事件屡禁不止、无法根除。③ 其中东南亚海域曾经最为危险，海盗主要集中出没在马六甲海峡、巽他海峡等航道附近,④ 并有向柬埔寨、越南以及北部湾蔓延之势，其中“HLH”即中国香港、

---

① 李子迟编著：《千年海盗》，重庆出版社 2009 年版，第 18 页。

② Peter Chalk, Piracy off the Horn of Africa: Scope, Dimensions, Causes and Responses, *Brown Journal of World Affairs*, Vol. 16, No. 2, 2010, p. 96.

③ L. Peter, *Violence at Sea: Piracy in the Age of Global Terrorism*, New York: Routledge, 2007, p. 201.

④ Robert C. Beckman, Combatting Piracy and Armed Robbery Against Ships in Southeast Asia: The Way Forward, *Ocean Development & International Law*, Vol. 33, No. 3 -4, 2002, pp. 317 -318.

海南和菲律宾吕宋之间海域被称为“恐怖三角”。① 但目前马六甲海峡海盗形势有所缓和，“热点”转到了东非索马里和西非尼日利亚，并从红海、亚丁湾向南延伸至肯尼亚、坦桑尼亚、塞舌尔、马达加斯加与莫桑比克。而且这些海盗开始使用更加轻型、快速、机动、灵活的船只去袭击和劫持货轮，得手率较高。②

因此日益猖獗的海盗活动已对航道造成严重威胁，他们杀人越货，不仅造成海员受害及财产直接损失，而且还使得世界经贸每年损失高达700亿美元。其一，海盗犯罪行为会使海员受伤甚至丧失生命，特别是目前当海盗碰到国际海军护航舰艇援救时会把被劫持的人质放到甲板上，如果护航海军采取强硬手段就杀死人质。而为保护被劫持人员的生命安全，护航海军只能让步，使海盗更加得寸进尺。其二，把劫持海员作为人质、勒索赎金，如果海运公司不愿出赎金交换人质，便将人质处死，使船东蒙受重大、直接经济损失。而海员在扣押期间身心会受到严重伤害，导致海员及其家属增加许多额外精神负担与压力。在这种情况下，一些海员视海盗出没海域为危途，不愿出海或产生畏惧心理，抵制走危险航道，从而影响海运企业正常经营。有时海盗还会把劫持的船舶粉刷新漆，改换名字，伪造证件，重新注册后变成所谓的“幽灵船”，之后连船上的货物一起卖掉或是自己用来做毒品走私和人口贩卖等犯罪勾当。其三，影响航程，增加运输成本。首先，会使途经海盗地区的船舶保安与保险费用增加；其次，保费的增加会迫使船东改行航程较长但风险较低的航道，但这既费时又消耗燃料，如中国商船为避开马六甲海峡海盗而绕道印尼其他海峡，则将多出近2000千米的航程。其四，如

---

① Carolin Liss, Maritime Piracy in Southeast Asia, *Southeast Asia Affairs*, 2003, p. 56.

② Jill Harrelson, Blackbread Meets Blackwater: An Analysis of International Conventions that Address Piracy and the Use of Private Security Companies to Protect the Shipping Industry, *American University International Law Review*, No. 2, 2010, pp. 300 – 301.

果海盗劫持的是油轮或化学品船，还会对海洋生态环境造成严重破坏。其五，造成武器扩散的危险。如 2008 年 9 月载有坦克、装甲运兵车以及炮弹、发射器的乌克兰货轮“法伊尼号”在肯尼亚附近海域遭海盗劫持。近年来国际海运贸易总流量持续增大，而海盗重点活动区的局势并未发生根本好转，这意味着海盗威胁将长期存在，因此防范海盗任重道远。

二是从海上恐怖主义威胁来看，一些航道还穿过东南亚、西亚与东非等恐怖分子猖獗区，如波斯湾就是恐怖分子经常活动的一个区域，直接影响红海湾及印度西岸航道安全。近年来海上目标日益成为国际恐怖分子新猎物，对此有专家表示：“鉴于世界安全形势所受到的恐怖主义挑战，目前的海事安全已远不止是海盗与反海盗范畴，有组织、有预谋、规模庞大、手段先进的恐怖主义袭击，正在成为更严重的海事威胁。”[①] 这是因为“9·11”事件后随着各国反恐力度与监管力度加大，恐怖分子在陆上阵地的活动空间被大大压缩，有向海上转移的趋势，恐怖分子已意识到海上设施的脆弱性，它们基本处于无人监管状态。因此不设防的海洋便开始成为恐怖活动的理想场所与攻击目标，而且海上恐怖主义活动并不容易防控：首先，由于海洋广阔，具有开放性和相对自由通行特点，特别是公海不属于任何国家管辖范围；其次，由于海上恐怖袭击具有突然性、多样性、灵活性、隐蔽性等特点，且袭击后逃跑方便、撤离迅速，再加上海上恐怖活动处置具有复杂性，目前受相关国际法缺陷影响不易受到打击，所以海上恐怖主义活动有愈演愈烈之势。

世界上重要的海上恐怖主义组织有菲律宾的阿布沙耶夫武装、印尼的“自由亚齐运动”、斯里兰卡的“泰米尔猛虎”组织等，有的甚至走上集团化与国际化道路，在进行恐怖袭击时有组织、有预谋，装备先进，作案手段高明，严重威胁航道以及国家政治和经济安全。如菲律宾的阿布沙耶夫武装活跃在与马来西亚有领土纠纷的

---

① 李子迟编著：《千年海盗》，重庆出版社 2009 年版，第 90 页。

苏禄海地区，印尼的“自由亚齐运动”对望加锡海峡与龙目海峡构成严重威胁。由此可见，东南亚的印尼、马来西亚、菲律宾、泰国等国近年来是海上恐怖主义活动的主要受害者，成为国际社会关注的焦点。[①] 另外，索马里、也门、伊朗和巴基斯坦等同样也是海上恐怖分子活跃区，因此航行在印度洋上的货船与油轮也极易受到海上恐怖主义袭击。[②]

过去海上恐怖主义袭击形式较为简单，如向舰船投掷小型炸弹或以水雷攻击，但2005年9月美国发表的《国家海上安全战略》指出，目前海上恐怖分子会使用各种手段发动袭击，如利用装满炸药的自杀船只、轻型飞机、巡逻船等作为移动武器撞击其他船只、港口设施和近海平台。[③] 特别是马六甲海峡及周边海域与东南亚地区许多恐怖分子活动区距离相当近，[④] 被“基地”组织视为袭击过往货轮甚至是军舰的最佳地点，因此国际海事局指出，商船，特别像油轮那样易受袭击的船舶都是恐怖分子的目标。[⑤] 此外，2004年2月菲律宾阿布沙耶夫武装在马尼拉对渡轮发动袭击被视为最恶劣的海上灾难之一，造成大量人员伤亡和失踪。[⑥]

海上恐怖袭击除了会造成重大人员伤亡与财产损失以及严重的海洋污染，还会极大增加海运成本。从对航道威胁来看，目前“基

---

① Yann－Huei Song, The Overall Situation in the South China Sea in the New Millennium: Before and After the September 11 Terrorist Attacks, *Ocean Development & International Law*, Vol. 26, No. 1, 2004, p. 248.

② Kamlesh K. Agnihotri, Protection of Trade and Energy Supplies in the Indian Ocean Region, *Maritime Affairs*, Vol. 8, No. 1, 2012, pp. 14－18.

③ *The National Strategy for Maritime Security*, September 2005, http://whitehouse.gov/homeland/maritime－security.html.

④ Barrett Bingley, Security Interests of the Influencing States: The Complexity of Malacca Straits, *The Indonesian Quarterly*, Vol. 32, No. 4, 2004, pp. 357－358.

⑤ Joshua P. Rowan, The U.S.—Japan Security Alliance, ASEAN, and the South China Sea Dispute, *Asian Survey*, Vol. 65, No. 3, 2005, p. 417.

⑥ Kwa Chong Guan, *Maritime Security in Southeast Asia*, London & New York: Routledge, 2007, pp. 79－80.

地”组织已明确提出要打击“圣战国家的供应链和生命补给大动脉”，并强调说如果在霍尔木兹海峡炸毁一艘油轮就足以导致封锁该海峡，从而使全球经济处于萧条境地。如2010年7月“基地”组织用1艘装有炸药的小艇对日本油轮实施了自杀式爆炸袭击，造成油轮受损，这是海上恐怖分子首次在该海峡发动袭击，其意图是通过在海峡附近发动恐怖袭击来扰乱原油市场、动摇世界经济。[①] 同样，如果恐怖分子在马六甲海峡最窄处攻击大型油轮也可使该海峡关闭，其连锁反应所造成的后果不堪设想。由此可见，海上恐怖事件往往具有严重的危害性和巨大的政治影响力。

而且近年来海盗与海上恐怖分子有同流合污与相互勾结的发展趋势，他们沆瀣一气，狼狈为奸，合伙作案。国际海事局称“基地”组织恐怖主义网络已卷入马六甲海峡的海盗事件，美国也声称恐怖分子可能会与马六甲海峡海盗合作炸毁或劫持油轮作为轮船炸弹。而联合国则指出索马里现已成为恐怖主义活动的大本营与中转站。由此可见，海盗与海上恐怖分子的目标正在趋同、行动相互交织，更增加了对有关航道安全的危害性。

六、海损事故因素

海上运输具有鲜明特点：其一，船舶运输属于国际化行业，必然会涉及船旗国、港口国的法律和国际规则，这会对船舶安全提出更高要求。其二，海员流动性与不断更换，不利于船舶正常保养与安全活动连续进行。其三，船舶租赁人的变化使船舶所行驶的航道不断变化，环境变化意味着安全条件的变化。[②] 因此海运业历来是高风险行业，船上有限的空间被海员、货物、机器、能量系统所占满，密度甚高，相互间的干扰容易引发事故。而且船体属于薄壳系统，

---

① 《恐怖袭击逼近世界原油供给通道》，《参考消息》2010年8月8日。

② 洪碧光：《船舶安全管理》，大连海事大学出版社1999年版，第5页。

航行于礁石、浅滩以及急流、狂风、巨浪或浓雾、冰雪之中，难免会发生海损事故。

近年来国际海运贸易活跃，相关航道繁忙。一方面行驶在航道上的船舶不仅数量增长快，而且种类日益多样化，特别是油轮和危险品船舶不断增多，致使航行密度不断增大，航行环境恶化；另一方面船舶日益趋向大型化、深吃水化、专业化、快速化，更增大了船舶发生事故的风险。因此随着船舶数目的增加以及载客载货变多、航道范围变广、作业变得复杂、货物性质变得危险，发生海难事故的可能性变大，而且造成的人员、财产和环境损害也变得越来越大。另外，近年来随着国际海运贸易的发展，有越来越多的东南亚、南亚、西亚以及非洲的老旧船舶在有关航道上行驶，这些船舶缺陷会更加明显，事故发生率会更高，处理难度会更大，造成的后果也更严重。

一般来说，海难事故的发生会涉及由人—船—货—环境—管理构成的复杂大系统，这些致因条件相互叠加、会合、作用就会造成海损事故。

第一，从人为因素来看，人为失误影响最为严重。人为失误根据国际海事组织《海事中人为因素调查指南》中的定义，是指违背个人或群体可接受或期望的通常做法而带来不可接受或不希望后果的行为，即由于操作人员的错误决策和行为导致系统出现故障、效率降低或性能受损。影响海上航行安全的人为因素较多，如知识、技术、管理、语言水平以及心理状态和身体状况等，它涉及船员、船舶的岸上管理机构、主管机关、船级社、造船厂、立法者以及其他当事人活动的全部方面。具体来说，导致海难事故的人为因素包括：其一，船员方面，缺乏良好培训，滥竽充数，素质参差不齐；水平低下，经验不足，对事故未能预测，应变能力差；麻痹大意，满不在乎及紧张的情绪；法律意识淡薄。其二，工作环境与设备方面，工作环境不符合要求，设备维护与保养不良。其三，法规方面，有关航行规章制度没有真正落实到位，不遵守国际公约与规则，违反通常做法及安全操作规程。其四，管理方面，海运公司对船员和船舶管理不到位，同时有关海上交通安全主管部门监管不力。[①] 上述人为因素对海运安全影响极大，据统计大约有 80% 左右的海损事故直接或间接与人为因素有关，特别是在搁浅、触礁、碰撞事故中人为因素所占比例高达 90% 以上，而这类船舶损害事故占所有事故的 50% 以上。因此中国著名船长贝汉廷曾强调："多大的风浪也不会使万吨轮沉没，使万吨轮沉没的只有船本身的损坏。而只有不懂船、不懂得大海的船长才会把船搞坏、把船搞沉。"[②]

第二，从船舶因素来看，主要是受船上装备及设备可靠性所限。船舶质量与适航是其安全航行的前提。船体以及甲板、轮机、货物、电气、消防、救生设备等如果存在缺陷会造成船舶不适航。如船体强度不足或船体、主机、管道系统有缺陷，未配备最低限度能安全可靠使用的导航仪器等都会影响船舶安全航行。特别是船龄较大且结构设备老化更容易出现海难事故。

第三，从货物因素来看，主要是指所装运货物的危险性。货物的基本性质、危险性质、污染性质以及操作要求等都会对船舶安全航行产生影响，如货物积载不合理与货物自燃等会造成船舶失火或爆炸。

第四，从环境因素来看，主要是指恶劣天气、复杂海况、自然灾害等不可抗力对航行安全影响。一些国际航道覆盖的地区属于地震、海啸、台风、龙卷风、风暴潮、灾害性海浪、海冰等自然灾害的高发区，对船舶安全航行具有较大影响。其一，从恶劣天气来看，船舶在恶劣天气下操纵困难，特别是雾霾、大风、雨雪等对航行安全影响较大，如 2018 年 7 月"凤凰号"观光船在泰国普吉岛附近海

---

① 吴海霞：《人为因素对海上交通安全的影响及其对策》，《浙江交通职业技术学院学报》2009 年第 1 期，第 33 页。

② 蔡桂林：《大航海时代：中国远洋航运 60 年纪实》，河北大学出版社 2009 年版，第 110 页。

域突遭特大暴风雨而倾覆导致 47 人遇难。[①] 其二，从复杂海况来看，海浪、洋流、潮汐等也会造成海损事故。其三，从危险水域来看，像浅滩、暗礁等会造成船舶搁浅、触礁等事故。如南沙群岛周围海域水深较浅、暗礁众多，被海员称为“危险地区”；[②] 又如新加坡海峡航道仅约 2.4 千米宽，形成瓶颈口，船舶航经这里很容易发生碰撞与搁浅等事故。其四，地震引发的海啸破坏力极大，对船舶安全航行会产生较大影响。

第五，从管理因素来看，一方面从海运公司与船舶安全管理来看，如船舶维修保养不当、货物超载与配载不合理以及设备配备不齐、船舶配员不足、安全组织不健全、规章制度不完善或不落实、航行秩序混乱等问题出现的本质原因，是海运公司和船舶管理不善。另一方面从主管机关监管来看，对海上航行安全监管不力，如管理力量薄弱、人员和经费不足以及设备不够先进，管理人员业务素质不高、规范意识和责任心不强，海事调查不规范，难以保证调查的准确性、公正性、合理性以及执法的严肃性等，都会导致海上安全监管缺位或不到位。

船舶一旦发生海损事故会造成船货严重损失和人员重大伤亡，对船舶公司、货主以及船舶保险理赔等来说都是巨大的经济损失，海运企业也因此会失去信誉甚至被市场所淘汰。如 2021 年 3 月 23 日“长赐号”货轮在苏伊士运河搁浅，造成运河停航 6 天，每天滞留的货物损失高达 96 亿美元。埃及苏伊士运河管理局随后将其扣押，并向日本船东公司索赔 10 亿美元。而油轮、化学品船等发生海损事故还会对海洋环境造成污染，使生态资源遭到破坏，进而危及

① 王辉、刘娜、张蕴斐、仉天宇、任湘湘：《“21 世纪海上丝绸之路”海洋与气象灾害预警报现状和风险防范对策建议》，《科学通报》2020 年第 6 期，第 456 页。

② United States Defense Mapping Agency, *Sailing Directions* (*enroute*) *for the South China Sea and Gulf of Thailand*, Washington, D. C.: Hydrographic/Topographic Center Pub., 2002, p. 9.

人类的生存链，并对海洋渔业、水产养殖业、海洋旅游业、沿海工业等海洋经济活动造成危害。另外，船舶溢油事故所引发的火灾还可能会造成海上及沿岸设施、船舶等被损坏。

第二节　国际航道安全保障作用分析

海上航道是一国的经济命脉，也是开展国际贸易的基础，因此保护航道是海上安全力量所承担的更广泛作用的一个重要方面。[①] 正因为目前影响有关航道安全的风险因素复杂多样，我们对此必须高度重视并加强有关航道的安全保障。

一、航道安全保障内涵

英文中安全有两个基本词汇，即“Safety”与“Security”。“Safety”的中文释义是“安全的状态；没有危险、冒险或伤害”。“Security”的中文释义是“不受威胁；安全；从疑问、焦虑、恐惧中解脱出来；安心”。这两个词都有“安全的状态；没有危险、冒险或伤害”的含义，但“Security”有很强的国家背景及政治内涵，通常会直译成“安全保障”或“国家安全”，以区别一般行为安全的含义。而“安全”根据《现代汉语词典》的解释是不受威胁、没有危险、不出事故，正所谓无危则安、无损则全。根据不同的研究角度，对于安全可有不同的理解。

第一，从生产安全的角度来看，吴兆麟认为安全可定义为危险、威胁、事故情况在人们可以承受或社会能够接受程度之内的一种实

① S. Rajaratnam, *MH370 and Maritime Security: A Fresh Start for Cooperation*, http://www.fairobserver.com/article/mh370 - maritime - security - fresh - start - cooperation - 63461.

际状态。①

第二，从国家安全的角度来看，傅梦孜认为："安全应是指缺乏内外风险的一种状态，从而避免对人可能造成的意外。对于一国而言，是指维持生存（国家主权维护、维系领土统一及避免外部因素的破坏甚至战争行为）与发展（持续的社会稳定与国力增长）的能力；它是传统安全与非传统安全的统一。"②

第三，从海上安全的角度来看，杨金森认为海上安全主要是指个人或国家在海上的活动、权利与利益不受到外部力量的侵害或遭遇风险，其实质是要确保一国尽可能取得对海洋充分而有效的利益。③

第四，从海上通道或海运航道安全的角度来看，张炜认为："海上通道安全的基本含义，是国家用于国际经济贸易活动的海上运输航线及通道、特别是战略物资运输线始终畅通无阻，不被外部力量侵害和威胁，其海上航行活动的权利和利益得到保障。"④ 朱时雨和王玉认为海运航道安全是指货物自出口地通过船舶沿特定航线可靠、稳定、经济地运至进口地的一种状态。⑤

第五，从海峡战略通道安全的角度来看，张杰认为海峡战略通道安全是指海峡战略通道的沿岸国与使用国依据《公约》等相关法律和规则的规定，合法拥有海峡战略通道的权益而不受到其他行为体威胁的状态。⑥

---

① 吴兆麟：《船舶避碰与海上安全研究》，大连海事大学出版社 2006 年版，第 494 页。

② 中国现代国际关系研究院海上通道安全课题组：《海上通道安全与国际合作》，时事出版社 2005 年版，第 5—7 页。

③ 杨金森：《中国海洋战略研究文集》，海洋出版社 2006 年版，第 325 页。

④ 张炜主编：《国家海上安全》，海潮出版社 2008 年版，第 59 页。

⑤ 朱时雨、王玉：《21 世纪海上丝绸之路航道安全探析》，《交通运输研究》2015 年第 2 期，第 9 页。

⑥ 张杰：《浅述海峡战略通道的安全》，《理论界》2009 年第 2 期，第 205 页。

本书所说的航道安全主要是指船舶在航道航行及与沿岸各国开展海上贸易的安全，包括船舶本身及其船员和货物的安全、航道起点和终点港口的安全、航道所经过的海域及其附近地区的安全，特别是海上咽喉要道的安全。在这里，问题的关键是要确保船舶自身安全，所谓航道安全保障归根到底是要确保行驶在航道上的船舶及其船上的海员与货物的安全。

二、航道安全保障作用

明朝伟大航海家郑和曾强调："欲国家富强，不可置海洋于不顾。财富取之于海，危险亦来自海上。"目前国外有学者认为海洋航道安全是国际关注的首要问题之一。① 国内学者也敏锐意识到航道对于海权乃至国家利益的重大意义，认为航道安全是海权建设的必经之途，利用航道的外向型经济结构一旦生成就必然要召唤强大海权，② 因此维护一国在世界范围内自由贸易的前提必然是要对航道进行自卫性控制，把安全系数加到足够大。有关航道安全不仅直接涉及海员生命和海运公司以及货主财产的安全，而且还会严重影响各国经贸发展、能源进口和国家尊严。因此根据目前有关航道所面临的威胁，必须在政治、经济、军事、外交、科技以及国际合作等方面采取有力措施以保障其安全，这将会具有十分重要的战略意义与作用。

第一，关乎沿岸国家海权与安全。"确保海上通道畅通无阻，维护机动兵力和战略物资运输的快速便捷，关乎于国家安全"，因此"对任何拥有巨大海外利益的海洋国家而言，保证航道安全、防止咽

---

① W. A. Herrmann, *Asia's Security Changes*, New York: Nova Sceience Publish, Inc., 1998, p. 50.

② 倪乐雄：《文明转型与中国海权：从陆权走向海权的历史必然》，文汇出版社 2011 年版，第 4 页。

喉被掐及全球化供应链‘掉链子’，是国家安全战略的重要使命”。[①]

第二，关乎沿岸国家海洋事业发展与海洋权益维护。“海上安全通道很大程度上体现了一国的海洋权益、海上主导地位和国家的发展命脉。”[②] 海上航道是沿岸国家经济运行的蓝色大动脉，因为海上交通、军事活动、渔业以及海洋产业、工程、科研、测绘、勘探和环保等都必须以船舶或其他固定或移动设施（如移动式平台等）为工具或载体，因此保障航道安全是保障国家各项海洋活动得以顺利开展的基础，也是国家海上安全的基本前提。同时保证有关海上经贸、渔业捕捞、海洋科考、海上军演、海上执法维权等这些海上经略活动本身的安全是实现国家经略海洋目标的基本条件，也是国家海上安全的重要内容。[③]

第三，关乎沿岸国家经贸发展、能源安全及社会稳定。海洋对于经济安全的影响主要表现在国家经济对外依赖程度和本国对于海上运输航道的控制能力。[④] 如对于中国来说，改革开放以来，对海上航道依赖性越来越大。一方面从海外贸易来看，航道安全对中国对外贸易发展的意义与日俱增。改革开放以来，中国的经济与社会结构由传统的“内向型经济形态”向“依赖海洋航道的外向型经济形态”演变，中国经济成为世界经济体系的一个重要组成部分。由于受到国内资源和市场不足的严重制约，中国必须从战略高度重视海洋资源并通过航道获得世界资源和连接海外市场，因此“海上运输通道的安全直接关系到我国经济社会的可持续发展”。[⑤] 另一方面从石油需求来看，海上航道安全在中国石油运输中具有举足轻重地

---

① 《走中国的海洋强国之路——海洋和舰船发展战略专家访谈录》，《现代舰船》2005 年第 8A 期，第 7 页。

② 中国现代国际关系研究院海上通道安全课题组：《海上通道安全与国际合作》，时事出版社 2005 年版，第 3—8 页。

③ 张炜主编：《国家海上安全》，海潮出版社 2008 年版，第 398 页。

④ 鞠海龙：《中国海权战略》，时事出版社 2010 年版，第 41 页。

⑤ 杨晓杰：《对确保 21 世纪海上丝绸之路建设安全的若干思考》，《广东省社会主义学院学报》2015 年第 1 期，第 91 页。

位。中国已成为重要的石油进口国，石油对外依存度达50%以上。在这种情况下，石油的供应安全表现为既要买得到又能运得回，因此海上航道安全对于石油供给的战略意义与担当的角色越来越重要，“如果说石油是现代工业的‘血液’，那么，石油运输通道就是现代工业的‘血管’”。[①] 中国石油进口主要地区为中东和非洲，任何地区的不稳定、国家战乱、领土争端以及海盗与海上恐怖主义活动等都会对中国石油运输航道造成威胁。如中东的霍尔木兹海峡若被封锁，世界油价将上涨3—4倍，这将会对中国经济产生巨大影响。

第四，关乎沿岸国家海运业发展及生态环保。船舶营运安全直接左右着海运公司的经济效益，更关系到海员、船舶、货物、港口的安全以及海洋生态环保，因此沿岸国家海运业的健康发展与航道安全密切相关。如中国交通运输部有关领导认为“保障国际海运通道安全的能力，比如在保障马六甲海峡、霍尔木兹海峡航行安全中我们能不能有影响力”，这是中国建设海运强国的一个基本特征，“我们国家航运业的发展和我们海上运输通道的安全密切相关，对这个问题要有清醒的认识”。[②]

第五，关乎沿岸国家海军战略。海上航道是否畅通安全，直接决定着战时战场主动权的得失乃至战争胜负。由于世界各国政治、经济、军事实力及价值观念不同，再加上大部分海洋具有公海性质以及海上航行自由的合法性，特别是多国并用的海上航道和海上咽喉要道被赋予了地缘政治意义，更加强化了其军事战略意义。在军事上，海洋最便利大规模兵力投送与后勤保障，因此围绕海上航道的利用和反利用、控制和反控制、封锁和反封锁、瘫痪和反瘫痪对于战争胜负将会起到十分重要的作用。

---

① 王历荣：《国际海盗问题与中国海上通道安全》，《当代亚太》2009年第6期，第122—123页。

② 王祖温主编：《中国航运名家访谈录》（第1集），大连海事大学出版社2010年版，第11、44页。

总之，确保有关航道安全特别是海上咽喉要道综合安全，承载着广泛的国家海上利益，因此应从战略的高度来充分认识有关航道安全保障的重要性。

第三章　航道安全保障国际合作机制构建必要性和可能性

当前航道安全保障国际合作机制构建不仅具有必要性，为有关合作产生与发展提供了强劲的动力，而且还具有可能性，既有法理依据，又有理论基础，还有认知共识，这就为航道安全保障国际合作机制构建提供了可操作的条件。

第一节　航道安全保障国际合作机制构建必要性

无论是从时代背景还是从航道自身特点以及有关公共产品供需来看，目前加强航道安全保障国际合作机制构建都具有必要性，这不仅是沿岸国家政策的一种必然选择，也必将在实践中不断加深合作力度与程度，形成一个有利于航道安全稳定发展的环境和态势。

一、时代和平发展大势所趋

在新时代政治多极化、经济全球化、区域一体化、文明多元化的国际大背景下，沟通交流、和平对话、互利共赢已成为人类社会共同主题，以合作方式解决安全问题在国际社会政治、经济、军事、外交等领域发挥着越来越大的作用。如 2017 年 6 月国家有关部门发布的《“一带一路”建设海上合作设想》强调随着经济全球化与区域一体化进一步发展，“加强海上合作顺应了世界发展潮流与开放合作大势……

也是世界各国一道共同应对危机挑战、促进地区和平稳定的重要途径”。[①] 因此加强航道安全保障国际合作机制构建具有基础性和示范性效应，中国与沿岸国家应共同努力推进航道安全务实合作的发展进程。

一方面从国际来看，合作的产生往往基于共同的利益，而共同利益一般源于相关方需求上的一致性或互补性。当今世界求和平、谋发展、促合作、图共赢已成为时代主流，因此只有加强合作才能实现航道安全保障目标。为此就要更新观念，摒弃单边主义与零和思维，跳出简单的国家主权及其利益至上的狭隘主义，从海洋命运共同体的高度，在维护自身利益的基础上更好担负起维护有关航道共同利益的责任，积极开展交流、沟通与对话，形成合力全面加强航道安全保障，一道应对海上危机与挑战，从而有助于消除威胁与避免冲突，建立起一种新型合作关系。在历史上，国际政治语境下海洋大国崛起往往会伴随着地缘扩张，但在经济全球化与区域一体化的今天，国际航道安全保障不会也不可能再依靠地缘扩张来维持，而必须构建沿岸国家全面合作机制，才能确保航道安全畅通。

另外，近年来有关航道非传统安全威胁因素在增加。由于此类问题极其复杂细碎且具有长期性、隐蔽性、联动性、跨国性等特征，牵涉范围广，对人的生命财产、社会生活、沿岸国家乃至区域安全都会产生严重威胁，通常一国的海上力量难以独自应对，亟需国际社会密切配合。[②] 如沿岸国家之间可通过海洋划界明确其各自管辖范围，但船舶溢油污染却不会遵循人为划定的海域界限，这就决定了航道安全保障问题并非是某个国家的个别问题，而是沿岸国家的共同威胁。又如对重特大船舶海损事故以及飞机失事坠海的搜救，像 2014 年马航 MH370 事件具有突发性强与海上搜索范围大等困难，需要有关国家在短时间内迅速调集大量人力和物力并进行密切、有效配合。同样海盗

---

① 《“一带一路”建设海上合作设想》，《中国海洋报》2017 年 6 月 21 日。

② 张波、唐复全、王道伟：《海军部队在海上战略通道护航中政治工作探要》，《西安政治学院学报》2009 年第 4 期，第 48 页。

与海上恐怖主义威胁及海上有组织跨国犯罪，也决非一国之力所能应对，需要相关国家通力合作，以确保海上航行与人员生命财产安全。因此只有构建航道安全保障国际合作机制，沿岸各国才能弥补自身不足，为应对上述问题找到合适药方，从而更好保障漫长航道的安全。

另一方面从中国来看，构建国际合作机制以维护航道安全是中国和平发展的需要。为避免有关航道成为利益陷阱以及纠纷与冲突的根源，努力的方向应是形成利益共同体，为此中国在维护自身海洋权益以及在尊重航道安全保障规律与现实条件的基础上，积极寻求与扩大沿岸国家共同利益的交汇点，尽量以和平方式妥善处理与其他国家利益冲突与海洋权益争端，实现海洋利益整合与共同行动。这就要求构筑和谐地缘政治秩序，建立航道安全保障国际合作机制，从而形成平等、信任、互利共赢、共同发展的利益共同体，并以此为契机推动航道和平与稳定。为此，中国与其他国家应努力寻求政治、经济、军事等方面的基本共识，有关航道安全保障策略延伸要适度，避免盲目推进。同时构建国际合作机制以维护有关航道安全也是中国应尽的国际责任与义务，中国作为负责任大国，应充分考虑与积极参与有关航道安全保障国际合作机制构建，如中国参与马六甲海峡安全保障国际合作机制构建就是中国维护航道安全的一个重要责任与义务，完全符合中国和平发展战略需要，符合中国一直坚持的维护世界和平稳定的道德正义。

二、航道安全保障属性所决定

海上险情及其安全保障具有鲜明特性，特别是有关航道安全问题所涉及的广度、深度以及解决的难度都决定了国际合作是航道安全保障的必然路径。为了适应与满足航道安全保障的基本特性，就必须构建有关国际合作机制，才能更好地达到保护海上人命与财产安全以及海洋生态环境的目的。

第一，海洋具有一体性、流动性、开放性、扩散性，特别是国际航道涉及国家众多，国家与区域乃至国际背景环境都有很大不同，尤其是近年来有关航道安全保障所面临威胁的问题有了新变化，非传统安全问题日益突出。而在任何一个海域影响安全的相关活动，如海盗袭击以及船舶溢油污染等问题都会对整个航道产生牵一发而动全身的影响，甚至有时还会放大有关问题所带来的严重后果，严重影响有关航道安全基础。如果沿岸国家各自为政，为己方利益而不顾其他沿岸国的权利去开展有关海上活动导致一方得利、他方受损的不利结果，这不仅会对整个航道保护造成不良影响，而且最终还会损及自身利益，从而造成“双输”结果。[①] 而沿岸国家如能有效构建起航道安全保障国际合作机制，则有利于在海上航行、环保、搜救、防灾减灾以及打击海盗和海上恐怖主义等领域实现协同，这符合沿岸各国共同利益，因此沿岸航道安全保障要从区域协作角度突破，将不稳定因素排除在外，明确航道安全保障国际合作机制构建的目标。

第二，海上险情发生具有突发性、紧迫性、流动性、关联性和不确定性，其影响范围并不受行政管辖区及边界的限制，因此有关航道安全保障一般遵循地域管辖与就近原则，但如果地域管辖与就近原则出现冲突，就应以就近原则保证时间优先。在这种情况下，就需要通过沿岸国家协调与协商，采用分区划块方式，由就近各国负责打击海盗、处理海难等安全保障工作。特别是海上险情发生的地点如果比较特殊，正好他国对海损事故发生地距离更近或更便利时可请求他国提供救助。这种搜救请求应由请求国发出并同时向相关国家海上搜救中心以及事故附近船舶发出，使得被请求援助国能够迅速做出反应并及时赶赴事故现场进行搜救，因此近年来海上应急安全保障跨区域、跨国界合作已成为应对海上突发险情的一种发展趋势。而且有关航道安全保障属于人道主义救助或涉及海洋生态环保，在一般情况下对施救对象没有特定限制，实行无差别对待，这是沿岸各国政府履行其公共

① 海民、张爱朱：《国际法框架下的南海合作》，《国际问题研究》2014 年第 1 期，第 71—72 页。

服务职能的一种体现。因此对海上遇险的任何人、船舶以及溢油事故，沿岸有关国家、机构和船舶若无危及自身安全的情况都应予以救助，必须超越国界、种族、民族、身份、性别、经济状况、政治倾向、意识形态、宗教信仰甚至敌对状态等对责任区域内遇险人员及船舶实施及时与有效救助，而不应以任何理由排斥。为此，有关国家应构建航道安全保障国际合作机制，以便互相支持。

第三，航道安全保障具有综合性与系统性。近年来面对海上重特大险情，参与航道安全保障的主体日益多元化，国际化程度日益提高。如在 2014 年马航 MH370 事件搜寻行动中几乎整合了世界上顶尖的搜寻机构及最先进的科技与专家资源，除了 20 多个主权国家外，国际组织、跨国公司、新闻媒体等也都参与了应急行动，这就需要国与国之间、海陆空之间、军队与民众之间相互协调配合。特别是近年来国际海运贸易与能源运输跨国家、跨地区甚至跨大洋日益频繁，一国的海上公共危机已不再是本国的事情，这就大大增加了单个国家或地区进行航道安全保障的难度，因而航道安全保障合作一体化趋势日益明显，相互间安全义务也逐步从事故发生地的过往船舶延伸至沿岸国家的安全主管部门。由此可见，航道安全保障国际合作的实质就是多元主体按照信任、沟通、伙伴、契约的原则做出决策活动的管理行为。一方面，主体间的关系是航道安全保障的逻辑基础，即以沿岸国家政府为主导，同时要求市场、企业、社会等多方利益主体协同参与，因此航道安全保障模式在性质上是合作或协作，在主体构成上是多元的，在合作范围上是广泛的，在保障手段上是多样的，其运行逻辑是“参与 + 合作”。另一方面，航道安全由于其公共性特征，超越了主权国家的边界，因此沿岸国家应共同承担起航道安全保障公共产品的供给与监管职责。同时基于建构主义与利益分析主义，多边合作的国际规则以及整体性观念的发展是推动沿岸国家克服利益阻力而在整体性利益基础上参与航道安全保障国际合作机制构建的重要因素。

第四，航道安全保障具有复杂性与艰巨性。海上险情发生具有不可预知性与突发性，发展趋势具有多变性和不确定性。伴随海洋重要性的提升以及航道安全问题的复杂化与多元化，航道安全保障任重道远，只有不断加强合作并在合作中不断总结经验与教训，才能更有效地保障航道安全。由此可见，航道安全保障具有天然国际性，而要解决这些风险就需要加强国际合作。[①] 其一，沿岸国家自身力量的有限性与航道安全保障事务的复杂性使得越来越多的国家选择合作应对，因为任何一个国家或区域组织都没有足够能力独自实现航道安全保障目标，实际上航道安全保障是超越单一主权国家的国际性行动的集合。[②] 由于海上险情时间紧迫，而有关航道安全保障区域大、任务重，危害性与危险性高，尤其是在气候恶劣情况下发生的重特大海难事故需要信息、技术、资源和人员等综合保障，单靠一个国家的海上力量与单位或仅依靠单一技术与装备往往会显得脆弱和力不从心，很难在短时间内独立处置，因此需要多个国家的海上力量与单位共同参与，相互沟通、支持与协作，才能更好地完成多样化的航道安全保障任务。在这种情况下，沿岸国家交流与合作就成为一种必然，也是一种优化选择，因为合作有利于信息共享与互相支援，不但可提高航道安全保障效率，而且还可降低安全成本。其二，沿岸国家海上力量有限性及其发展水平不同，一旦航道险情出现超出一国力量辐射范围而无法有效实施安全保障的情形，另一国有义务对其进行协助或代替其实施安全保障行为。即便一个国家具备了强大的有关航道安全保障技术与能力以及经济实力，有时也难以独自承担突发性重特大险情的安全保障任务，仍需多个国家协调与配合，动员有关力量共同参与。其三，航道安全威胁会牵涉到多元利益主体且这些主体关系十分复杂，因此必须重视区域合作，整合调动沿岸国家资源优势。同时有关航道安全保障成本昂贵，需要投入大量的设备、物资、人员，有时仅凭沿岸一国

---

① K. Noussia, *Environmental Pollution Liability and Insurance Law Ramification in Light of the Deepwater Horizon Oil Spill*, http://www.rokas.com/uploads/Environmental Pollution_Liability_and_Insurance_Law.pdf.

② 崔野、王琪：《关于中国参与全球海洋治理若干问题的思考》，《中国海洋大学学报（社会科学版）》2018 年第 1 期，第 12 页。

政府财力很难承担这种高投入。再加上一国政府可能存在有关经验、物资设备、专业人员不足等问题。因此对于任何一国而言，“要想对广大海域作 24 小时的监控，并维持良好的秩序，确保国家安全，包括阻止他国的侵权行为以及制止走私、恐怖、海盗、盗采、污染等违法行为在内，那实在是一种相当沉重的负荷”。[①] 为此，就需要集合多个主体力量，使有关资源、装备与技术优势等都能最大限度地得到充分发挥与利用，以最强大的力量和最有效的方式面对险情。同时多方主体的共同参与可降低各方所付出的成本，从而增强各方合作的意愿。

三、解决公共安全产品供需矛盾所要求

目前航道安全影响因素众多，公共安全产品需求较大，但所能提供的公共安全产品类型与能力却很有限，供需矛盾突出。

第一，航道安全保障公共产品供给主体类型单一且供给能力不足。通常来说，主权国家、区域组织、港航企业等在内的航道安全保障主体应是公共产品的直接供给者，但实际上目前这些主体却未能充分发挥各自作用，参与到供给活动中的主体数量有限且供给能力难以满足日益增长的需求。一方面目前航道安全保障公共产品的供给过分倚赖主权国家，但由于公共产品具有投入成本高、受益周期长、管理方式复杂等特征，需要耗费巨大的资金、人力、技术、装备等资源，这对于经济落后的一些国家来说是难以承受的负担，导致其供给意愿与能力都严重不足，很少参与相关航道安全保障公共产品供给。如印尼作为世界上最大的群岛国家控制着大约 300 万平方千米的群岛海域和领海，外加 300 万平方千米的专属经济区和大陆架。为保护上述广阔海域航道安全，印尼需要 300 多艘舰船，而目前仅有 115 艘且多数无法修理，随时能在海上作业的仅为 25 艘。由此可见，目前印尼所拥有的

---

① 中国现代国际关系研究院海上通道安全课题组：《海上通道安全与国际合作》，时事出版社 2005 年版，第 8 页。

舰船中真正能服役的比例并不高，而且大多舰船使用年限已达极限，装备十分落后。在目前印尼国防经费严重不足的情况下，如果没有外援来改善其海上能力，仅靠自身是无法武装起一支装备先进、能够快速反应的海上巡逻与执法队伍，因此印尼政府在有关航道安全保障方面显得心有余而力不足。这一点无论是印尼本国或是其他国家，还是国际社会都看得很清楚。① 而具有供给能力的美国、日本等一些海洋大国近年来却由于各种原因都不同程度地存在着供给意愿、能力减退与下降的现象，从而加剧了有关航道安全保障公共产品的供不应求。另一方面区域组织、非政府组织、科教机构、跨国海运公司等其他治理主体目前并未充分参与到航道安全保障公共产品的供给过程中。如有关区域组织受到大国左右而限制了其供给能力，一些非政府组织、跨国海运公司等主体由于缺少足够的能力基础、权威资源与激励因素，在有关航道安全保障公共产品供给方面也往往力不从心。

第二，航道安全保障公共产品供给数量不足且供需差距在不断拉大。目前威胁航道安全的各种自然与人为因素较多，不仅原有的航道安全问题日趋严重，而且新的难题不断涌现，各种纠纷不断。新老问题叠加以及传统安全和非传统安全威胁交织使得航道安全保障难度持续增大，对相关公共产品的需求持续增长。但现有供给相对匮乏，特别是机制与规制等产品更是缺乏且层次较低，并未形成有效的沿岸国家间交流的组织平台与制度体系，因此导致航道安全保障所能运用的公共产品相对较少，无法满足有关航道安全保障基本需要。而供给总量的不足与使用的低效又进一步导致供需之间差距在不断拉大，这样有关航道安全保障公共产品的供给与使用远不能满足实际需求。如有关国家虽已建立了针对海上航行和交通安全等地区性对话磋商机制并制定了相应的规则，但相较于其他海域的实践进展，有关航道安全保障规则与制度的供给仍明显不足，无法满足日渐严峻的航道安全保障

---

① Dewi Fortuna Anwar, Resource Issues and Ocean Governance in Asia Pacific: An Indonesian Perspective, *Contemporary Southeast Asia*, Vol. 28, No. 3, 2006, p. 483.

需要，特别是缺乏充足、专门、有效的政府间航道安全合作机制做保障。

第三，航道安全保障公共产品分布与结构失衡。一方面，从有关航道安全保障公共产品分布领域来看，目前与政治权力关联度相对较小、易于为沿岸各国普遍接受的如防止船舶溢油污染、海上搜救等低敏感产品较多，与政治权力高度相关的海域划界、岛屿争端等高敏感产品相对较少，而这些问题对航道安全影响较大，因为有些争议区就位于航道附近，同时有关公共产品还普遍面临着约束力不强、使用不到位等问题。另一方面，从有关航道安全公共产品空间分布来看，沿岸国家管辖海域的航道安全保障公共产品较多，而国家管辖范围以外海域的公共产品则相对较少，导致各国政策注意力与保障资源更倾向于近岸海域航道安全保障。

第四，航道安全保障公共产品供给决策机制不平等与监督作用弱化。一方面从决策机制来看，目前主要由海洋大国主导，它们在追求本国利益最大化的过程中势必会将大部分公共产品配给自身，导致航道安全保障公共产品使用不合理。因为公共性是航道安全保障公共产品基本属性，任何国家都不得排斥或限制其他主体对其使用，但目前某些航道安全保障公共产品却成为少数海洋霸权国家与利益团体谋求私利的工具。[①] 如美国出于自身利益的需要而肆意曲解航行自由原则并以此为借口指责“中国妨碍南海等地区航行自由”，[②] 从而导致有关航道安全保障陷入困境。而新兴海洋国家与发展中国家目前并未获得相应的参与权、发言权和决策权，既无法通过积极参与民主决策来平等地享受航道安全保障公共产品所带来的好处，又严重束缚其提供航道安全保障公共产品的动力与努力，难以有效制止海洋大国的不当与自私行为。在这种情况下，很难通过协商一致的方式进行高效率的决

---

① Charles P. Kindleberger, International Public Goods without International Government, *American Economic Review*, Vol. 76, No. 1, 1986, pp. 1 - 13.

② 崔野、王琪：《全球公共产品视角下的全球海洋治理困境：表现、成因与应对》，《太平洋学报》2019 年第 1 期，第 63—66 页。

策以推进沿岸国家开展航道安全保障国际合作。另一方面从监督来看，目前还无法对有关航道安全保障公共产品的供给和使用进行有效监管，引发“公地悲剧”等现象，从而加重有关航道安全保障困境。在这种情况下，中国与其他国家应在多层次上构建多样性的有关航道安全保障国际合作机制，搭建组织平台与制定法规，提供更多更好的公共产品，以平衡供需矛盾。

由此可见，近年来由于海盗、海上恐怖主义、海上跨国犯罪、海洋灾害等非传统安全问题日益凸显，沿岸国家不得不面对共同的现实威胁，具有广泛的共同利益诉求。而对于其他国家而言，经济大都较为脆弱、能力有限，难以有效应对威胁，这就为中国与其他各国共同构建有关航道安全保障国际合作机制提供了需求空间与现实基础。特别是在目前有关航道安全保障公共产品供应严重不足或者无法满足个性化需求的情况下，为维护各国共同利益，需要沿岸国家联合起来共同构建航道安全保障国际合作机制。只有这样，才能更好地应对海损事故，预防、遏制和消除各种安全威胁，为有关船舶航行提供保护，从而有助于保障航道安全与防止海洋污染，这是促进沿岸各国经济安全发展与社会和谐稳定的迫切需要。

第二节　航道安全保障国际合作机制构建可能性

有关航道安全保障国际合作机制构建是沿岸各国面对共同威胁所采取的理智选择，不仅符合各国利益，而且具有相应的法理依据、理论基础和认知共识。

一、法理依据

《公约》与国际海事组织制定的海事公约有关航道安全保障国际合作的规定是有关航道安全保障国际合作机制构建的法理依据，在一定意义上搭建起航道安全保障国际合作的制度基础。

第一，《公约》关于航道安全保障国际合作的规定。《公约》是迄今为止层次最高、内容最全的一部专门调整海洋关系的根本法，被誉为“海洋宪法”，而开展航道安全保障、防止船舶污染国际合作是其中重要内容。其第 43 条规定：海峡使用国与沿岸国应在助航设备维护以及船舶污染等方面合作；第 98 条规定：沿海国应在搜救服务方面通过相互区域安排与邻国合作；第 100 条规定：所有国家应在制止海盗方面合作；第 123 条规定：闭海或半闭海沿岸国应在海洋环保等方面合作；第 194 条规定：各国应在防控海洋污染方面协调政策；第 197 条规定：各国应在制定海洋环保办法及程序时与有关国际组织合作；第 242 条规定：各国和各主管国际组织应开展海洋科研及其有关情报获取方面的合作。[①] 这些规定为有关航道安全保障国际合作机制构建以及联合进行海上搜救、改进助航设施、制止海盗行为、防止船舶溢油污染等具有重要指导作用，同时有关争议临时制度的安排也为航道国际合作机制构建创造了有利外部环境。

第二，国际海事组织制定的海事公约中关于航道安全保障国际合作的规定。国际海事组织是联合国负责航道安全与防止船舶污染的专门机构，更是一个促进各国政府和各国海运界在改进航道安全、保护海洋生态环境以及有关技术合作的国际组织。目前，国际海事组织制定并负责保存有关航道安全保障、防止船舶污染等方面的公约、规则和议定书有 30 多个，其中对航道安全保障国际合作做出了相应规定。其一，《1979 年国际海上搜寻救助公约》制定的目的就是希望增进全世界搜救组织间和参加海上搜救活动者之间的合作，为此该公约在第二章“组织”中规定：每一搜救区域都须通过有关缔约方之间的协议来建立；在第三章“合作”中更是明确规定各缔约方须协调其搜救组

---

① *United Nations Convention On the Law of the Sea*, http://www.un.org/Depts/los/convention_agreements/texts/unclos/closindx.htm.

织在必要时与邻国相配合。[①] 其二，《1989 年国际救助公约》规定：缔约国应考虑救助人、利益方同当局之间的合作，以保证有关救助作业能得以实施。[②] 其三，《1988 年制止危及海上航行安全非法行为公约》与《制止危及大陆架固定平台安全非法行为议定书》两个文件都是旨在制止海上恐怖活动、保证船舶和大陆架固定平台安全并加强与此有关的国际合作，并用“危及航行安全非法行为”替代了原有的“海盗罪”，从而扩大了危及海上航行安全的犯罪种类，而且该公约还明确规定犯罪分子的国籍国、犯罪发生地国、船旗国、犯罪目标国以及船东所在国都具有管辖权，这就为沿岸国家合作打击海盗提供了依据。如《1988 年制止危及海上航行安全非法行为公约》第 12 条规定：缔约国应就对有关罪行提起的刑事诉讼相互提供最大程度协助。[③] 这就为航道沿岸国和使用国之间加强合作、共同应对海上恐怖主义威胁与挑战提供了法律依据。其四，《1990 年国际油污防备、反应和合作公约》认识到在油污防备及反应能力相互支援与国际合作的重要性，为此第 7 条规定当事国应提供咨询服务、技术支持和设备，并在行政与法律方面提供便利；第 9 条规定当事国直接或通过本组织或其他国际机构提供有关支援，并在转让有关技术方面合作；第 10 条规

---

① *International Convention on Maritime Search and Rescue*, Adoption: 27 April 1979; Entry into force: 22 June 1985, http: //www. imo. org/en/About/Conventions/ListOfConventions/Pages/International – Convention – on – Maritime – Search – and – Rescue – (SAR) . aspx.

② *International Convention on Salvage*, Adoption: 28 April 1989; Entry into force: 14 July 1996, http: //www. imo. org/en/About/Conventions/ListOfConventions/Pages/International – Convention – on – Salvage. aspx.

③ *Convention for the Suppression of Unlawful Acts Against the Safety of Maritime Navigation*, *Protocol for the Suppression of Unlawful Acts Against the Safety of Fixed Platforms Located on the Continental Shelf*, Adoption: 10 March 1988; Entry into force: 1 March 1992; 2005 Protocols: Adoption: 14 October 2005; Entry into force: 28 July 2010, http: //www. imo. org/en/About/Conventions/ListOfConventions/Pages/SUA – Treaties. aspx.

定当事国应努力缔结关于油污防备和反应的双边或多边协定。[①]

二、理论基础

有关航道安全保障国际合作机制构建不仅具有充分的法理依据，而且还有理论基础。

第一，海洋安全治理论。目前海洋已成为世界各国政治、经贸、社会、军事、文化等方面进行交流与联系的纽带：一方面海洋可促使生产要素在全球范围内自由快速流通，另一方面通过海洋可向全球投送兵力。但海洋的开放性与流动性也会导致其安全的脆弱性与复杂性，如海盗和海上恐怖主义袭击、大规模杀伤性武器海上扩散以及海上走私、贩毒和非法移民等跨国犯罪活动，再加上各种自然灾害与人为因素所造成的海损事故和环境污染等加剧了海洋的不确定性和风险性，使其面临严峻挑战，因此海洋成为当前和未来国际安全与稳定的一个重要博弈空间。[②] 海洋传统安全与非传统安全叠加以及海洋污染等新问题的出现，凸显了海洋安全合作治理的重要性与迫切性，从一定意义上来说海洋安全合作治理有效开展会直接关系到有关航道秩序的维护，这代表着沿岸国家汇聚利益共识、塑造共享价值的新方向。

同时海洋安全治理具有复杂性、系统性和艰巨性，但目前沿岸国家社会经济、科技发展以及人才培养等方面具有不均衡性、总体水平较低，导致海洋安全治理能力有限、差距较大。在这种情况下，海洋安全治理是沿岸国家开展合作的基本保障和坚实基础，同时也

---

① *International Convention on Oil Pollution Preparedness, Response and Cooperation* (*OPRC*), Adoption: 30 November 1990; Entry into force: 13 May 1995, http://www.imo.org/en/About/Conventions/ListOfConventions/Pages/International-Convention-on-Oil-Pollution-Preparedness-Response-and-Co-operation-(OPRC).aspx.

② Dick Bedford, Securing the Global Commons, *The RUSI Journal*, Vol. 155, No. 5, 2010, pp. 18-23.

成为各国合作的一个重要平台与沟通渠道，可为各国开展合作提供更为广泛的由政府主管部门、港航企业、货主、保险公司以及利益相关者的参与机会，合纵连横，交互联动，形成海洋安全治理网络，提升海洋安全协调与危机管控能力，有助于实现航道安全稳定，促进人海和谐，这是沿岸国家共同面临的利益要求。

具体到航道安全治理来看，海洋不论是其流动着的物理属性还是其面积空间的广阔分布，都使其对人类贸易有着不可估量的作用，[①] 即利用海上航道与外界进行贸易沟通。而人类要想享受海洋带来的便利与利益，就必须以保障航道安全为前提条件。对于从事国际海运贸易的船舶来说，航道环境是其赖以安全航行、停泊、作业的客观存在的外部条件，而目前影响航道安全的因素较多，如船舶本身安全与否、非传统安全因素以及各种突发事件等都会对航道安全有着巨大的影响，因此保障有关航道安全是沿岸各国共同的责任与义务。沿岸国家作为航道安全保障的主体，有义务站在公共安全的角度行使其治理职能、提供航道安全保障公共服务，共同维护航道公共利益与秩序，对危害航道安全的个人或组织采取相应行动。而构建国际合作机制是维护航道安全的重要方式之一，因为没有任何单个国家能够独立承担漫长航道安全保障的职能，而且这种国际合作机制具有非零和博弈、互助互利导向与绝对收益关注倾向等基本属性，因此沿岸国家应积极开展有关合作，为保障航道安全而共同努力。

从中国来看，随着自身海上力量的增强与现实需求的增加，已到了从被动接受海洋安全公共产品与服务到主动提供的转折点。实际上一个国家在国际合作中投入越大，往往话语权和影响力也就越大，赢得的尊重才会越多，行动才更有号召力。中国作为世界第二大经济体、联合国常任理事国以及国际海事组织 A 类理事国，近年来国际地位与作用不断提高，国际交往与地区影响日益扩大，海洋

① ［荷］雨果·格劳秀斯著，马忠法译：《论海洋自由或荷兰参与东印度贸易的权利》，上海人民出版社 2013 年版，第 27 页。

利益扩展与延伸越来越广泛。在这种情况下，中国应把经济优势转化为政治与安全优势，不仅要为海外的本国公民提供安全保障，而且还要顺应有关国家愿望，主动提供公共安全产品与服务，积极发挥和履行与自身国力及国际地位相适应的区域性大国的义务和责任，为有关航道安全保障做出更大贡献，这不仅符合中国利益，也符合接受国的利益。另外，尽管美国仍是当今世界航道安全保障公共产品的主要提供者，但近年来由于其经济衰退，提供航道安全保障公共产品的能力、意愿与积极性等都在相对下降，而同时有关航道安全所面临的威胁却日益多元化、复杂化，这就迫切需要有新的大国来向国际社会提供更多的相关公共产品与服务。由此可见，在目前航道安全保障公共产品由原来美国独家提供转化为中、美等国多元提供的背景下，沿岸国家开展有关合作可充分发挥各方优势互补的特点，增强航道安全保障能力。但限于投入成本，不一定所有国家都能担当起航道安全保障的责任，因此中国欢迎其他沿岸国家搭便车。同时由于航道安全保障公共产品具有消费的非竞争性与收益的非排他性等特征，因此中国应积极、有效组织开展有关航道安全治理，协调沿岸国家相互之间利益与需求，创建与制定航道安全保障国际合作平台及章程，主动提供较为稀缺的相关公共产品与服务，如中国在南海有关岛礁建成的灯塔、海洋气象观察预报和船舶避险救灾等应急设施可为中国与东盟国家航道安全保障合作提供有利条件，从而缓解由于资源匮乏对有关合作的制约，并为各方进一步在海上资源共同开发、环境协作保护、联合搜救等领域提供物质保障和技术支持，这将对南海航道安全畅通起到非常积极的作用。由此可见，这是回应“中国责任论”的重要途径，更是增信释疑、有力推回与反击“中国威胁论”的有效方式，同时有利于在有关合作机制构建过程中克服集体行为的困境。[①] 因为这可向沿岸国家彰显中国

① Oran R. Young, *Creating Regimes: Arctic Accords and International Governance*, Ithaca and London: Cornell University Press, 1998, pp. 69 – 71.

追求地区和平、稳定、发展、进步的诚意，展示中国的实力、地位、担当与影响力，增强中国对有关航道安全保障事务的主导权与主动权，而且有助于化解沿岸国家疑虑与戒备心理，从而获得其他国家的凝聚力与向心力，为沿岸国家创造相互信任、合作共赢的局面。[①]

第二，海上安全共同体构建论。沿岸国家构建航道安全共同体是面对共同风险的理性选择，符合各国共同利益。如冷战后的东盟安全观是以“综合安全”“合作安全”为要件和特征，致力于建立一个和平、安全和稳定的地区共同体以及一个外向的共同体，深化与外方合作，并在《东盟安全共同体行动计划》《东盟政治安全共同体蓝图》等文件中提出了安全共同体建设的目标、重点、路线图和时间表，强调要以东盟框架下的系列规范为原则，通过合作来应对区域内安全问题。特别是鉴于海洋安全问题的跨界性质，东盟成员国之间将以地区整体性与一体化的综合方式去处理，[②] 强调要通过加强东盟主导的机制和采取国际上接受的海上惯例和原则，促进东盟地区海上安全与合作来综合处理海洋问题。[③]

从中国来看，20 世纪 90 年代以来就提出了“新安全观”，主张在安全方面实现互信、互利、平等、合作。在新时代，更是积极倡导共同、综合、合作与可持续的安全观，搭建了安全共同体的新架构、指明了发展新方向。具体到海上安全方面，就是要构建海洋命运共同体：“我们人类居住的这个蓝色星球，不是被海洋分割成了各个孤岛，而是被海洋连结成了命运共同体，各国人民安危与共。”为此，“中国海军将一如既往同各国海军加强交流合作，积极履行国际

---

① 张良福：《南海地区公共安全产品与服务领域合作战略初探》，《亚太安全与海洋研究》2016 年第 2 期，第 58 页。

② *Declaration of ASEAN Concord II*, http://www.asean.org/news/item/declaration-of-asean-concord-ii-bali-concord-ii.

③ *ASEAN Political-Security Community Blueprint* 2025, http://www.asean.org/wp-content/uploads/2012/05/ASEAN-APSC-Blueprint-2025.pdf.

责任义务，保障国际航道安全，努力提供更多海上公共安全产品”。[①] 海洋命运共同体是当前推进有关航道安全保障持续稳定发展的中国智慧与方案，也是中国参与航道安全保障的世界观与实现路径。它要求在共同利益的基础上相互协作，加强对话交流，深化务实合作，共同承担起有关航道安全保障责任。

由此可见，中国与东盟在安全观方面具有高度相似性、重合性与一致性，为海上安全共同体构建奠定了一定理论基础。有关国际航道紧密相连，互相制约与促进，处于一个命运共同体之中，因此在海洋新秩序构建的过程中，中国作为航道安全保障的后来者，应在支持《公约》的基础上重建价值系统，并在和平发展原则的指引下凝聚共识，落实和平解决有关海洋纠纷与冲突的共同愿望，积极主动倡导共存、共有、共享、共赢的航道安全共同体的理念，增强各方共同体意识，引领航道安全保障国际合作机制构建。这不仅会在很大程度上保护自身发展所需的环境与空间，塑造合作、和谐、互利、共赢的航道安全保障观，而且还会促进沿岸各国有关航道安全保障价值汇通，为航道安全保障国际合作机制构建营造良好氛围，从而减少相关障碍和阻力。

第三，包容性和谐海洋秩序论。海洋秩序包括权力分布、规则体系、话语建构等要素，制定和执行具有权威性与约束力的规则是航道安全保障的要义所在。历史上新兴海洋大国崛起总会伴随着现行国际秩序和规则的变革，这是因为新兴国家在向海洋方向拓展的过程中不可避免地会与现有强国发生多空间、多领域冲突与碰撞，但通过战争手段重新划分海上势力范围的传统方式现已过时，目前更多表现出海上对抗与合作的双重性。现有航道安全保障机制是二战后由联合国、国际海事组织与主权国家相互补充协调的结果，但仍以主权国家为中心，特别是由海洋大国来主导。不过目前总体来

---

① 《习近平集体会见出席海军成立 70 周年多国海军活动外方代表团团长》，《人民日报》2019 年 4 月 24 日。

看，有关航道安全保障国际体系仍处于无政府状态。[①] 而且随着现代科技发展，海洋资源开发日益重要，维护海洋权益与反对海洋霸权斗争更加激烈，广大发展中国家强烈要求改变旧的海洋秩序，建立新的海洋秩序，希望构建更为有效、公平、均衡、透明的资源分配与行为规则。在这种情况下，以航道安全保障议题为导向的海洋秩序与国际规则亟待完善。

由此可见，海洋秩序已成为区域政治、经济、军事、外交、安全博弈的一个重要领域。在这种情况下，中国应抓住新、旧海洋秩序转换的机遇以及航道安全保障深度调整的关键期，倡导在多边框架下解决航道安全保障问题，构建航道安全保障国际合作机制，共守良好的航道秩序。

第四，发展蓝色伙伴关系论。蓝色伙伴关系是一种新型海洋安全保障模式，是动员多元主体参与、调动多渠道资源以维护海洋秩序、应对海洋挑战与实现可持续发展的重要途径。近年来海洋安全保障问题交叉化与保障主体分散化等特点得到逐步认识，因此跨部门与跨领域、多利益攸关方参与的伙伴关系得到国际社会大力倡导并在海洋安全保障领域得到多种形式的实践。从中国来看，2012 年中国倡议建立“中国—东盟海上合作伙伴”，发布了《南海及其周边海洋国际合作框架计划》。在此基础上，2017 年 6 月在联合国海洋大会上中国正式提出构建蓝色伙伴关系倡议，倡导与各国、各国际组织积极构建开放包容、具体务实、互利共赢的蓝色伙伴关系，共同应对海洋安全挑战。2017 年 10 月中葡蓝色伙伴关系与 21 世纪海上丝绸之路研讨会在北京召开，2018 年全国海洋工作会议再次提出要务实推进蓝色伙伴关系。与此同时，2017 年 11 月中葡两国签署了关于建立蓝色伙伴关系的概念文件，2018 年中国—东盟建立了蓝色经济伙伴关系。

---

① ［美］保罗·肯尼迪著，陈景彪等译：《大国的兴衰》，国际文化出版公司 2006 年版，第 433 页。

蓝色伙伴关系是指在海洋安全领域以可持续发展为目标，具有相互尊重、开放包容、具体务实与互利共赢等特点：其一，可在一定程度上整合海洋安全保障力量、促进海洋科技合作、合理有效利用海洋资源，实现海洋可持续发展；其二，强调互利互惠的合作精神，实现责任共担与利益共享；其三，强调网络化交流协作机制建设，突出全方位、多层次、宽领域、交互式开展海洋安全保障。因此蓝色伙伴关系超越了传统的以具体安全事务或项目为着眼点的合作计划，而是在国家整体层面上构建综合协作机制与国家关系定位，旨在最大程度上与沿岸国家聚合起利益共同点，减少航道安全保障国际合作机制构建过程中的政策分歧与利益冲突，增进平等互信，这符合沿岸国家切身利益，能够有效推动航道安全保障国际合作机制朝着公正、合理、均衡的方向发展。

蓝色伙伴关系是在目前有关海洋安全保障合作进展滞后、动力不足的总体背景下提出的倡议，目的是联合沿岸国家与国际组织共同应对航道安全保障问题，通过与伙伴方增进理解、加强协调、促进协作，有效调动与整合各方知识、技术和资金等资源，促进在航道安全保障领域落实联合国可持续发展目标，特别是加强在海洋环保、海上搜救、防灾减灾等领域合作，为航道安全问题解决注入新动能，共同促进国际合作机制完善，这对提高航道安全保障多元主体意愿、调动多渠道资源以及促进安全保障行动的协同增效具有重要意义，共同促进与服务于航道保护及可持续利用。其一，蓝色伙伴关系有助于完善航道安全保障制度。目前航道安全保障所面临的一个主要障碍是保障主体缺乏合作动力，难以就航道安全保障规则达成共识。而蓝色伙伴关系则有利于搭建有关国家政府、区域组织和其他主体之间的合作平台，就有关国际合作机制构建所面临的问题进行沟通与交流，促进各方在主要保障议题与进程中实现协调。其二，蓝色伙伴关系涉及范围广，在航道安全保障国际合作领域涵盖了海洋环保、海上搜救、防灾减灾等重要问题，而蓝色伙伴关系会增进伙伴方对于这些问题的理解与共识，并为相关国际合作开展提供有力支撑。其三，蓝色伙伴关系可促进航道安全保障主体间广泛沟通与协作，加强有关国际、区域、国家、地方等多层级联动，特别是政府与非政府主体积极互动与一体化可形成一种有效的航道安全保障合作模式，对政府间有关国际合作机制构建起到一种支持、补充及促进实施的作用。其四，蓝色伙伴关系作为灵活、包容、形式多样的合作模式可提供宽泛的协作框架，如以论坛、工作组、示范区等方式吸纳地方政府、行业主体和社会组织参与航道安全保障事务并与有关国际及区域组织互动，推进多元化国际合作模式，从而促进相关国际承诺与国家政策落实。其五，蓝色伙伴关系可加强伙伴国之间有关航道安全保障科研合作，促进科研成果交流共享，有助于促进科学界参与有关航道安全保障国际合作进程。同时可通过构建科研机构与政府及非政府组织之间常态化的合作平台，促进科研工作者与政策制定者之间进行有效沟通，从而形成科学与政策之间良性互动，这既有利于提出基于充分科学依据的有关航道安全保障国际合作机制构建的政策建议，又可鼓励科研机构围绕相关政策的优先领域开展前瞻性科学研究。其六，蓝色伙伴关系有助于充分调动来自国际金融机构与民间资本的积极性，拓宽社会资本注入航道安全保障国际合作机制构建的渠道。

总之，蓝色伙伴关系是建立在平等与相互尊重基础上的，能够促进各国和平共处，为务实推进航道安全保障国际合作机制构建提供组织平台、实现路径与发展目标。

三、认知共识

沿岸国家在航道安全领域拥有共同的利益诉求、政策取向和目标意愿，因而存在广泛交流与合作的空间，特别是在面临共同威胁时都强调要加强安全合作。目前中国与沿岸国家已达成互信、合作的基本共识，普遍认为有必要将航道安全保障国际合作作为推动其他领域合作的先导工具，并朝着建立航道安全保障国际合作框架性机制的方向发展。

第一，从中国来看，近年来中国提出要着力改变对外合作方式，港航企业大力实施走出去发展战略，因此对有关航道安全保障国际合作机制构建高度重视，提出了一系列积极推进航道安全保障国际合作机制构建的方针政策。如2007年12月交通部召开全国海上搜救电视电话会议，强调中国海上搜救工作的基本经验之一就是坚持国际交流合作，用新思路、新经验、新技术推进海上搜救工作，不断提升中国海上搜救水平和保障能力，始终做到瞄准世界先进水平，紧跟国际海上搜救发展潮流。2014年1月交通运输部召开国家海上搜救和重大海上溢油应急处置部际联席会议，指出中国要强化合作交流，推进搜救理念视野国际化，为此应做到以下几点：其一，要按照国家外事工作总体布局，发挥海上搜救低敏感度优势，积极参与国际搜救事务，继续加强与有关国际组织合作，学习与借鉴国外成功经验，拓展国际化视野；其二，要继续加强中国与美国、中国与澳大利亚、中国与韩国、中国与日本、中国与东盟海上双边合作交流及中国、日本、俄罗斯、韩国四国合作机制等多边交流，扩展海上搜救应急联合行动的广度和深度；其三，要在《南海各方行为宣言》和东盟论坛框架内，重点做好中国—东盟海上搜救热线、联合沙盘演习等合作项目。[①] 2015年1月交通运输部召开国家海上搜救和重大海上溢油应急处置部际联席会议，再次强调要强化学习交流和海上合作，坚持“走出去、请进来”，组织互动学习，加强走访交流，服务国家外交大局。[②] 2015年交通运输部更是就有关航道安全保障国际合作机制构建进行了全面阐述，强调应重点加强航行安全、海上搜救和应急处置、船舶防污染、海事技术交流与人员培训等领域合作，尤其注重海上安全合作机制和制度建设，拓展合作领

---

① 杨传堂：《推进海上搜救和溢油应急“五化”建设，助力“海洋强国”“美丽中国”》，《中国海事》2014年第3期，第28页。

② 杨传堂：《为涉海战略推进提供可靠的海上应急保障》，《交通建设与管理》2015年第Z1期，第18页。

域，共同打造区域海上交通安全保障体系。[①]

第二，从其他沿岸国家来看，东北亚地区、东盟等国家都非常重视航道安全保障国际合作问题。其一，从东北亚地区来看，日本、韩国、俄罗斯等国都高度重视航道安全保障国际合作。如在21世纪俄罗斯提出的一系列海洋安全战略及相关倡议都强调要加强航道安全保障国际合作，特别是要加强与中国合作。早在1998年8月《俄罗斯在“世界洋”的军事战略利益》子纲要中就规定，俄罗斯海军主要任务之一是参与搜救，确保海上航行安全。2001年7月普京总统签发的《2020年前俄联邦海洋学说》强调在太平洋地区要加强与亚太国家在保障海上航行安全、打击海盗、海上救援与救生等方面合作。[②] 2008年制定的《2030年前俄联邦交通战略》则提出要开发一体化的岸基航海安全保障系统，建造足够数量的现代化海上救援船。2015年7月俄罗斯颁布的新版俄联邦海洋学说更是明确强调要采取与海上环境特点及其他自然和人为状况相关的一系列有效措施，以保障航行安全、加强海上搜救和保护海洋环境。为此需要开展国际合作，尤其是在太平洋地区要发展同中国的友好合作关系，开发远东海上交通，这是俄罗斯太平洋战略的首要任务。其二，从东盟来看，2010年7月作为《东盟政治安全共同体蓝图》的一项重要举措，第一届东盟海事论坛议题包括了海事安全、人员和船舶搜救等内容。[③] 2011年8月第二届东盟海事论坛强调，随着海上安全成为发展区域海上互联互通的基本要素，区域搜救合作变得很有必要。因此必须协调搜救数据信息交流、制定区域应急预案与标准合作流

---

① 陈楠枰：《21世纪海上丝绸之路的交通谋划从水路安全畅通起步》，《交通建设与管理》2014年第11期，第27页。

② 冯梁主编：《亚太主要国家海洋安全战略研究》，世界知识出版社2012年版，第100页。

③ Sabtu, *First ASEAN Maritime Forum Held in Suyabaya*, http://www.antaranews.com/en/news/1280584402/first-asean-maritime-forum-held-in-surabaya.

程以及搜救人员联合培训与演习，从而建立成员国之间相互信任。①2013 年 6 月在越南主办的中国—东盟南海遇险人员及船舶搜救研讨会上强调在海上搜救合作中为保证效率应做到：（1）搜救工作必须是出于人道主义目的；（2）参与救援各方需要共享相关政策，以便利之后的协调工作；（3）必须确保主要搜救组织能联络到本地区的每个国家，每个国家都必须为搜救工作提供支持；（4）需在本地区内形成合作机制。② 2013 年 10 月第 23 届东盟峰会后发表的主席声明称，东盟领导人期待建设海上交流热线计划，以进一步加强信任、增强信心，应对海上紧急事件和地区海上遇险船舶搜救合作。2014 年 8 月第五届东盟海事论坛与第三届扩大会议讨论了应对海上自然灾害、搜救以及各方执行国际合作协定的机制。③

---

① Conference Report, *Australian Journal of Maritime & Ocean Affairs*, Vol. 3, No. 4, 2011, pp. 140 – 143.

② *Enhanced Search and Rescue Cooperation in East Sea*, http://www.talkvietnam.com/2013/07/enhanced – search – and – rescue – cooperation – in – east – sea/.

③ *Expanded ASEAN Maritime Forum Discusses Maritime Security and Navigation Freedom*, http://www.talkvietnam.com/2014/08/expanded – asean – maritime – forum – discusses – maritime – security – and – navigation – freedom/.

第四章 航道安全保障国际合作现有机制评估

目前世界上已形成了一些有关航道安全保障国际合作机制，这些现有机制具有一定的有效性，为保障相关航道安全做出了重要贡献。但由于受各种因素的影响，目前现有机制也存在一定局限性，需要有针对性地加以完善。

第一节 航道安全保障国际合作现有机制有效性

有关航道安全保障国际合作现有机制主要包括两个层面：一方面沿岸国家通过平等协商建立起组织合作或协调管理平台，共同应对海盗袭击、恐怖活动等有关航道安全的突发事件，以降低危险和损失；另一方面沿岸国家通过合作建立的具有法律约束力或虽不具有法律约束力但具有法律后果的规则体系，以提高沿岸国家、政府间区域与国际组织、非政府间国际组织对有关航道安全保障国际合作的关注度与责任感，从而有效防止威胁航道安全危害的发生，反映的是有关航道安全保障国际合作现有机制的制度化水平。

一、双边合作机制

双边合作机制主要是指沿岸国家通过谈判协商，为保障航道安全而搭建的合作平台，签署一系列合作规范、规则与协议并以此为指导开展有关航道安全保障国际合作。

第一，有关航道安全保障海军联合巡逻机制。海军作为航道安全保障一支重要力量，有关国家开展了一系列交流与合作，包括高层互动、战略磋商、专业技术交流、舰艇互访、联演联训等，这对于增进各国战略互信、避免猜疑与误判、维护航道安全发挥了不可替代的作用。现有双边海军联合巡逻机制主要包括：其一，印尼—新加坡联合巡逻机制；其二，马来西亚—印尼机制，该机制又具体包括双方协议机制、协调巡逻机制、作业协调巡逻机制；其三，马来西亚—菲律宾联合巡逻机制；其四，马来西亚—泰国联合巡逻机制；其五，菲律宾—印尼联合巡逻机制。

第二，有关航道安全保障海岸警卫队合作机制。一些沿岸国家海岸警卫队通过协商与谈判达成了一系列双边合作协议，如菲律宾与印尼海岸警卫队在苏拉威西海实施了搜救与反海盗协议。

第三，沿岸国家政府间有关航道安全保障合作机制。如 2004 年澳大利亚与印尼举行的非正式对话讨论了有关航道安全保障合作事宜，达成了关于双方国家搜救机构信息交流和跨境搜救协助合作协议，该协议规定搜救单位进入另一方领海时只需通知其主管机关而不用得到授权，这就为两国开展搜救合作行动、提高搜救效率、保障海上人命安全提供了重要工具。又如从印度与澳大利亚关系来看，有印度专家指出印度洋和太平洋的马六甲海峡、霍尔木兹海峡、龙目海峡和巽他海峡是海上咽喉要道，印澳能源与货物运输都严重依赖这些航道，但这些航道却经常遭到海盗与恐怖分子威胁，两国在确保海运安全方面享有共同利益。[①] 因此澳大利亚主张通过提升两国双边反恐行动来实现有关航道安全保障，[②] 为此 2003 年两国签署了反恐协定。特别是 2009 年双方签订的《联

① Om Prakash Dahiya, India Australia Maritime Cooperation: Challenges and the Way Ahead, *Maritime Affairs: Journal of the National Maritime Foundation of India*, Vol. 9, No. 1, 2013, p. 67.

② Dennia Rumley, Indian Ocean Security, Stability and Sustability in the 21st Century, *Journal of the Indian Ocean Region*, Vol. 9, No. 1, 2013, pp. 120 – 127.

合安全宣言和战略伙伴关系协定》声称要加强在打击海上恐怖主义与海盗袭击、非法捕鱼等方面合作，以提升两国在航道安全保障方面的合作水平。

第四，中国与其他国家有关航道安全保障双边合作机制。近年来中国与其他沿岸国家建立了一系列与航道安全保障有关的双边合作机构与机制，同时其他沿岸国家与中国在其各自国内也都设有一些与航道安全保障合作有关的平台加以利用。

一方面，从中国与其他沿岸国家已建立的有关航道安全保障国际合作交流与沟通的组织机制来看，其一，在东北亚主要有：（1）从中韩来看，包括中韩海上搜救事务级会谈、中韩海上安全定期协商会议、中韩海上运输合作部长级会议、中韩海运会谈等协商机制。（2）从中日来看，包括中日海事调查定期会议等协商机制。（3）从中俄来看，包括中俄总理定期会晤委员会运输合作分委会、中俄航联委例会等协商机制。其二，在东南亚主要有：（1）从中越来看，2009 年两国成立了北部湾联合巡逻办公室并组织了多次联合巡逻；2012 年成立了中越海上低敏感领域合作专家工作组，就推进海上搜救、防灾减灾等领域合作进行商谈。（2）从中马来看，2019 年两国同意建立海上问题双边磋商机制，作为有关航道安全保障开展对话的平台。（3）从中菲来看，2016 年 10 月根据两国海警部门签署的建立海警海上合作联合委员会谅解备忘录，成立了中菲海警海上合作联合委员会以加强有关航道安全保障合作，并进行相关机制构建。2017 年 11 月中菲海警首次工作会晤，双方强调要共同致力于打造“海上安全命运共同体”，特别是 2020 年 1 月中菲海警海上合作联合委员会第三次会议主要议题是两国海上执法互动以及提高沟通效率，防止双方海警船相撞，并具体探讨了加强打击海上跨国犯罪以及海上搜救等重点领域合作。（4）从中印尼来看，2005 年两国成立了海上合作技术委员会，并以此为平台加强双方在航行安全、海洋环保等方面合作，实施了“龙目海峡和巽他海峡船舶交通服务操作员能力建设”“中印尼海上搜救联合沙盘推演”“中印尼海事卫星地面站建设”等重大项目。2012 年 12 月又成立了中印尼海上合作委员会和中印尼海上合作基金，扩大与深化了双方在航道安全保障领域合作。（5）从中泰来看，近年来成立了中泰海洋领域合作联委会，召开了中泰海洋科技合作研讨会，并以此为平台实施了海洋观测与气候变化研究、海洋环境预报示范系统等多个合作项目。其三，在南亚主要有：（1）从中巴来看，2013 年 4 月在杭州成立了中巴联合海洋研究中心，2015 年又在巴基斯坦卡拉奇设立了中巴联合海洋研究中心，推动了双方在海洋灾害预防与管理、海洋生态环保等领域合作。（2）从中斯来看，2012 年成立了中斯海洋领域合作联委会，以加强在海洋防灾减灾及能力建设等领域合作。（3）从中孟来看，2017 年 7 月两国举行了首轮海上合作对话，就加强有关海洋安全领域合作进行了有效沟通。

另一方面，从中国与其他沿岸国家签订的有关航道安全保障国际合作协议来看，其一，在东北亚主要有：（1）从中日来看，2008 年 10 月签署了《中日双边海上搜救合作框架协议》。在此基础上，2018 年 10 月正式签署了《中日海上搜寻救助合作协定》，标志着双方在海上搜救领域合作进一步深化。（2）从中韩来看，2007 年 4 月签署了《中韩海上搜寻救助合作协定》，标志着双方进入了搜救全面合作的新阶段。2008 年 8 月两国主管部门又签订了关于履行《中韩海上搜寻救助合作协定》的协议，这对加强两国搜救机构间合作产生了积极影响。另外，2010 年 10 月还签署了《2010 中韩海上搜救事务级会谈纪要》，进一步加深了双方搜救部门的理解与互信，扩展了两国搜救合作范围。（3）从中俄来看，2010 年中俄总理定期会晤委员会运输合作分委会第 14 次会议将海事合作备忘录列入会议纪要，从而将中俄航道安全合作上升到国家层面。2013 年两国交通主管部门签署了海上航行安全和保护海洋环境合作谅解备忘录，标志着双方在海上航行安全与搜救以及海洋环保领域合作进入了全新阶段。其二，在东南亚主要有：（1）从中越来看，2003 年 11 月签署了《中国防城港至越南下龙湾高速客轮航线搜寻救助合作协议》，并交换了海上搜救预案，建立了中国防城港与越南广宁海上搜救合作机制。2005 年中越签署了《中越海军北部湾联合巡逻协议》，以维护北部湾航道秩序与稳定。2011 年 10 月签署了《关于指导解决中越海上问题基本原则协议》，强调要积极推进海上搜救等低敏感领域合作。2013 年 10 月发表的《新时期深化中越全面战略合作的联合声明》，决定继续推进在海上搜救等领域合作。（2）从中菲来看，2004 年 9 月阿罗约总统访华期间，两国就海上搜救、救灾减灾等领域合作达成一致。[①] 2005 年 4 月两国交通主管部门签订的海事合作谅解备忘录为航道高效、便捷、通畅提供了有力保障。（3）从中马来看，早在 1987 年两国就签署了海运协定并在 2012 年进行了更新，对有关航行安全与搜救合作做出了明确规定。2005 年发布的联合公报表示将启动中马防务安全磋商机制，马方欢迎中方参与马六甲海峡安全合作。2006 年 7 月两国交通主管部门签署了海上合作谅解备忘录，包括马六甲海峡海事、航运、救援等内容，并在共同维护有关航道信息共享等方面展开合作。（4）从中印尼来看，2012 年 3 月两国签订的海上合作谅解备忘录承诺加强在海上搜救、环保等领域合作以及在国际海事组织等国际平台的协调与配合。2015 年 3 月两国搜救主管部门签署了海上搜救合作谅解备忘录，以加强人员搜救与环境救助。（5）从中泰来看，2011—2013 年两国海洋主管部门分别签署了《关于海洋领域合作的谅解备忘录》《关于建立中泰气候与海洋生态系统联合实验室的安排》《中泰海洋领域合作五年规划（2014—2018）》，极大推进了双方航海气象与海洋环保等领域合作。其三，在印度洋主要有：（1）从中印来看，2015 年两国有关部门签署了加强海洋科学、海洋技术、气候变化、极地科学与冰冻圈领域合作的谅解备忘录，促进了双方在航海气象、海洋环保等领域合作。（2）从中巴来看，2013 年 5 月两国有关部门

---

① Renato Cruz De Castro, The Philippines' Attempt in Equi - balancing, *Pacific Focus*, Vol. XXV, No. 3, 2010, p. 363.

签署了海洋科技合作谅解备忘录，双方将加强在应对海平面上升、海洋环保等领域合作。（3）从中孟来看，2016 年 10 月两国发表了建立战略合作伙伴关系的联合声明，强调双方在海洋事务中存在广泛合作潜力，同意建立海上合作对话机制，中方表示愿意帮助孟方加强相关能力建设。

二、多边合作机制

从航道安全保障多边合作机制来看，是指 3 个或 3 个以上国家之间为了实现航道安全与共同利益，建立沟通、交流的组织平台或签署协议、决议、宣言等行为规范。

一是，目前已建立起多个有关航道安全保障对话、论坛机制与组织合作平台，如联合国索马里海盗问题联络小组、亚太安全合作理事会、亚太安全圆桌会、西太平洋海军论坛、西北太平洋海事会议、亚洲反海盗与武装攻击船舶会议、亚洲海岸警备机构首脑会议、东盟地区论坛、印度洋海军论坛等。在这些对话合作框架下，有关航道安全保障各种合作十分活跃，涉及海上跨国犯罪防治、减灾防灾、人道搜救、航海气象服务等具体合作。

第一，东盟地区论坛。1993 年 7 月在第二十六届东盟外长会议上决定成立东盟地区论坛，由此开创了亚太地区多边安全合作之先河，并成为亚太地区唯一的官方多边安全论坛。由于东盟地区论坛成员国大都是沿岸国家，因此该论坛成立后十分关注有关航道安全保障合作问题。如 1995 年在该论坛之下开设了海上搜救会间会，而且历届论坛会议主席声明也都多次提到航道安全保障合作问题。2001 年“9・11”事件后该论坛又开始高度关注防范与打击海上恐怖主义问题，决定设立打击国际恐怖主义和跨国犯罪会间会。同时东盟内政与国内事务部长也要定期召开东盟打击跨国犯罪部长会议，在调查、起诉跨国犯罪与恐怖分子等方面与东盟各国有关部门进行全面协调。[①] 2004 年 3 月召开的东盟地区论坛会议还重点就应对东南亚恐怖组织"伊斯兰祈祷团"以及其他恐怖组织对海上航道与设施发动袭击问题进行了专门讨论，并在会后声明中表示各成员国决心采取一致措施，加强本地区各国在打击恐怖主义方面进行技术与立法等方面协调，以保障航道安全。2004 年 9 月东盟地区论坛首次举行海上安全工作组研讨会，提出"海上能力建设"新概念以及建立海上一体化全程监控体系建议，同时还专门讨论了有关航道安全保障合作问题。2004 年 11 月召开的首届东盟地区论坛安全政策会议深入讨论了国防部门在防范与打击恐怖主义等非传统安全领域的作用。2007 年 1 月东盟地区论坛在新加坡首次举行了海上安全岸上演习，这对推进有关航道安全保障实质性合作发挥了重要作用。[②] 另外，该论坛通过的《加强海上执法机构合作声明》等文件，强调就惩治威胁航道安全的犯罪行为开展有效合作。

第二，东盟海事论坛及东盟海事论坛扩大会议。2010 年东盟海事论坛成立，两年后东盟海事论坛扩大会议召开，主要涉及防控海盗、人道主义救助等有关航道安全保障国际合作议题。[③] 如 2010 年 7 月第一届东盟海事论坛涉及海事安全、海上搜救等议题。[④] 2014 年 8 月第五届东盟海事论坛和第三届扩大会议则讨论了海洋国际法执行、应对自然灾害、海洋搜救等议题。[⑤]

第三，亚太安全合作理事会。1993 年 6 月成立的亚太安全合作

---

① Ong Keng Yong, *ASEAN'S Contribution to Regional Efforts in Counter - Terrorism*, February 21, 2005, http://www.aseansec.org/17274.htm.

② 张炜主编：《国家海上安全》，海潮出版社 2008 年版，第 431—434 页。

③ 周玉渊：《东南亚地区海事安全合作的国际化：东盟海事论坛的角色》，《外交评论》2014 年第 6 期，第 140 页。

④ Sabtu, *First ASEAN Maritime Forum Held in Suyabaya*, http://www.antaranews.com/en/news/1280584402/first - asean - maritime - forum - held - in - surabaya.

⑤ *Expanded ASEAN Maritime Forum Discusses Maritime Security and Navigation Freedom*, http://www.talkvietnam.com/2014/08/expanded - asean - maritime - forum - discusses - maritime - security - and - navigation - freedom/.

理事会是亚太地区最大的非官方安全论坛，共有建立信任措施、综合安全与合作安全、海事合作、跨国犯罪和北太平洋 5 个工作组。其中涉及航道安全保障的海事合作工作组表现最为突出，曾为东盟论坛提交过有关航道安全保障备忘录。2004 年该理事会进行了改革，以海上安全合作能力建设研究小组取代了原来的海事合作工作小组，并从国家、地区和国际 3 个层次分别提出了海上安全合作能力建设框架。

第四，西太平洋海军论坛。在 1987 年主办的国际海上力量研讨会上，由澳大利亚动议成立了西太平洋海军论坛并在翌年召开了第一次会议。该论坛是本地区定期开展多边安全对话与合作活动的海军论坛，其中有关于航道安全保障等各领域专业研讨会以及在此基础上开展的海上实兵演练如海上搜救、人道主义援助与灾难救助演习等，对有关航道安全保障合作起到了重要作用，为此新加坡主持建立了地区海上信息交换系统，从而促进了有关行动的互通性与信息分享。

第五，环印度洋区域合作联盟。1997 年成立的环印度洋区域合作联盟主要聚焦于印度洋经贸领域合作，但近年已将加强印度洋区域安全合作纳入到有关议程，扩展了其应对海洋环境灾害、海盗等方面职能。[①] 如在 2009 年也门会议上以索马里海盗作为一个议题进行了讨论，以保证有关航道安全。2011 年 11 月在印度举行的部长理事会上将海洋安全尤其是海盗威胁作为重点讨论的议题，与会国一致认为至少在原则上应将联盟建设成为海盗信息与经验共享的最优平台。[②]

第六，印度洋海军论坛。2008 年印度洋海军论坛成立，旨在通过合作建立印度洋安保机制，即通过开放包容的对话渠道增进相关

---

① Editorial Essay, Research Agendas for the Indian Ocean Region, *Journal of the Indian Ocean Region*, Vol. 6, No. 1, 2010, p. 3.

② Dennia Rumley, Indian Ocean Security, Stability and Sustability in the 21st Century, *Journal of the Indian Ocean Region*, Vol. 9, No. 1, 2013, pp. 120 – 127.

国家海军对地区海上安全事务的协调与合作。该论坛分为两部分：其一是研讨会，主要讨论印度洋地区海事总体状况、面临的挑战以及合作途径等；其二是由各国海军司令参加的闭门会议，主要议题是建立海上安全机制、减轻对地区安全的担忧以及发展各国海军间的协同能力。2015 年 8 月该论坛举行了关于人道主义援助与灾难救济工作组会议，讨论了人道主义援助与灾难救济的原则草案并举行了沙盘推演。

二是，沿岸国家签署了一系列区域性多边宣言、协议、计划、备忘录等文件，对有关航道安全保障合作机制做出相应规定。如 2002 年签订的《南海各方行为宣言》强调在不损害该地区有直接利益国家主权和管辖权的前提下，探索在南海地区开展有关海上航行与交通安全、海洋环保、协调搜救行动、努力打击海盗和武装劫船以及毒品和军火走私等跨国犯罪活动方面的合作。[①] 该宣言签署以来，为落实上述规定，通过召开高官会以及航行安全与搜救专家和技术官员非正式会议进行了探讨和磋商。2011 年提出了《落实〈南海各方行为宣言〉指导方针》，并就落实中国和东盟国家海上搜救热线平台进行了探讨，决定建立中国和东盟各国搜救部门之间的点对点热线联络并完成了搜救热线平台第一阶段计划，同时为中国和东盟国家海上搜救沙盘推演项目制定了执行方案。另外，2011 年 7 月在印尼举行的落实《南海各方行为宣言》高官会上，中国提出举办南海航行自由研讨会，成立保证航行安全专门技术委员会，包括海洋科研和环保、航行安全与搜救、打击海上跨国犯罪 3 个专门技术委员会。2012 年 1 月落实《南海各方行为宣言》第四次高官会探讨了成立航行安全与搜救专门技术委员会的具体程序和方案并决定举办海上搜救研讨会。2013 年 9 月召开的落实《南海各方行为宣言》

---

① *Declaration On the Conduct of Parties in the South China Sea*, November 4, 2002, http: //www. asean. org/asean/external – relations/china/item/declaration – on – the – conduct – of – parties – inthe – south – china – sea.

第六次高官会提出设立海上紧急帮助热线和举行联合海上搜救沙盘演习的建议。

在此基础上，沿岸国家还针对有关航道安全保障国际合作具体问题发布了许多规范性文件。第一，防范与打击海上跨国犯罪合作规定。如东盟国家就有关防范与打击海上跨国犯罪合作问题发布了一系列文件，就防范与打击海盗与海上恐怖主义、海上毒品走私与偷渡以及人口贩卖、海上武器扩散等跨国犯罪活动进行了具体规定。其一，关于防范与打击海上跨国犯罪总体规定，如《东盟打击跨国犯罪行动计划》《防止和控制跨国犯罪马尼拉宣言》等；其二，关于防范与打击海上恐怖主义有关规定，如《东盟打击恐怖主义联合行动宣言》《东盟关于恐怖主义特别部长级会议联合公报》《东盟反恐公约》等；其三，关于防范与打击海盗有关规定，如《防止海盗及其他海上安全威胁合作声明》等。这里最值得一提的是《亚洲地区反海盗及武装劫船合作协定》。2004 年 11 月中国、日本与东盟等有关国家在亚洲惩治海盗合作大会上就协同打击海盗问题达成原则共识，签署了《亚洲地区反海盗及武装劫船合作协定》并于 2006 年 9 月生效，建立了亚洲第一个政府间惩治海盗多边合作机制。[①] 该协定意识到亚洲地区有关各国急需进一步合作和协调以有效预防和打击海盗和武装劫船的重要性，相信缔约方之间的信息分享和能力建设将极大促进这一工作，决心进一步加强区域合作并提高此类合作的有效性。为此，决定在新加坡建立信息分享中心以促进缔约方在预防和打击海盗和武装劫船等方面的紧密合作，开展信息交流、合作执行有关计划、加强能力建设和达成其他合作安排，加强与保护海上安全机制。据此，2006 年 11 月该中心在新加坡成立，成为本区域打击海盗活动的前哨。另外，该协定还规定了海盗引渡、司法协

---

① *Asian Nations Support on Fighting Maritime Piracy*, http：//news. Indiainfocom/2006/06/22/2206asian – nations – policy. html.

助、能力建设、合作安排等内容。[①] 总之，该协定为有关国家提供了沟通与合作的平台，推动了各方在信息交流、海盗预警、能力建设等方面合作。为促进有关规定的实施，2013 年 11 月该协定反海盗高官会在中国广西桂林召开，各国在协调反海盗工作、合作建立信息共享机制方面达成共识。

第二，有关海上溢油防控与搜救合作规定。一方面在东北亚，有关海上溢油防控的合作规定主要有《西北太平洋行动计划》及其《西北太平洋地区海洋污染防备与反应区域合作谅解备忘录》与《西北太平洋行动计划区域溢油应急计划》；另一方面在东南亚，有关海上搜救合作规定主要是2014 年 8 月东盟地区论坛发表的《关于加强海空搜救协调与合作声明》，以推动各成员在加强搜救协调与合作方面做出应有努力。[②]

第三，《亚太封闭及半封闭海海事合作指南》有关规定。2008 年 6 月亚太安全合作理事会指导委员会会议提出了《亚太封闭及半封闭海海事合作指南》，对在半封闭海进行海洋环保、重叠区执法等有关航道安全保障合作提供了具体方向。[③]

根据上述有关对话、论坛、平台以及相关规定，沿岸国家到目前已建立以下有关航道安全保障国际合作机制。

第一，中、日、韩、俄四国海上搜救合作机制。从 1996 年开始至今，中、日、韩、俄四国海上搜救部门每年都要举行搜救合作操作级别会议，旨在加强东北亚海上搜救区域合作。四国海上搜救合作机制有力推动了搜救机构的密切合作关系，并在操作级别人员之

---

① *Regional Cooperation Agreementon Combating Piracy and Armed Robbery against Ships in Asia*, www. recaap. org/Portals/0/docs/AboutReCAAPISC/ReCAAP.

② *The ASEAN Regional Forum Statement on Strengthening Coordination and Cooperation on Maritime Search and Rescue*, August 11, 2014, https://www. fmprc. gov. cn/ce/ceuk/eng/zgyw/t1181700. htm.

③ *CSCAP Council for Security Cooperation in the Asia – Pacific*, *MEMORANDUM 13*, aseanregionalforum. asean. org/files/Archive/16th/ARF – SOM.

间建立了紧密工作网络，同时为加强四国间搜救合作建立了良好平台，并为东北亚地区加强双边或多边搜救合作打下了良好基础，基本上达到了加强搜救机构联系和沟通的目的。

第二，马六甲海峡与新加坡海峡安全保障合作机制。20 世纪 70 年代经马六甲海峡沿岸印尼、马来西亚与新加坡三国倡导并在政府间海事磋商组织协助下建立起该机制，其主要形式是部长会议，包括合作论坛、航运援助基金以及具体项目等三个部分。近年来沿岸三国还倡议建设海峡海上电子公路计划，为在海峡内航行的船舶提供即时安全信息，以减少事故发生率与环境污染。①

第三，新—马—印尼三边巡逻执法机制。从 1992 年开始，为解决马六甲海峡海事犯罪问题，马六甲海峡沿岸国印尼、马来西亚与新加坡的海岸警卫队各自开展了海上与空中的常年巡逻执法。在此基础上，2004 年 6 月印尼提议由沿岸三国联合组成海军巡逻队在海峡执行任务，7 月这 3 个国家签署了联合巡逻协议以加强海峡巡逻。为此，印尼派出 7 艘军舰，新加坡与马来西亚各派 5 艘军舰在本身所属的海域内巡逻。② 2005 年 9 月三国通过了“天空之眼”倡议，开启了空中联合巡逻。2006 年 4 月三国签署的《马六甲海峡海巡协议》规定沿岸三国海岸警卫队在紧急追捕时可跨越领海界线并约定了一个切换机制以应对跨界执法问题。③ 为此，三国建立了联合协调委员会以监督该协议的实施。

第四，西印度洋、亚丁湾与红海沿岸预防与打击海盗合作机制。为打击索马里海盗，应索马里过渡政府请求，2008 年 6 月联合国安理会通过了第 1816 号决议，授权各国与索马里过渡政府合作打击其

① Ong Keng Yong, *ASEAN'S Contribution to Regional Efforts in Counter - terrorism*, February 21, 2005, http://www.aseansec.org/17274.htm.

② 杨仁飞：《从协作巡逻、联合巡逻之区别看马六甲海峡航道安全合作机制》，《东南亚纵横》2005 年第 7 期，第 53 页。

③ Victor Huang, Building Maritime Security in Southeast Asia, *Naval War College Review*, Vol. 61, No. 1, 2008, pp. 87 - 105.

沿岸海盗与武装劫船行为。12 月联合国安理会又通过第 1851 号决议，决定授权有关国家与国际组织在索马里境内采取一切必要、适当措施，制止海盗和海上武装劫船行为。据此有 10 多个国家派出了几十艘军舰在亚丁湾与南印度洋开展武装护航与打击海盗行动，① 这些国家的海军护航编队还经常开展联合护航行动。在此基础上，2010 年 1 月召开的索马里海盗问题联络组会议对分区护航达成共识，开始了国际护航力量全面合作。为此，国际海事组织将附近的蒙巴萨与达累斯萨拉姆海上搜救协调中心作为有关国家护航的支持平台。

同时在国际海事组织协调下，2009 年 1 月西印度洋、亚丁湾与红海沿岸国的领导人在吉布提通过协商达成一致意见，颁布了共同合作打击海盗活动的《吉布提行为守则》。该行为守则的出台实现了各国共同合作打击海盗的目标，并具体规定了各合作方的权力与义务以及防范与打击海盗活动的合作方式，使得各签署国在实施行动时有据可依、按部就班。

另外，2010 年以来欧盟开始培训在索马里执行非盟任务的士兵为运送世界粮农计划的船舶提供武装保护，② 并得到了有关国家与船东组织的支持，特别是主要船旗国马耳他、圣文森特和格林纳丁斯同意悬挂其国旗的商船使用武装保护分队或军事安全分队护航。同时英国、法国、日本等也开始修订国内法，为商船配备武装警卫提供法律依据。③ 对此，国际海事组织认为船舶安保护卫可

① Piracy: No Stopping Them, *The Economist*, February 3, 2011.

② *EU NAVFOR Trains Amisom Vessel Protection Detachment Troops*, 9 February 2012, http: //eunavfor. eu/eu - navfor - trains - amisom - vessel - protection - detachment - troops - 2/.

③ Armed Security Teams on French and Japanese Ships Are Welcomed, *World Maritime News*, December 6, 2013.

作为军舰护航的额外补充。[①] 2012 年 11 月联合国安理会决议鼓励船旗国与港口国制定关于在船上部署私营承包的武装保安人员条例。[②] 在这种情况下，一些海运大国及主要船旗登记国都已允许此种运作模式，[③] 一些海运公司开始聘请私营安保公司派员驻船进行武装护航，目前已有 50% 穿行于亚丁湾、索马里海域的商船依赖私营安保公司护卫。[④]

第五，中国与其他沿岸国家以及区域组织建立的合作机制。一方面建立了有关合作的组织平台，主要包括：其一，从中国与东盟国家已建立的有关航道安全保障国际合作组织机制来看，包括中国—东盟海事磋商机制、中国和东盟“10＋1”交通部长会议等都涉及了航道安全保障合作问题。如 2005 年 12 月召开的中国—东盟海事磋商机制第一次会议拓宽了航道安全保障合作领域，决定有关主管当局应就有关海上交通安全、海上保安、海洋环保、海上搜救以及海损事故调查处理等问题进行共同研讨与协商，从而推动了双方在航行安全、水域清洁等方面的合作。2007 年 9 月举行的中国—东盟海事磋商机制第三次会议有关主管当局就海上应急反应与搜救等问题进行了协商与会谈，中国重申了与东盟成员国在搜救方面密切合作的承诺并就合作行动提出了建议以分享经验和教训，确定了能

---

① Chris Trelawny, *Attributing Success Factors for Counter－Piracy in a Complex Environment: The Role of IMO in the "Arms on Board" Debate*, September 11, 2013, http://www.counterpiracy.ae/upload/2013briefing/Trelawny%20Chris%20Sec4Ch6%20－Final%20Briefing%20Paper－En－Website.pdf.

② 李卫海：《中国海上航运的安保模式及其法律保障：以应对 21 世纪海上丝路的海盗为例》，《中国社会科学》2015 年第 6 期，第 143 页。

③ ICS Reference Document, *Flag State Rules and Requirements on Arms and Private Armed Guards on Board Vessels*, July 27, 2011, http://www.maritime－executive.com/article/flag－state－rules－and－requirements－on－arms－and－private－armed－guards－on－board－vessels.

④ Anna Bowden, *The Economic Cost of Somali Piracy of 2011*, http://oceansbeyondpiracy.org/sites/default/files/economic－cost－of－piracy－2011.pdf.

力建设的时机。[①] 2012 年 10 月召开的中国—东盟海事磋商机制第八次会议强调要在海上搜救合作等方面加强对话与交流，密切协作，共同提高搜救能力。2015 年 3 月启动了中国—东盟海洋合作年系列项目，包括建设中国—东盟海上紧急救助热线、加强中国—东盟海上执法机构对话合作机制等，以增强互动的实效性，这些都为构建有关航道安全保障共同体奠定了一定基础。其二，召开有关会议、论坛等开展航道安全保障合作对话、交流与协商。如 2014 年马航 MH370 事件发生后，中国意识到建立海上搜救国际联合行动机制的重要性。为此，同年 3 月在厦门举行的南洋论坛上中方提出了建立海上搜救合作机制的倡议，以增强有关能力建设。2014 年 12 月由中国国防部主办、国防大学承办的东盟地区论坛海上安全航道研讨会对加强多边对话合作奠定了良好的理论基础。2015 年 4 月在外交学院召开的"21 世纪海上丝绸之路建设与海洋安全合作"国际学术研讨会，对有关航道安全保障国际合作问题进行了深入探讨。其三，近年来在中国设立的一批有关航道安全保障合作的专门平台，如在上海设立的国际海上人命救助联盟亚太中心、中国国际救捞论坛、上海国际海事论坛、深圳国际海事论坛、大连国际海事展览会、广州国际海事贸易展览会暨论坛等，这些平台本着交流经验、互通有无、加强了解、相互借鉴、促进合作、共同发展、互利共赢的宗旨，在航道安全保障国际交流合作中发挥了重要载体、桥梁与纽带作用，有助于增强各国应对航道突发事件的能力。

另一方面签署了一系列有关合作协议，为有关航道安全保障国际合作机制构建提供了制度化保证，这在东北亚与东南亚这两个重点海域表现得尤为突出。其一，从中国与东北亚各国来看，2011 年 5 月发表的《第四次中日韩领导人会议宣言》强调为保障海上安全，应加强三国在航道安全保障等领域合作。2012 年 5 月发表的《第五

---

① 许艳：《中国与东盟加强海事合作》，《中国海事》2007 年第 9 期，第 62 页。

次中日韩领导人会议关于提升全方位合作伙伴关系的联合宣言》也强调要加强三国有关航道安全保障合作。其二，从中国与东盟各国来看，早在1991年7月中国有关政府官员和专家学者就出席了在印尼召开的处理南海潜在冲突研讨会，会上发表的联合声明强调在不损害领土与管辖权前提下探索在南海开展与航道安全保障有关的合作。2002年11月发布的《中国与东盟关于非传统安全领域合作联合宣言》启动了中国与东盟有关航道非传统安全领域的全面合作，[①] 根据2003年"战略伙伴关系"框架协议，强调要积极推进航道安全保障合作。2004年中国与东盟签署的《中国与东盟关于非传统安全领域合作谅解备忘录》强调要加强有关防范和打击海盗、海上恐怖主义等领域合作。2004年签署的《中国—东盟交通合作谅解备忘录》确定了海事合作方向，建立了部长级协调管理机制，从而把有关航道安全保障合作纳入了政府管辖轨道。2007年10月签署的《中国—东盟港口发展与合作联合声明》明确提出在维护海上安全、海上保安和海上环保等领域开展合作。2008年11月签署的《中国—东盟海运协定》全面制定了有关航道安全保障合作规划，提升了有关能力建设。2016年3月签订的《落实中国—东盟面向和平与繁荣的战略伙伴关系联合宣言的行动计划（2016—2020）》强调继续在有关领域加强对话与共同合作，促进海上安全，维护南海和平稳定。

三、现有机制有效性评估

航道安全保障国际合作现有机制的有效性是沿岸国家航道安全保障合作的核心，决定了合作基本成就、履约情况、实际绩效和预

---

① ASEAN Secretariat, *Joint Declaration of ASEAN and China on Cooperation in the Field of Non - Traditional Security Issues*, November 4, 2002, http://www.aseansec.org/13185.htm.

期效果以及所达到的目标，这为今后各方进一步合作奠定了一定基础并具有重要导向作用。有效性是国际合作机制的一个基本概念，其目的在于形成文本规范以解决机制创制者迫切需要解决的问题，[①]因此评估国际合作机制有效性的标准是目标获得、问题解决与集体最优，[②] 这其中最重要的是对推动其创设的问题得以解决的程度。学者李建勋认为国际合作机制的有效性是指在其运行过程中所能产生的实际实施效果，同时能反映当代及后代人类、区域与全球层面公众的正当需求并能对各国及其民众行为发挥影响。[③] 近年来，沿岸国家通过双边、多边与区域性有关航道安全保障国际合作现有机制建立起了全方位、多层次的联系，增强了有关航道安全保障措施与应急处置能力，促进了沿岸国家航道安全保障合作一体化，有助于建立航道安全保障共同体，实现了航道安全保障及时性，使得有关航道安全保障状况有所好转。

第一，有关海上咽喉要道通航状况得以改善。近年来在有关国家大力支持下，如中国帮助马六甲海峡沿岸国建设了灯标等助航设施、水文观测站、南海海啸咨询中心、有毒有害物质数据库等一批合作项目，增强了印尼、马来西亚、新加坡三国维护海峡航道安全的能力。在这种情况下，通过加宽加深海峡航道、提高造船技术，或是绕行巽他海峡与龙目海峡等举措使海峡运输饱和问题得到部分化解。特别是近年来为了更好地适应国际海运日益发展的需要与苏伊士运河货运量的增加，埃及政府更是在有关国家帮助下多次制订了运河扩建计划，投资开展航道整治，如增加水深、拓宽航道、增

---

① Marc A. Levy, The Study of International Regimes, *European Journal of International Relations*, No. 1, 1995, pp. 267 – 330.

② Jon Hovi, Regime Effectiveness and the Oslo – Potsdam Solution: A Rejoinder to Oran Young, *Global Environmental Politics*, Vol. 3, No. 3, 2003, pp. 105 – 107.

③ 李建勋：《南海航道安全保障法律机制有效性与局限性研究》，《东南亚研究》2015 年第 3 期，第 46 页。

加分航道与双向航道，不但保证了通航顺利进行，减少了船舶通过时间，而且使运河能够最大限度地发挥其能量。目前运河航道最大吃水已增加到20米，双向航行的河段达到了67千米，轮船通过运河的时间降至平均11小时，通航船舶吨位可达24万吨，全球62%的油轮和96%的货轮均可通过运河。[①]

第二，海盗及海上恐怖主义威胁明显下降。近年来由于沿岸国家加强了有关航道安全保障国际合作，海盗袭击事件数量呈稳步减少趋势。其一，2019年海盗袭击事件数量减少超过5起或者50%的国家和地区有印尼、菲律宾、孟加拉国、尼日利亚、加纳、刚果（布）。其二，近年来东南亚海盗袭击事件已大幅下降，从2014年的141起和2015年的147起下降到2018年的60起。这主要是因为印尼、马来西亚和新加坡等国家建立了三边巡逻执法机制，所以印尼与马来西亚海域的海盗袭击事件由2014年的100起和24起减少到2018年的36起和11起。2019年尽管印尼海域海盗袭击事件数量有25起，但自2015年以来一直呈减少趋势。南亚的海盗袭击事件也呈下降趋势，由2014年的34起减少到2018年的18起，特别是孟加拉国自1994年以来首次没有出现海盗袭击事件。同样近年来亚丁湾、索马里海域海盗袭击事件都低于10起，这是因为有关国际与区域组织、各国海军护航与联合行动以及船舶聘用随船武装护卫等措施有效抑制了该地区海盗活动。其三，近年来海盗登船进行实际攻击的数量以及船舶被劫持等恶性事件都在逐步减少，由2014年的21起减少到2018年的6起。而在海员受到伤害的方式中，除了2015年受到的袭击是14人次，2014年以来的其他年份都是个位数。同时劫持人质数量也呈下降趋势，从2014年的442人次降到2018年的141人次，[②] 而2019年的59人次是自1995年以来的最低值，特别是2019

---

① 明华：《观变谋动：全球航运应对埃及动荡》，《中国远洋航务》2011年第3期，第28—29页。

② 郑国平、刘新卓：《近五年全球海盗袭击事件分析及海盗热点地区应对措施》，《中国海事》2019年第7期，第34—35页。

年沿岸国家没有海员被海盗杀害案件。①

第三，沿岸国家航道安全治理能力有所提高。沿岸国家通过参与有关航道安全保障国际合作机制的构建，极大提升了相关国家航道安全治理能力。如从苏伊士运河的管理来看，近年来在有关国家帮助下，其安全管理水平有了极大提高。其一，埃及政府设有苏伊士运河管理局，并通过制定《苏伊士运河国有法》等规章制度以及执行有关国际公约来规范管理与服务；其二，实行强制引航，以确保船舶航行安全；其三，实现了航运管理现代化，如近年来运河建设的高科技海运电子通信监控系统可自动跟踪船舶通过运河情况；其四，运河管理局的附属机构可提供有关配套服务，并设有专门研究所开展有关通航安全与防污染等课题的研发。

第四，联合成功救助遇险船舶和人员。有关航道安全保障国际合作机制不但降低了海损事故的发生率，而且即使出现海难，也提高了联合搜救的效率与成功率。近年来有关搜救部门与搜救力量通过紧急协商、信息交换与行动密切合作，能够成功完成对遇险人员的应急救助，并为沿岸国家完善海上搜救合作机制提供了具体实践案例。如 2015 年 5 月一艘载有中国海员的玻利维亚籍运沙船在马来西亚柔佛州附近海域沉没，中国驻马来西亚大使馆与马来西亚警方和海事执法机构密切联系，马来西亚有关机构共派出 7 艘舰船、116 人参与搜救，最后救起 1 名海员。这种应急搜救使各国海员能拥有这样的信心，即使遭遇海上危险，也能及时获救。②

第五，促进了航道安全保障科技合作。2004 年底印度洋海啸之后，中国参与了印尼的海洋防灾救灾活动，建立了中国—印尼海洋气候中心及其联合海洋观测站。之后又建立了中国—东盟海洋合作

① 曹玉墀、马麟：《2019 年全球海盗事件分析》，《世界海运》2020 年第 3 期，第 21—25 页。

② Efthimios E. Mitropoulos, *Signing of Multilateral Agreement on Co - ordination of Maritime Search and Rescue Services and Opening of Regional MRCC*, http://www.imo.org/blast/mainframe.asp? topic_id = 1698&doc_id = 9196.

中心以及中国—泰国、中国—巴基斯坦、中国—斯里兰卡等一系列海洋合作中心与观测平台，开展了“中越海浪与风暴潮预报合作”等一系列项目，这为有关航道安全保障国际合作提供了科技支撑，促进了航海气象预报、海况监测以及海洋环保等方面的保障服务。

第六，提供了航道安全保障资金支持。有关航道安全保障国际合作及其机制运行需要大量资金支持，为此 2011 年 11 月中国投入 30 亿元设立了中国—东盟海上合作基金，用于推动海洋科研与环保、航行安全与搜救、打击跨国犯罪等领域合作，目的是通过有关机制建设提供航道安全公共产品与服务，促进海上良好秩序与生态保护行动。2013 年 10 月第 16 次中国—东盟领导人会议表示要用好中国—东盟海上合作基金，为此到 2014 年底共有 17 个合作项目获得了该基金资助并提出了一些新的合作项目，如在马来西亚建立的中国—东盟海洋学院以及中印尼海洋与气候联合研究中心、中马联合海洋研究中心等平台建设都与航道安全保障合作有关。另外，2012 年 3 月还设立了中国—印尼海上合作基金，中国共出资 10 亿元作为启动资金，以支持双方开展与航道安全保障有关的合作。近年来中国更是提出了一系列融资措施，如设立丝路基金、亚洲基础设施投资银行、中国—东盟基础设施专项贷款，从而为有关航道安全保障国际合作机制构建提供了长期稳定的资金支持。

第二节　航道安全保障国际合作现有机制局限性

航道安全保障国际合作现有机制局限性是指由于自身缺陷或受到外在制约因素影响，其作用发挥受到一定限制，一些国家参与合作意愿、能力有限以及受大国意志等干扰，互信基础不牢，使有关合作机制在向更广泛、更深层次推进上仍面临一些困难。

一、具有非约束性

有关航道安全保障国际合作现有机制倾向于原则性倡导与规划，因此大多冠以“宣言”“倡议”“联合声明”“谅解备忘录”等具有明显政治色彩的名称，基本属于政治文件，具有软法性质而并不具有条约属性，也非法律文本规范，更无执行与实践的刚性要求。由于缺少权威性、强制性、明确性、稳定性和预期性，其调整的范围、强制执行力与合作的保证等方面都相对较小，同时对沿岸国家权利与义务的约定也不够明确，因而无法保障各国合作义务的实际履行。在这种情况下，参与国家具有较大的随意性，对当事国并没有法律拘束力，当事国不履行也不构成违法行为，更没有明确的禁止与惩罚性条款，造成有关航道安全保障合作协议签署后沿岸各方仍可各行其是。

一方面，航道安全保障国际合作现有机制的模糊性影响权利与义务的确定性。现有合作机制的软法性在一定程度上导致了机制的模糊性，而机制的模糊性又会影响到各国权利与义务的确定性。沿岸国家虽在维护航道安全方面具有共同愿景与目标，但目前并没有一个清楚、明晰的计划去实现，更缺乏采取联合行动的具体义务，因此在航道安全保障国际合作方面进展不大。① 如南海周边各国虽签署了《南海各方行为宣言》，但该宣言并没有明确合作各方在维护航道安全方面应履行的具体义务等要求。

另一方面，航道安全保障国际合作现有机制的软法性导致各国履约行为的非约束性。目前沿岸各方所形成的合作机制，特别是多边合作机制主要表现为国际软法机制，因此其对合作各方一般不具有法律强制约束力。如《亚洲地区反海盗及武装劫船合作协定》虽规定了各成员国应尽的义务与能享有的权利，但这些义务与权利并

① Alison Broinowski, *ASEAN into the 1990s*, London: Macmillan, 1990, p. 1.

不具有强制性，对各成员国是否应将协议中的有关义务国内化以及是否应监督其国内执法机构实施这些规定都没有约束性的机制，各成员国遵约与执行完全基于自身的政治意愿。再如以印尼、新加坡、马来西亚三国为主导的马六甲海峡和新加坡海峡合作机制，尽管该机制以部长会议联合声明的形式规定了沿岸三国对海峡享有基本主权权利，同时还规定了海峡使用国应承担的责任，但该机制并没有拟定保障海峡航道安全的具体措施以及海峡沿岸国应尽的义务，而且缺乏有效实施监督的保障措施。这种义务的软法性会导致成员国履约行为的非约束性，最终导致该合作机制在促进马六甲海峡航道安全保障方面作用十分有限。①

由此可见，沿岸国家有关航道安全保障国际合作机制光靠“宣言”“倡议”等是不够的，也不可能长期依赖沿岸各方的自律，更不可能任由一些国家围绕航道安全保障问题进行无休止的政治、经济、军事、管理等方面的博弈。有关实践证明，仅仅依靠建立在政治宣言、倡议等基础上的外交手段来处理航道安全保障国际合作问题是不稳定和不可预期的，唯有将该问题置于国际法的框架之下并借助法律强制手段加以解决，才能保障相关问题能够得到权威性、明确性与稳定性的解决并有望实现定纷止争。因此沿岸国家制定一个明确表达各方权利与义务以及具体的、可操作的、具有法律效力与约束力的国际法文件十分必要。

二、呈现不对称性

航道安全保障国际合作现有机制明显具有不对称性，具体来说主要表现在以下几方面。

---

① Robert Beckman, Singapore Strives to Enhance Safety, Security, and Environmental Protection in Its Port and in the Straits of Malacca and Singapore, *Ocean and Coastal Law Journal*, Vol. 14, No. 2, 2008, p. 167.

第一，机制建设与实践运作不对称性。一方面从机制建设来看，一些区域组织如东盟向来强调自身是航道安全保障国际合作机制建设方面的主导者而非遵从者，有关国家也历来尊重东盟有关组织在区域航道安全框架下的主导地位。但另一方面从实践运作来看，由于东盟及其成员国在开展航道安全保障国际合作行动时受自身海洋经济与科技发展水平等因素的限制，无法承担起相应的责任，而是由中国、日本等一些海洋大国扮演着有关合作基金以及其他航道安全保障能力主要提供者的角色。

第二，合作领域与合作区域不对称性。目前有关国家在相关单一领域或次区域航道安全保障合作中所积累的互信关系与有益经验并没有很好地有效“外溢”至航道安全保障的其他领域与区域。如近年来中国参与的马六甲海峡与新加坡海峡航标建设以及有毒有害物质应急反应能力建设都取得很大进展，但在海上搜救合作方面尚需大力推进，应就相关责任区划分达成搜救合作协议。又如自 2004 年中国和越南《关于两国在北部湾领海、专属经济区和大陆架的划界协定》生效以来，双方在北部湾积极开展了各种形式的航道安全保障合作，但两国在南海其他海域有关航道安全保障合作却很少，并没有太大进展。

第三，政府主导合作与民间合作不对称性。目前有关航道安全保障国际合作基本上是以政府有关部门合作为主，而缺少港航业与学术团体等其他多元主体的参与，对民间的有关需求应对不足。如近年来中资企业与印度洋沿岸有关国家合作建设了一些大型港口设施，这就迫切需要中国与这些国家的海事安全部门加强合作以提供保障支持，但因各种原因目前还难以如愿。

第四，执法合作主体与权力配置不对称性。目前沿岸国家负责航道安全保障的执法主体性质并不相同，如中国航道安全保障的执法主体是中国海事部门，越南则是海警，菲律宾为海岸警卫队。同时沿岸各国对航道安全保障执法主体的权力配置不同，中国海事部门隶属于交通运输部，属于民事行政执法；越南海警隶属于越南人民海军，菲律宾海岸警卫队则是继菲律宾武装部队、国家警察部队之后的第三支武装力量。上述问题会使沿岸国家在进行有关航道安全执法合作时存在执法主体之间对接不畅或执法形式协调困难等问题。

三、缺乏可操作性

国外有学者认为，对引导国家行为的国际协议的履行非常重要。[①] 由此可见，有关国际协议的实际履行与航道安全保障国际合作机制的有效性密切相关，但目前有关航道安全保障国际合作机制由于自身问题以及受其他因素的影响，缺乏可操作的实践性。

第一，合作机制自身缺陷与存在的问题严重影响实践效果。其一，目前有关航道安全保障合作协议多为框架性协调原则，条文简约，缺少配套机制，其内容更多体现为一种政治主张或构想，宣示色彩与务虚成分较多，具体实施方案偏少。而且某些规定只是重复一些业已存在的原则，并不是设计出一套具有可操作性的新规范去实现所设定的目标。同时某些规定用语含糊，带有不确定性，影响有关航道安全保障合作各方的权利与义务的确定性，因而欠缺可执行性。其二，某些机制由于参与者政治立场与法规规范的不同，会使有关航道安全保障合作的某些做法无法进行。如马六甲海峡海盗与海上恐怖主义较为猖獗，各国商船完全可配载自卫武器或选择专业的保安公司驻船护卫，享有比较宽松的过境通行权。但印尼、马来西亚、新加坡对该海峡均有领海要求，三国又都有严格且不同的规范商船携带武器通过领海的法律，这就极大影响了专门的安保公司派护商船的航行自由。[②] 其三，航道安全保障国际合作现有机制相

---

① David G. Victor, *The Implementation and Effectiveness of International Environmental Commitments: Theory and Practice*, Cambridge: MIT Press, 1998, p. v.

② Michael L. Mineau, Priates, Blackwater and Maritimes Security: The Rise of Private Navies in Response to Modern Piracy, *Journal of International Business and Law*, Vol. 9, No. 1, 2010, p. 77.

对于海事安全发展的实际需要存在一定的滞后性，在政策、法规与信息沟通等方面相对滞后。如目前中国与东盟所构建的海事安全磋商机制多为年度机制，在面临航道突发事件时无法提供及时有效的应急措施。其四，航道安全保障国际合作现有机制的公共产品属性难以保证其实效性。国际合作机制一般都具有公共产品属性，[①] 有关航道安全保障国际合作机制也同样具有这一属性，因此国家行为体对这种航道安全公共产品的消费具有非竞争性与非排他性。在这种情况下，国家作为理性个体在开展国际合作之前会进行有关利益权衡，可能基于成本与效益的考量而选择搭便车，也可能基于特别的国家利益考量而选择不合作，但即使不参加合作也可以享受有关机制带来的一定收益，这种状况会影响有关航道安全保障国际合作机制正常实施及其有效性发挥。

第二，航道安全保障国际合作现有机制缺乏有力的专门组织机构来确保有关机制得到较好实施。有关航道安全保障国际合作现有机制所设立的机构大都比较松散，功能较弱，难以应对有关航道安全保障形势发展的需要。而在大多数情况下，目前尚缺乏一个各国普遍公认的专门协调、沟通平台与机制，沿岸国家基本上都是“各算各的账”，同时又考虑到自身利益分属于不同区域或次区域组织，因此至今尚未建立起固定的专门对话机制或合作平台。如马六甲海峡沿岸的印尼、马来西亚与新加坡三国虽就巡逻问题建立了沟通与协调机制，但由于受到主权与海权等因素的掣肘而无法有效实行联合巡逻执法。对此学者杨仁飞进行了较为详尽的分析，明确指出一些媒体一直用联合巡逻（jiont patrol）这个词来表示马六甲海峡沿岸国在航道安全保障问题上的合作，其实这是一种误解，而其真正的涵义是一种松散型的协作巡逻（collaborative patrole），即沿岸三国各自负责自身所隶属的海域的一种协作方式。杨仁飞认为“joint

---

① Oran R. Young, *International Cooperation: Building Regimes for Natural Resources and the Enviroment*, New York: Cornell University Press, 1989, p. 21.

patrol”与“collaborative patrol”这两种合作模式与机制有着本质区别，因为联合巡逻是一种更高层次的国际合作，其所涉及的国家主权、联合巡逻舰队领导权、运作经费来源及舰队管理等问题都不易顺利解决，需费时才能达成合作协议。其一，从这一协作巡逻机制出台的时机来看，这是沿岸国为应对美国军事介入海峡企图所做出的一种较为匆忙的政治决定，因此在具体合作层面上考虑得相对简单，采取了一种避难就易，尊重各自主权、领土立场的权宜之计，因此政治意义大于实际意义。其二，沿岸国派军舰在各自的海峡地段内进行巡逻并没有从根本上改变或增强原有这三个国家在海峡巡逻力量的部署。其三，沿岸国对海峡安全因素的构成、成因及域外大国在海峡所起的作用看法不同：有的国家认为海峡主要威胁是海盗行为，而恐怖主义活动则被夸大了；有的国家认为当前海峡安全形势复杂、严峻，不能忽视恐怖主义活动危害。如“伊斯兰祈祷团”早有袭击海峡船舶计划，而海峡一旦发生恐怖袭击，经济损失会高达数千万甚至数十亿美元。而对于区域外大国介入海峡安全保障的问题，沿岸国的立场与态度也不尽相同，新加坡持积极态度，印尼与马来西亚则较为谨慎，尤其反对域外大国直接派兵参与、干预海峡安全保障事务。再加上近年来印尼、马来西亚民族主义情绪高涨，沿岸国在涉及主权、领土等问题上难以持一致立场，从而影响沿岸国协作关系。其四，沿岸国承诺多于行动，因此这种各自为政的协作方式在应对航道突发事件时无法发挥合力作用。① 这种认识上的分歧在短期内难以消除，从而影响海峡沿岸国在航道安全保障问题上的国际合作。再如为应对索马里海盗以及为人道主义援助提供便利，在联合国协调下有关国家在亚丁湾开展了护航行动，但这种“亡羊补牢”式的国际反海盗机制无法在航域内进行有机整合、形成完整的合作链，因为多国护航行为主要是基于维护本国海运安全，各国

---

① 杨仁飞：《从协作巡逻、联合巡逻之区别看马六甲海峡航道安全合作机制》，《东南亚纵横》2005 年第 7 期，第 53—54 页。

做出的实际联合行动很有限，难免会出现“各扫门前雪”现象。再加上国家间无法进行有效合作，海域划分与责任归属都不明确，无法避免互相推诿问题，而重复巡航又会造成资源浪费。而且各国海军之间有时还缺乏基本的协同意愿，甚至互不信任，如大国之间的互相提防便会在很大程度上影响到联合对海盗实施越境打击的成效。

第三，目前一些国家对有关航道安全保障国际合作机制构建的意愿与积极性并不高，导致有关机制实践性不强。其一，一些沿岸国家由于自身实力较弱，同时又拥有海岸线、海湾、海峡、岛屿、港口等重要资源，因此对有关航道安全保障国际合作机制构建持怀疑态度，担心这会成为某些海洋大国主导、可能改变现存地区海洋秩序与格局的一种部署，丧失其所拥有的既得海洋利益。其二，有关海洋权益争端会影响沿岸国家互信关系及对彼此在航道安全保障问题上的角色认知。如由于南海纠纷与摩擦时有发生，东盟一些国家对与中国开展航道安全保障合作持有相对复杂的心态，存在相当程度的敏感与防范心理。如 2011 年 6 月中国海事“海巡 31 轮”访问新加坡期间正值中越、中菲南海争端升温之际，某些不怀好意的国家指责这是中国在推行“炮舰外交”。[①] 其三，与中国关系较为密切的沿岸国家有的正遭受围堵（如伊朗），有的旁有强邻（如巴基斯坦），有的稳定性尚不明朗（如缅甸），导致真正有意愿、有能力长期坚定地与中国开展航道安全保障合作的国家并不多。其四，有些沿岸国家实行大国平衡战略，在航道安全保障问题上把美国等海洋大国视为“保护伞”。因此近年来它们出于迎合美国等国的战略需要，在与中国进行航道安全保障合作时尽量采取避免刺激这些国家利益的措施，并积极加强与美国等国在航道安全保障方面的合作，以吸引更多的域外大国介入地区航道安全治理来弥补自身能力不足，在大国间谨慎、巧妙地维持平衡以确保本国利益并使自身处于更加

---

① 吴建生：《“海巡 31”访新启示录》，《珠江水运》2011 年第 16 期，第 19 页。

有利的位置。但事实证明这种做法不但增加了相关航道不稳定因素，而且还给有关航道安全保障国际合作机制构建造成一定障碍。其五，有些国家与地区组织对与中国开展航道安全保障合作认知和政策存在一定分歧和差异，有时很难取得共识。有关航道所经过的国家众多，发展形态各异，经济水平差距较大，利益取向不同，导致有些国家参与构建航道安全保障国际合作机制意愿与动力都不足。如从中国与东南亚国家所属船舶在南海发生的海损事故来看，与中国具有实质联系的海难事故数是越南的 5.7 倍，是新加坡和泰国的 8 倍，是菲律宾、马来西亚、印尼和柬埔寨的 20 倍。[①] 在这种情况下，有些国家参与海上搜救国际合作的内在动力不足，从而影响相关机制的实践效果。

四、缺乏可持续性

目前航道安全保障国际合作机制受到有关因素影响与干扰，面临着不可持续的问题。

第一，由于航道安全保障国际合作没有强制有力的制度做保障，统一的长远协调规划难以实现，因而在实际操作中不得不进行分散安排，这容易出现碎片化倾向，同时还会造成各合作主体利益分配的无序性与资源浪费的现象，这是沿岸国家深化航道安全保障国际合作所面临的结构性障碍。

第二，目前航道安全保障国际合作机制构建主要依靠有关国家各自利益目标为导向自愿加入，缺乏权威性的争端解决机制以化解参与方的矛盾纠纷和提高合作机制的有效性。如南海岛礁争端的存在，再加上有些国家在安全方面对中国存在一些错误认知，使得这些国家一旦和中国在南海发生纠纷与摩擦，就会即刻转变对航

---

① 向力：《南海搜救机制的现实抉择——基于南海海难事故的实证分析》，《海南大学学报（人文社会科学版）》2014 年第 6 期，第 54—57 页。

道安全保障国际合作背景与结构的看法，从而造成有关合作项目拖延或取消，这样有关航道安全保障国际合作也就不易长期深入持久下去。

第三，现有航道安全保障国际合作机制主要依靠政府部门相关决策推动，受人为因素影响较大，如在海上应急联合搜救中有时搜救船需进入对方领海，但各国政府审批程序不同，对海上应急联合搜救的及时性与有效性都带来极大障碍。另外，沿岸国家经济发展水平差距较大，民族关系复杂，宗教信仰各不相同，人文风俗习惯迥异。如中东地区国家之间信任度很低，各国政府危机公关能力和行事效率参差不齐，难以协调有关航道跨国危机管理。[①] 特别是一些国家由于朝野争斗，政局动荡不安，导致有关内政与外交政策缺乏延续性，这就给航道安全保障国际合作涉及的沟通、协调等带来很多难题。而且随着有关航道安全保障国际合作项目的推进，未来势必会加大投资建设力度，而一些国家的动荡不安将会提升经济投入成本并降低合作效率，甚至是半途而废。

第四，域外大国因素的影响。目前东北亚地区、南海、马六甲海峡、中东地区等是大国利益的交织点，长期以来有关国家关系的发展都伴随着外部势力的干扰与破坏，同样有关航道安全保障国际合作的意愿也会受到区域外大国尤其是美国的牵制与影响。域外利益相关国家对有关航道安全保障问题予以关注本无可厚非，但其用心绝非仅限于此，明显夹杂着针对中国的战略私心和具有结构性排斥作用，对有关航道安全保障国际合作机制构建想方设法进行分化瓦解和挑拨离间。其一，美国持续推进"亚太再平衡"战略，积极打造"印太"战略，借所谓维护航行自由之名把军事触角伸向有关重要航道，不断强化其在航道周边的军力，通过展示海上实力来威慑中国。如2004年美国提出了专门针对马六甲海峡的"区域海事安

① 邵雪婷、荣正通：《21世纪海上丝绸之路中东海域的安全机制建设研究》，《中国海洋大学学报（社会科学版）》2015年第4期，第55—56页。

全倡议”，由于大多数东盟国家都抵制美国在该区域的军事存在，美国主导的该倡议当时没有实施，但其一直试图通过双边或多边合作加强在该区域军事存在，影响南海各方有关航道安全保障国际合作机制的独立发展。[①] 其二，美国希望加强规范建设，并借此构造或重塑制度化的地区航道安全合作框架，制约中国与沿岸国家有关航道安全保障合作的深化与拓展。其三，美国打着有关航道安全保障合作的幌子，积极向一些相关国家出售或援助海事装备，通过技术转移帮助与中国有海洋权益争端的国家提升海事行动能力，冀图通过这种功能性合作提高这些国家控制相关航道的能力，即通过提高航道安全保障集体协作能力与优势来制衡中国，[②] 而此举对沿岸相关国家投机与冒险是巨大刺激。其四，美国拉拢盟友及那些与中国有海洋权益争端的国家，通过加强海上防务合作，实施离岸战略与“以邻制华”策略，企图巩固其遏制中国的海上战略包围圈。美国与某些国家这种带有军事性质的合作实际上超越了航道安全保障国际合作的民事或行政执法的边界，稍有不慎就会使航道安全问题转化为政治与军事问题，从而严重影响有关航道安全保障国际合作机制的形成与发展。

第三节　航道安全保障国际合作机制构建障碍性

航道安全保障国际合作机制构建由于参与主体的复杂性、作用对象的多样性与合作地点的变动性等因素，特别是涉及沿岸国家政治、经济、军事、外交、法律等方面的敏感问题，加剧了现有合作

---

① William T. Tow, *Security Politics in the Asia – Pacific: A Regional – Global Nexus*, Cambridge: Cambridge University Press, 2009, p. 250.

② Scott Cheney – Peters, *US, Japan to Boost ASEAN Maritime Security*, April 30, 2014, http: //thediplomat. com/2014/04/us – japan – to – boost – asean – maritime – security/.

机制构建的难度，导致目前合作层次较低，合作程度不深，实践效果有限。对造成这些问题的相关因素进行深入分析与探究，从而找到问题症结所在，将更有利于航道安全保障国际合作长效机制进一步完善。

一、政治障碍

沿岸国家间政治互信是航道安全保障国际合作机制构建的一个非常重要的前提保障。航道安全保障国际合作机制构建会涉及各国领海主权及传统安全等敏感问题，因此地缘政治因素是无法绕开的话题。有些沿岸国家关系紧张，就使得有关航道安全保障国际合作机制构建缺乏互信、互助、互利的政治基础与环境，特别是在有争议和敏感海域以及政局动荡的地区更是面临很大困难并在短期内难以有效解决，这不利于深化沿岸国家有关航道安全保障全方位合作。

第一，从东北亚海域来看，东北亚是个地缘政治独特、冷战后遗症持续、大国关系纠结不断的地区。在这种情况下，东北亚各国关系较为复杂，尤其是受东北亚海域地缘政治的影响，特别是有关岛屿和海域划界争议会引起相互猜忌与怀疑，导致政治互信不足。如中日关系受历史与现实等多种因素的影响近年来出现较长时间的低谷，这便影响到双方在有争议及敏感海域开展有关航道安全保障合作。尽管目前东北亚有关国家都意识到要深入开展航道安全保障国际合作的重要性，但在实际操作中，考虑到政治与安全的敏感性而往往只能采取一些较为谨慎的行动。如在有争议与敏感海域开展联合搜救行动，即使能够实施，但与有关国家的协调却较为复杂，甚至会引发一些国家不安。

第二，就南海而言，有关岛屿归属与海域划界矛盾也影响着在有争议海域和划界不明的敏感海域进行航道安全保障国际合作，严重削弱有关国家合作意愿与效果。如 2005 年 2 月印尼与马来西亚为争夺安巴拉海上油田发生了激烈冲突，两国都派出军舰到现场，形成对峙局面。这种纷争的结果使两国再无精力顾及马六甲海峡航道安全，从而严重影响沿岸印尼、马来西亚与新加坡三国有关海峡巡逻合作机制的开展，造成航道安全保障漏洞百出并给海盗及其他犯罪分子以可乘之机。[①] 再如针对海上联合搜救问题，由于南海各国之间相互猜忌与怀疑，有些国家出于安全问题会顾虑重重，导致缺乏有效信息交流与共享以及资源与行动的协调。特别是一些小国担心会成为大国的附庸，再加上经济发展水平相对滞后，参与搜救会增加国家财政支出，因此对有关联合搜救缺乏基本的意愿与动力，难以真正落到实处。对此有学者指出：南海周边国家之间争议水域较多，搜救服务区范围不明确，缺少明确的搜救合作协议（机制），导致搜救程序和搜救水域的进入和设备使用可能存在障碍，影响搜救效率与质量。[②] 特别是险情界限不清时处理起来难度较大也较复杂，很难得到有关国家有力支持与配合，需要经过很多部门及繁琐的中间渠道进行联系，导致信息沟通不畅和协调配合不力等问题，从而给海上联合搜救造成巨大阻碍，严重制约搜救及时性。而且即使能够勉强进行联合搜救，但船员被救至有争议的国家后处理更是极为复杂，甚至成了一些国家讹诈的手段，百般刁难，从而背离了联合搜救的初衷，这种状况反映了南海周边国家对于邻国充满根深蒂固的猜疑。因此在海上联合搜救问题上，沿岸国家应增进信任，放下戒备和隔阂，不应有利益掣肘与价值观上的禁忌，打破政治束缚和意识形态偏见。特别是如何在搁置争议的前提下建立起完善的沿岸国家间应急合作的协调机制，做到统一行动、分工明确与优势互补，这是对在有争议海域发生事故进行联合搜救的必要保证。

第三，从中美关系来看，主要以海上搜救为例，具体影响主要体现在以下几点：其一，由于缺乏政治互信，目前中美搜救合作仅

---

① 杨仁飞：《从协作巡逻、联合巡逻之区别看马六甲海峡航道安全合作机制》，《东南亚纵横》2005 年第 7 期，第 54 页。

② 刘萧：《MH370 海上搜救启示》，《中国船检》2014 年第 4 期，第 68—69 页。

限于海上联合演习，而且在联合演习时美国还会对中国舰艇实行严格防范。如在 2014 年“环太平洋”军演中两国舰艇虽进行了有关搜救科目联演，但美国五角大楼发言人却直言，美军将在联合演习中采取防范措施以避免向中方泄露敏感信息。① 其二，难以在敏感海域开展联合搜救。近年来中国出于为南海航行提供公共安全产品与服务的考虑，在南沙部分驻守岛礁建设了一些民用设施，以便更好履行中方在海上搜救、防灾减灾等方面所承担的国际责任与义务，但美国军方和一些政客却对此进行无端指责并明确表示拒绝使用岛上搜救设施。如 2014 年 7 月中国海军司令在同美国海军作战部长会晤时强调就扩大两国海军交流与合作开展对话，中方还特别呼吁在灾难援救方面要加强合作。② 2015 年 4 月中国海军司令还主动邀请美方今后在条件成熟时可使用中国在南海建设完成的岛礁设施，并表示愿为美国和其他国家在南海开展人道搜救等提供便利，但美方却拒绝了这一提议。③ 其三，对第三方进行联合搜救会受到影响。如 2014 年马航 MH370 事件发生后，中美两国虽都派出了各种力量在南海、马六甲海峡和南印度洋进行了大范围的搜寻，但在整个过程中双方的搜救力量基本上都是各自分头行动，并没有真正开展过实质有效合作。后来搜救范围扩展到印度洋后，美国海军第七舰队发言人更是坦承双方搜救行动缺乏协调。④

---

① 白光炜、闫伟峰：《展示负责任大国形象：中国海军首次参加环太平洋联合军演》，《两岸关系》2014 年第 9 期，第 10 页。

② Peter Roell, South China Sea – Current Issues and Recent Developments in Maritime Security, *Issue*, No. 294, 2014, p. 4.

③ Ben Blanchard, *China Says U. S. Welcome to Use Civilian Facilities in South China Sea*, http://news. yahoo. com/china – says – u – welcome – civilian – facilities – south – china – 020237258. html.

④ *Missing Airplane Flew On for Hours*, http://language. chinadaily. com. cn/news/2014 – 03/13/content_17344914. htm.

二、法规障碍

“缺少必要的法规可能导致的后果就是不合作、不当行为和浪费。”① 尽管目前有关航道安全保障国际合作机制构建有一定的法理依据，但总体来看数量较少，而且由于有关法规自身的缺陷及其沿岸国家在理解和运用这些法规过程中存在的问题，会造成航道安全保障国际合作机制构建面临一定的法律困境。

第一，有关公约内容缺乏或不完整导致在一些重要问题上缺位，特别是在某些敏感领域存在空白与局限性。如《1979 年国际海上搜寻救助公约》确立了搜救区制度，但公约并未对如何划分搜救区做出相应规定，而交由各缔约国通过签订协议来完成。如果沿岸国家无此协议，那么在进行应急联合行动时如何划分搜救区，特别是在争议区和没有明确划界的敏感海域如何进行搜救合作等会面临诸多难题：如果沿岸国家各自进行搜救行动，难免会出现重叠与漏搜区域的可能；而如果进行联合搜救，则需向有关沿岸国家通报并获得批准才能穿越和进入对方搜救责任区，程序复杂、交涉繁琐，从而会直接影响搜救行动的效率与效果。

第二，有关国际公约某些规定存在缺陷。其一，某些规定并未就航道安全保障国际合作机制做出明确、具体与专门安排，内容缺乏专业性、针对性与可操作性。如《公约》中对有关航道安全保障合作的规定表述极为简单，仅概括性地要求特定当事国要履行防范与打击海盗、开展海难搜救与船舶溢油防治、海事调查等合作义务，并未在规范上给予当事国在协调方面的可操作性指引。其二，有些条款存在多重解释、争议甚至误解，导致同一目标不同国家间认知

① International Federation of Red Cross and Red Crescent Societies, *Law and Legal Issues in International Disaster Response: A Desk Study*, http://www.Ifrc.org/idrI.

与理解及其实践存在差异化，分歧较大。有些国家往往只从自身立场与利益出发随意解释并使用有关规范并行使管辖权，这样会在复杂地缘政治与现实外交中成为新争端的爆发点，难以形成一个有效的跨国合作体制来保障航道安全，甚至沦为海洋大国维护自身霸权的工具，在执行某些规则时采用双重标准，使其他国家处于被动的规则接受者的地位。如在港口国监督问题上，虽然东盟大多数国家加入了《东京备忘录》，对港口国监督有了统一方向，但每个国家对《东京备忘录》相关规定却存在不同理解，从而导致东盟各国之间港口国监督标准并不一样，这样同一条船在有的港口会被滞留，而在其他港口则不会被滞留。又如 2011 年 11 月国际海事组织通过的第 A. 1044（27）号决议规定海员是否携带武器予以自卫应交由船旗国决定。对此，有的国家不提倡也不禁止，有的国家规定船舶携带武器时须获得特许证，这种有关规定的不统一会造成很大困惑与麻烦。其三，有关规定在一些海域并不适用。如《公约》所规定的无害通过制度就不适合海上跨国搜救的情况。当一国搜救力量需进入或通过另一国领海或具有专属管辖权的海域开展搜救时，面临的一个重要问题就是能否被准许进入或通过。而目前《公约》所规定的无害通过制有一些限制性条件，如不得在船上起落或接载飞机，不得从事与通过没有直接关系的活动等，这些限制无法适用于搜救舰机进入或通过其他国家的管辖海域。再加上沿岸有关国家存在海域争端，更使此种进入或通过的准许面临更多困难。在这种情况下，有关国家对搜救船是否享有无害通过权尚无定论、存在严重分歧，普遍认为海上搜救为政府行为，他国搜救力量进入一国领海会侵害国家主权，这与为国际商业贸易而设立的无害通过制的初衷相违背，因此无害通过权不能成立。特别是很多国家反对军舰在领海享有无害通过权，对外国军舰驶入本国领海做出一些限制性规定，主张外国军舰需事先取得本国许可才能通过其领海。因为军舰在搜救过程中，即使是进行信息搜寻与探测都有可能侵害他国所管辖海域的安全，这可能会增加国家秘密信息泄露的风险。在救助人命与领海安全两相权衡的情况下，如何寻求各国都能接受的方式，允许外国搜救力量的及时进入需要进一步探讨。其四，有关规定缺乏强制约束力。某些规定属于建议与倡导措施，而不是强制义务，并没有针对违反规定的法律责任，特别是一些政治声明本身没有法律约束力，主要依靠缔约方自愿原则，导致执行效果有限。如《公约》要求各缔约国在海上搜救服务方面可通过相互的区域安排与邻国合作，但该条规定属于建议举措，此种合作能否达成取决于各国的合作意愿与基础。其五，有关国际条约之间缺乏协调，存在重叠，会严重削弱其适用性。如国际海底管理局、国际海洋法法庭海洋环境争端分庭、国际海事组织有关海域环境管理的规定明显重叠；而以控制海洋污染为目标的《公约》关于海洋环保与保全部分、《防止倾倒废弃物及其他物质污染海洋公约》以及《国际防止船舶造成污染公约》等相关规定和措施也都缺乏协调，特别是跨领域、跨部门、跨国界管理的协调更为困难。其六，有些规定存在矛盾与冲突，加大了合作机制构建的难度。如《1979 年国际海上搜寻救助公约》强调成员国应向海上遇险人员提供值守、搜救等方面安排，但这种安排不应损害《公约》有关领海主权规定以及各国在海洋法及沿海国、船旗国管辖权的形式和范围内提出的主张和法律意见。[①] 在这种情况下，保证沿岸国领海和信息安全与保证海上遇险人员安全出现冲突时法律边际如何确定？因为按照目前这种规定，一国即使为了救助海上人命也无法突破一国的领海主权。由此可见，这种权利与义务的模糊会影响到海上搜救合作的实际操作，需要进一步明确相互提供援助与便利的细则。其七，有关规定不合理。如《公约》规定对海盗行使紧追权的条件是紧追必须在一国内水或领海开始，在一定情况下在毗连区与专属经济区也可以开始紧追，到他国管辖

① *International Convention on Maritime Search and Rescue*, Adoption: 27 April 1979; Entry into force: 22 June 1985, http://www.imo.org/en/About/Conventions/ListOfConventions/Pages/International-Convention-on-Maritime-Search-and-Rescue-(SAR).aspx.

的海域终止。[①] 但这种限制已成为目前沿岸国家合作打击海盗的一个法律障碍，因为海盗会经常在海上边界附近发动突袭，然后迅速逃回边境内。[②] 又如海上联合搜救对设备、技术及人员专业能力要求都极高，如果主导国的经济、科技、军事能力不足便会降低搜救效率。而《1979 年国际海上搜寻救助公约》主要是为了明确责任、规避纠纷，因此按照属地原则来设立主导国，也就是说任何国家的船舶或航空器在有关国家区域内运行的话，都由沿岸国或船旗国对其负责并对海上搜救行动做出安排。同时各有关国家应就海上搜救行动进行协调，建立海上搜救合作机制。由此可见，在海上联合搜救行动中搜救责任并不是根据搜救能力来划分的，这样会使一些整体实力较差、组织协调能力欠佳和经验不足的国家成为海上搜救行动的主导国，而这些国家在经济实力、经费支持、人员配备、技术装备以及专业程度上都无法胜任主导国的工作，那么依靠其对其他协助国家发布指令和调配国际搜救力量会存在实操困难，不利于整体协调，导致各自为政混乱情况的出现，这会造成搜救遗漏或无谓重复，行动进展缓慢、效率低下，从而耽误搜救时间。其八，有关规定执行困难。如海上联合搜救面临报酬确定困难，特别是环境联合救助获得补偿困难。因为传统的海难救助遵循“无效果—无报酬”原则，而救助效果带有很大的不确定性。因此救助报酬的确定在法律与事实上都非常困难，也最容易产生争议和纠纷。而《1989 年国际救助公约》创设的特别补偿机制虽可有效鼓励救助人在联合救助作业中尽力减少环境损害，[③] 但其在实践中也面临许多问题：（1）环境损

---

① *United Nations Convention On the Law of the Sea*, http://www.un.org/Depts/los/convention_agreements/texts/unclos/closindx.htm.

② Michael Bahar, Attaining Optimal Deterrence at Sea: A Legal and Strategic Theory for Naval Anti - Piracy Operations, *Vanderbilt Journal of Transnational Law*, Vol. 40, 2007, pp. 71 - 72.

③ *International Convention on Salvage*, Adoption: 28 April 1989; Entry into force: 14 July 1996, http://www.imo.org/en/About/Conventions/ListOfConventions/Pages/International - Convention - on - Salvage.aspx.

害威胁难以确定；（2）特别补偿金额核算困难；（3）特别补偿缺乏保障。[①]

第三，有关国家加入的公约不同。沿岸国家由于各自考量不同，其所加入的有关航道安全保障的国际公约并不相同。如目前东南亚国家中只有文莱、缅甸、菲律宾、新加坡、越南 5 个国家加入了《1988 年制止危及海上航行安全非法行为公约》，而马六甲海峡的两个重要国家印尼与马来西亚均不是该公约成员国，从而影响海峡沿岸国防范与打击海上恐怖主义合作。另外，印尼与马来西亚迄今都还没有签署《亚洲地区反海盗及武装劫船合作协定》，从而在一定程度上影响到该合作机制的有效性。再从沿岸国家加入的有关海上搜救公约来看，由于各国历史背景、国家政策、经济发展、搜救技术、利益诉求不一以及海洋权益争端等因素的存在，各国加入的有关国际搜救的公约不太一样，导致各搜救方在具体合作程序中的权利与义务不一致甚至是混乱，从而阻碍国家间搜救合作发展。如泰国、菲律宾没有参加《1974 年国际海上人命安全公约》1978 年议定书；朝鲜、泰国、缅甸、文莱、印尼、菲律宾、柬埔寨和马来西亚等国没有加入《1979 年国际海上搜寻救助公约》；日本、韩国、朝鲜、泰国、菲律宾、柬埔寨和马来西亚等国没有加入《1989 年国际救助公约》。在这种情况下，各国在海上搜救方面所享受的权利和应尽的义务并不对等，行动依据与工作方法各异，存在很大差异性，这在一定程度上会限制公约作用的发挥，从而影响海上搜救国际合作程度的加深，不可避免会陷入各自为政的程序模式，容易造成搜救信息传递滞后、搜救力量派遣不及时等混乱局面，不利于国家间积极配合及海上联合搜救行动的开展。如南海周边国家加入《1979 年国际海上搜寻救助公约》的较少，所以在 2014 年马航 MH370 事件搜救合作实践中很多程序化的规定并没有被执行。又如该公约确立了

---

① 吴煦主编：《救捞政策与法规》，大连海事大学出版社 2012 年版，第 122—123 页。

海上搜救信息披露机制，但由于南海许多国家并不是该公约的缔约方，因此参与海上联合搜救的国家需要与那些未加入公约的国家建立专门的信息分享渠道，从而增加合作成本。

三、资金障碍

资金是航道安全保障国际合作机制构建及有效实施的基础。有关航道安全保障国际合作机制构建会受到经济发展水平的限制，如沿岸大多数国家是发展中国家，由于经济水平与海运能力存在巨大差异，港口国监督起步较晚，使得有关港口国监督标准和要求以及监督人员经验和水平参差不一。在这种情况下，港口国监督合作困难重重，目前基本上是“各行其政、缺乏合作”。[①] 又如目前马六甲海峡是免费通行，但该海峡自然条件较为特殊，在维护航道安全时需要一些与之相适应的装备、技术与管理，这就要求应有大量、充足的财政支持。另外，海峡使用国对沿岸国保证航道安全也有着较高的期望，要求其应昼夜进行海事安保巡逻，以防止海盗和海上恐怖袭击以及海损事故发生，这对海峡沿岸国印尼、马来西亚与新加坡来说是一个巨大的经济负担。而且随着海运量的急剧增长以及海盗和海上恐怖威胁的增大，维护航道安全畅通的成本还会持续增加。在这种情况下，维护航道安全仅靠沿岸国的力量具有一定的局限性。因此近年来海峡沿岸国多次提议“负担分摊”，要求海峡使用国共同承担维护航道安全所需的费用，即拟通过收取船舶通行费的方法来筹集资金。[②] 苏伊士运河也面临着同样问题，近年来苏伊士运河管理局多次上调了运河通行费，这一方面会在一定程度上直接增加运输成本，另一方面将影响和改变世界海运格局，有些海运公司可能会

① 张虎：《南海区域港口国监督合作机制探析》，《海南大学学报（人文社会科学版）》2014 年第 6 期，第 59 页。

② Begi Hersutanto, Securing Malacca Strait, *The Indonesian Quarterly*, Vol. 34, No. 3, 2006, pp. 199 – 200.

望而却步，出于节省运输成本的考虑，有可能改走其他航道。这种情况会影响有关运河使用国与运河管理局合作的意愿及动力，进而影响到运河航道的安全保障。

特别是海上联合搜救更是需要有关国家及海运公司巨大的资金支持，依照国际惯例，目前各国参与海上人命搜救的经费都由参与国政府来支付，其他类型的搜救遵循“无效果—无报酬”原则。而海上联合搜救属于“烧钱”行为，是极其耗费财力的工作。一方面，由于海损事故发生时，有关国家的专业救助力量一般距离现场较远，因此协调过往商船参与搜救便成为国际通行做法。如 2014 年 3 月 8 日马航 MH370 事件发生后，中国海上搜救中心迅速协调了中远集团所属的“泰顺海号”货轮最早抵达指定的疑似海域开始搜寻工作。到 3 月 30 日中国海上搜救中心就已协调了包括中国远洋、中海集团、中外运长航等公司的 61 艘过往商船，对印尼及澳大利亚以西海域累计搜寻 146409 平方千米。如 3 月 21 日正前往巴西装载铁矿石的“中海韶华号”轮船接到通知，要求其临时改变航向，参与南印度洋搜寻任务。该轮绕行首先关系到货物延期以及装卸等合同的损失，同时由于载重吨数大（30 万吨），全速航行每天需要消耗燃油费用高达 5.4 万美元，再加上所消耗的淡水、食物、人工等费用相当可观。① 但中国在商船与渔船等参与海上联合搜救的补偿和奖励机制上还略显不足，通常是补偿与奖励少量资金，根本无法弥补海运公司所遭受的损失，容易挫伤其参与联合搜救的积极性。

另一方面，有些国家难以负担参与海上联合搜救的巨大花费。如 2014 年马航 MH370 班机失联最初一个月里，各国参与海上联合搜救的开销就高达 5330 万美元，打破了费时两年寻获的法航 AF447 失事飞机搜寻费用 5000 万美元的纪录。② 一年后进入了商业化深海

---

① 张天赦：《中国商船：不惜一切代价完成搜寻任务》，《中国水运报》2014 年 3 月 31 日。

② 田薇帷：《MH370 客机失联最艰难搜救，最昂贵理赔》，《中国金融家》2014 年第 4 期，第 110 页。

搜寻与打捞阶段，主要负责此项工作的澳大利亚每天花费就高达百万澳元。按照国际惯例，目前人命搜救费用主要由各国政府独立承担；如果需要打捞残骸，花费则由保险公司承担。这笔巨额费用对于参与搜救的国家来说是一个不小负担，特别是那些发展中国家由于经济实力不够雄厚，国家力量保障不够坚实，会面临更大的资金压力。如在马航 MH370 事件中越南是最先投入搜寻行动的国家之一，从 2014 年 3 月 8 日开始搜寻到 15 日宣布停止搜寻共花费 5000 万元人民币，这种投入对于越南这种发展中国家来说压力较大。[①] 而如果一些国家资金保障不到位，必然会导致海上联合搜救行动整体效果的削弱。

四、军事障碍

有关航道安全保障国际合作不仅是决心与意志的考验，而且是实力与军力的展现，合作的背后往往隐藏着军事实力显示的动机。如在 2014 年马航 MH370 事件中，各国都充分利用这个机会在南海展示军事实力。当时澳大利亚负责搜救的飞机属于皇家空军；美国参与搜救的舰船隶属第七舰队；日本、韩国虽无本国公民乘坐该航班，疑似失联海域也不在其责任区内，但都不顾路途遥远先后派出军事力量参与搜救。这样做既可在国际政治博弈中取得道义制高点，又展示了自身在南海的军事存在，以便在南海事务中获得更多发言权。由此可见，如此多的国家在第一时间参与搜寻行动从侧面表明这些国家在必要时有能力对南海区域展开实际的军事行动，这种地缘政治竞争式救援是有关国家特别是大国“离岸制衡”与“选择性干预”战略的具体表现。但军队进入他国领海和专属经济区是非常敏感的话题，从而令有关航道安全保障国际合作变得十分复杂。

---

① 谭理：《从马航事件看阻碍东亚一体化的因素》，《湘潮》2014 年第 4 期，第 77 页。

第一，目前有关军队进入他国参与航道安全保障行动的法律地位尚不明确，缺少普遍适用性的法律依据，许多沿岸国家目前还没有军队参与航道安全保障国际合作的法律框架，只能由有关国家协商解决，这具有临时性与不完备性。在这种情况下，军队参与有关航道安全保障国际合作困难重重。

第二，如果动用军舰和飞机参与有关航道安全保障国际合作行动，有时会要求受援国提供海况资料与雷达数据，这会危及国家主权与安全。虽然新时期海空军力量在有关航道安全保障中所发挥的作用愈加明显，但由于军队的特殊性与敏感性，有关国家出于对主权、安全以及国民复杂情感等因素的考量，使得各国在动用海空军力量参与有关航道安全保障国际合作时仍较为谨慎，特别是进入其他国家管辖海域会受到更多限制。如 2014 年 4 月代号为“海上合作—2014”多国联合演习在青岛附近海域举行，此次联合演习以海上搜救为主题，为此中国邀请了印尼、马来西亚、新加坡、文莱、印度、巴基斯坦、孟加拉国等国家的军舰参加了此次演习，但没有邀请日本海上自卫队舰艇来参演。对此中国海军发言人解释说，由于近年来日本一系列错误做法严重伤害与影响了中国人民感情及中日关系，在这种情况下不适合邀请日本海上自卫队舰艇来华参加中国海军成立日活动。①

第三，具有强大侦察能力的军事舰机进入别国领海或专属经济区会面临涉及他国军事机密的问题。如在海上联合搜救行动中，出于维护国家安全考虑，曾有过军队与各国搜救机构之间的船舶、飞机无法直接通信的尴尬，一度给海上联合搜救工作带来困扰。如在 2014 年马航 MH370 事件联合搜救中，由于有关信息较为敏感，限制了信息共享与整合，存在某些信息可能涉及军事机密而被故意隐藏以及信息不透明与模糊化处理所导致搜救地点误判等问题。

---

① 吴登峰、王经国：《多国海上联合演习近日将在青岛举行》，《新华每日电讯》2014 年 4 月 21 日。

第五章　航道安全保障国际合作长效机制体系、功能和特点

针对目前有关航道安全保障国际合作现有机制存在的问题及其障碍，应全面加快航道安全保障国际合作长效机制的构建。航道安全保障国际合作长效机制是一个完整的体系，具有十分重要的功能，呈现鲜明的特点。

第一节　航道安全保障国际合作长效机制体系构成

航道安全保障国际合作长效机制是一个完整的体系，只有明确体系构成，才能织成一张完整严密的航道安全保障系统网络。

一、航道安全保障规划与管理国际合作机制

规划先行，做好顶层设计。有关航道安全保障国际合作长效机制构建，首先要制定航道安全保障国际合作规划，并以此为指导加强与完善沿岸国家有关航道安全保障管理，为航道安全保障提供组织基础与平台。

一是，从航道安全保障国际合作规划来看，由于航道安全保障涉及范围较大、流动分散、随机影响因素众多、牵涉环节复杂，而且政治、军事、自然等因素有时并不可控，在这种情况下，沿岸国家为了合理利用有关航道安全保障的内外部资源，有条不紊地促进

海运贸易能够协调、顺利、高效地进行，必须制定有关航道安全保障国际合作相关规划，在对航道安全潜在与现实威胁评估的基础上，对未来航道安全保障及其国际合作机制做出预先安排，让沿岸国家有关主管部门清楚什么时候需要合作做什么事情，需要共同配置什么安全资源，具有什么安全保障合作收益，达到什么安全保障合作目标，使船舶能够有序航行。实际上，一个好的航道安全保障国际合作规划能够充分发挥沿岸国家的积极作用，利用好沿岸国家各种安全资源，促进有关航道高效利用，保证海运任务圆满完成并获得经济效益。而如果没有明确的合作规划或者规划不周，会使有关航道安全保障资源得不到充分利用，难以抵御航道各种安全风险。

由于航道安全保障国际合作规划涉及内容较多，需要沿岸国家分层级、分部门、分类别来制定并注意相互之间衔接与配合。同时有关航道安全保障国际合作整体规划较为宏观并具有战略性，在充分发挥沿岸国家各层级与各部门作用的同时，还要对有关国家航道安全保障国际合作资源进行重点安排与调配，科学合理制定有关航道安全保障国际合作的总体目标、具体内容与操作路径。

沿岸国家有关航道安全保障国际合作规划具有重要作用：其一，它是沿岸国家开展航道安全保障国际合作的依据，科学指导沿岸国家船舶安全航行与在港作业，维持海运均衡并有节奏地进行，保证正常的海运秩序。其二，它使沿岸航道安全保障国际合作少走弯路，减少有关国家因缺乏准备而临时协商与决策带来的仓促与损失。其三，它会使沿岸国家便于及时应对航道安全保障有关情况的突然变化及其所带来的差异，降低安全风险。其四，它是沿岸国家进行航道安全保障国际合作效果考察的基本参照。总之，有关航道安全保障国际合作规划做得好，可充分发挥沿岸国家各方面的能力与积极性，使得航道安全保障资源能得到充分利用，避免浪费，促进海运贸易得以顺畅、稳定与协调发展。

有关航道安全保障国际合作规划制定的依据主要包括两方面：一方面是航道安全保障国际合作的外部资源，包括沿岸国家的政治环境、经济状况、军事实力等以及相互之间的国际关系；另一方面是内部资源，包括沿岸国家主管部门与港航企业等安全保障能力、安全管理水平、安全需求与发展目标等。因此在制定航道安全保障国际合作规划时，要对外部与内部资源进行充分、详细调查分析与评估，既要了解全局态势，又要掌握具体情况，而不能主观臆断。在此基础上，应以解决国际航道安全威胁主要问题为导向，以沿岸国家有关航道安全保障合作政策为指导，注意政策性与技术性相结合，优先保障有关航道所经过重点海域与重点问题的安全需求，深刻理解有关航道安全保障国际合作整体发展意图与目标。

有关航道安全保障国际合作规划可根据时间长短分为长期规划、中期规划与近期规划三种：第一种，长期规划，一般是指 5—10 年规划，甚至是更长时期有关航道安全保障国际合作的总体规划，从宏观层面规定有关航道安全保障国际合作发展目标以及为了达到这一目标所要采取的基本措施。第二种，中期规划，一般是指 3—5 年发展规划，为实现长远规划目标而制定必须达到的阶段性目标及应采取的主要措施。第三种，近期规划，主要是指计划期较短的规划，如年度合作规划等。由于合作规划时间较短，能够做到规划内容具体、目标明确，具有操作性强的特点。

由于近期规划具有较好的可实施性，而长期规划对航道安全保障国际合作具有宏观指导意义，但同时又具有不确定性，因此为了使已经制定的国际合作规划具有较好的可操作性，同时又能对有关航道安全保障国际合作机制构建形成连续指导，在制定中、长期规划时应采用滚动式规划的思想，即若干个连续国际合作规划的制定并不是在每个规划期末或结束后再制定下一期规划，而是在已制定的国际合作规划执行到某个中间阶段时就又制定从这一时刻开始的、给定期限的新的合作规划。这样便结合了近期规划措施实施性好、长期规划目标指导性强的优点，使合作规划能够随着时间的推移，根据原先的预测情况与后来实际变化进行比较，随时调整、修改原定规划。这样，合作规划与航道安全保障现实总是保持吻合状况，使合作规划目标与任务能够连贯安排与完成。

有关航道安全保障国际合作规划涉及的另一个重要问题是规划的执行与调整。由于国际关系总是不断发展变化，合作规划有可能会超出原来的基本预测，因此在制定国际合作规划时要留有余地，而且在国际合作规划执行的过程中要及时发现与处理临时突发的变动情况，为此沿岸国家应不断协商，主动调整原来国际合作规划并提出一些临时应对措施以适应新的航道安全环境的变化。只有这样，才能避免国际合作规划的僵化并利用一切有利的机遇增加规划之外的安全收益，化解不利变化，减小因变化而带来的振荡与损失，使航道安全保障国际合作始终处于可控状态并创造出最大的安全发展空间。在此基础上，为了提高规划的科学水平，每个国际合作规划期完成后还应及时总结、评估当期国际合作规划的执行情况，以利于以后更好地制定国际合作规划。

二是，从航道安全保障国际合作管理来看，沿岸国家应逐步健全相关国际合作的组织领导，既要注重有关合作机构建设，确定沿岸国家参与航道安全保障国际合作的管理与协调机构；同时又要注意合作管理手段的改进，建立沿岸国家航道安全保障管理机构常态化交流机制，优化管理国际合作程序与流程。

第一，有关沿岸国家应建立统一的联合指挥协调机构。由于沿岸国家有关航道安全保障各主体的利益和组织目标具有差异性，彼此之间的相互理解与尊重是实现合作的前提，其协调与配合程度是航道安全保障关键所在，这就需要建立一个统一的指挥协调机构来主导，明确航道安全保障国际合作各参与方的角色、地位和职责。为此，沿岸有关国家应通过友好磋商，在达成广泛共识的基础上，通过民主程序共同构建航道安全保障国际协调的组织机制，为加强航道安全保障国际合作提供平台，为联合行动提供支撑，共同提高航道安全保障国际协同的管理水平。其一，设立沿岸国家航道安全保障国际合作管理委员会或协调中心，或采取联席会议和工作例会的方式对有关沟通协调问题进行统一部署，制订联合行动计划，促进沿岸国家航道安全保障力量合作与交流，就重大航道安全保障国际合作规划特别是对有关跨境安全保障问题进行协商并提出解决方案，避免出现扯皮现象。在沿岸国家航道安全保障国际合作管理委员会之下有关国家可协商设立一个专门办公室作为常设机构，具体承办有关合作的日常管理，如制定合作流程、开展合作项目实施、进行信息交流共享等，并统筹协调沿岸国家在航道安全保障国际合作中的立场，避免由于多头管理与中间环节过多而造成信息交流不畅等问题。其二，设立沿岸国家航道安全保障国际合作顾问专家组或技术咨询机构，由沿岸国家的海事、海运、搜救、消防、防污染以及通信和医疗保障等方面专家组成，充分利用先进网络技术、信息处理技术等为航道安全保障国际合作的远程指挥、科学决策、行动效果评估等提供智力支持。其三，设立一个沿岸国家有关航道安全保障应急合作秘书处，使其成为落实航道安全应急联合保障的基础与平台，负责统一接收各国应急请求和重特大应急联合行动，减少一事一议的繁琐程序。同时在该应急合作秘书处下还应临时设立一个应急联合指挥中心，统一负责有关航道安全保障重特大应急联合行动的具体工作，并根据实际需要以及职能和分工不同，建立专业的专家小组、救援小组、医疗小组与后勤小组，统一指挥，各司其职，从而构成科学合理、分工明确的国际合作工作网。

上述这些管理机构建立起来后，在面对国际航道重特大险情时不仅能够选择合适的安全保障资源，而且能够确保有关组织机构做出快速反应，避免各自为政造成安全资源与时间浪费等问题，从而有效解决航道安全保障联合行动的需求与沿岸国家有关机构相互分割现实之间的矛盾。

第二，沿岸国家应不断完善自身有关航道安全保障管理体制，为开展国际合作创造有利条件、扫清障碍。如针对 2011 年日本地震引发的海啸和 2014 年韩国“岁月号”客轮沉没暴露出的安全问题，日本、韩国等国需对其海上应急管理体制启动问题进行改革以适应国际合作的开展。韩国“岁月号”客轮惨剧发生后政府承诺整改，将每年的4月16日设为“国民安全日”，新设国家安全处等。另外，南海以及印度洋沿岸发展中国家也应不断提高应急管理水平。只有沿岸国家不断改进自身应急管理程序和流程，才能更好地开展航道安全保障国际合作。

第三，沿岸国家应重视有关国际组织和其他非政府组织在航道安全保障国际合作中的作用，加强对社会力量和志愿者参与航道安全保障国际合作的管理，充分调动一切有利资源促进航道安全保障国际合作顺利进行。

二、航道安全保障信息交流与共享国际合作机制

在有关航道安全保障国际合作中，信息交流与共享非常重要，这会直接关系到海员、船舶、货物、海洋环境等方面的安全。特别是遇险报警通信应能迅速向有关国家提供信息，使相关部门能够及时调遣相应安全资源前往提供帮助并能随时保持同遇险人员联系。但目前沿岸国家在有关航道水文、地理、海况以及船舶、港口国监督等方面资料与信息合作还较少，特别是有关航道安全保障各部门信息系统之间不能互联互通，存在各自为战与碎片化倾向，信息孤岛使得航道安全保障国际合作长效机制构建的信息服务与支持能力较弱并相应增加了协调与沟通的成本。为此，沿岸国家应加大有关航道安全保障国际合作力度，建立信息共享平台，完善信息传递、公开和反馈机制，确保有关信息沟通顺畅并实现共享。另外，沿岸国家航道安全保障信息合作可先从双边与多边以及分段等区域性合作开始，再逐步实现所有沿岸国家信息互通、交流与共享。

第一，加强通信基础设施建设。漫长的国际航道注定了有关通信联系必然是跨国通信，因此沿岸国家通信协作对于成功完成航道安全保障任务越来越重要。随着远距离通信、卫星通信、自动数据报警、数据库解码等技术的问世，传统通信方法低效、昂贵的缺陷日益凸显，而且还易出现盲区与重复覆盖区，无法提供足够的兼容

和数据库为航道安全保障国际合作提供有关服务。如目前船舶按照《1974年国际海上人命安全公约》的要求所必须配备的设备可能会受到海岸电台数字选择性呼叫可用能力、航行警告电传发射机的影响，若某个国家不能提供近程数字选择性呼叫海岸覆盖，即使船舶仅航行于近岸海域也必须配备远程设备。在70频道工作的近岸非卫星甚高频应急无线电示位标可用来替代卫星应急无线电示位标，但若没有甚高频数字选择性呼叫岸站，发送此类应急无线电示位标的信号也不能被接收到。另一个要考虑的关键问题是昂贵的远程陆基系统接收机，如高频数字选择性呼叫或卫星系统，通常不需要在同一区域的所有国家重复设置，而如果能对此类设备做出合作使用的安排，不但会降低费用，而且还可精简遇险报警的频率分布。虽然安全信息网与航行警告电传对于国际航道安全保障是很有价值的信息发射工具，但并非每个国家都需要安装这样的设备。因此沿岸国家需对这些信息安全业务的合作做出合理安排与共享，以保持适当的区域广播协调，减少发给船舶的多余报警并降低相关费用。一方面沿岸国家应合作加强航道遇险安全通信系统、航道监控系统、航道搜救通信系统等基础设施建设，提高遇险报警能力与运行质量，为沿岸国家提供可靠、准确、快捷的遇险报警定位信息支持，并为有关航道安全保障国际合作手段现代化奠定可靠的物质基础；另一方面还应全面加强沿岸国家间的通信协调与共享，以此作为国际合作的硬件基础。

第二，加快数据库构建。《1974年国际海上人命安全公约》1988年修正案要求每个国家应向国际海事组织提供其岸基安全设施信息，以支持在海上装有全球海上遇险和安全系统通信设备的船舶。国际海事组织编写的《国际航空和海上搜寻救助手册》强调各国都要对遇险报警装置进行登记注册，并使登记信息能及时提供给有关国家主管当局。为此，有关国家就要合作建立公用数据库、登记数据库并能够持续更新，这依赖于沿岸各国密切合作、及时提供和改正有关信息。另外，通信设备发射的电子识别码和码语须与相关数据库联手工作，才能完成遇险信号的解码，获得有用的遇险信息。这就需要沿岸国家开展信息共享，不断扩大航道安全保障国际合作数据库网络，以便在需要时能够迅速、正确提取相关信息。在此基础上，可有效利用大数据等技术，预留数据信息接口，高效互联互通沿岸国家有关部门信息系统，整合有关航道安全保障国际合作信息资源。

第三，确定信息联络方式与交流内容。沿岸国家有关航道安全保障的国际通信应是可靠的，要么是专线，要么保留信息的优先级。因此有关主管部门应获得国家授权，使其在面对航道险情时能做出直接反应而不是通过外交途径。为此，沿岸国家应建立畅通的联络方式与标准化信息交流规范内容，尽量省去中间冗余上报环节，既要保证信息传递的快速与准确性，又要保证通信内容的客观真实性，避免信息遗漏、滞后和模糊以及不对称、不透明、不充分等问题的出现，特别是有关国家要合作防止误报警情况的发生，避免资源浪费。

第四，开展情况通报。沿岸国家有关主管部门以及航道安全保障的联合机构应及时、准确、完整地向有关方面披露信息特别是公共危机信息，形成一套完善的信息纵向传递机制。一方面要做好有关航道安全保障国际合作各部门之间内部信息通报，如情况通报的范围、重点、信息流程以及情况通报参与者的层次和参与者的需求。另一方面要做好对外界通报的引导。有关航道安全保障联合行动通常会引起沿岸国家公众与媒体的极大关注，甚至会引起社会猜测、恐慌与担心，因此应加强媒体管理，及时、主动通过媒体发布最新与权威的信息来正确引导公众，如有必要也可通过外交渠道做出说明，以便使公众能够及时了解险情控制情况，避免出现混乱或误导消息，防止谣言传播，减少公众非议，稳定人心，有助于调动沿岸国家各方力量展开有效行动。

第五，注重信息共享。新时代应以网络化、电子化、信息化为技术支撑，构建针对有关航道安全保障国际合作多方面信息于一体的多元化、多层次信息交流与互动平台，实现纵向与横向信息系统高效互联互通，避免出现信息孤岛。同时建立信息共享与反馈机制，以便沿岸国家相关部门及组织能够及时、准确获悉最新安全动态及其保障实施情况，合理分配资源，努力提高风险防范与服务水平。

三、航道安全保障巡逻与执法国际合作机制

目前国际航道安全保障形势复杂，特别是海盗与海上恐怖主义活动以及武器扩散和其他跨境犯罪活动较为猖獗，因此沿岸国家需要开展有关巡逻与执法国际合作，共同打击跨国犯罪，以维护航道安宁与秩序。

一是，从航道安全保障巡逻国际合作来看，这是目前相邻国家有关航道安全保障的重要方式，也是近年来世界上有关国家维护航道安全保障的常见做法。如美国海岸警卫队通过《登船执法人员协定》与邻国加拿大开展了海事安全联合巡逻。双方有关航道安全执法人员可相互搭乘对方船舶实现联合执法，① 对实施不法行为的疑似船舶发布停航命令并登船搜查，同时还可进入协定伙伴国领海内实施追捕行动，从而简化了沟通程序，扩大了有关航道安全执法权、执法能力与执法资格并扩展了执法幅度与力度，最大限度提升了有关航道安全保障执法效率，使航道变得更安全并为合法商业竞争创造了公平有序的环境。② 因此有关国家应借鉴上述有益经验，在开展航道安全保障巡逻国际合作时应注意以下几点：

第一，沿岸国家应协商设立联合巡逻指挥部或联络小组，确定

---

① *Framework Agreement on Integrated Cross - border Maritime Law Enforcemen to Perations Between the Government of the United States of America and the Government of Canada*, May 26, 2009, http: //www. dhs. gov/xlibrary/assets/shiprider_agreement. pdf.

② Lcdr Brianw Robinson, *You Want Authority with That? How I Learned to Stop Worrying and Love Shipriders*, Summer 2009, www. uscg. mil/proceedings.

联合巡逻主导国家并由各国派驻巡逻官员与联络官，同时在国际航道所经过的重要海域或关键节点分别设立联络点，建立沿岸国家主管部门全天候联络渠道，协调与交流有关联合巡逻情报信息并按照协商一致的原则统一部署与协调沿岸各国舰艇与人员开展联合巡逻。同时通过召开联合巡逻月度、季度、年度总结推进会与情报交流会，以及开展联合演习与培训等方式加强沿岸国家巡逻部门间交流与协作，不断深化合作共识。

第二，明确沿岸国家联合巡逻管辖权。沿岸国家开展航道联合巡逻行动遇到的一个重要问题就是对具体案件的管辖权问题，由于沿岸国家开展联合巡逻在本质上只是执法队伍的一种基本合作形式，而不是一个统一的组织，其巡逻区域又涉及国际航道，因此在巡逻过程中难免会引发管辖权争议，对此可通过引渡条约或协商来解决。同时在尊重沿岸国家主权与管辖权的基础上，为了沿岸国家集体与整体利益，有关参与方也需要在某种形式与程度上让渡出部分管辖权，以便更好地取得联合巡逻的效果。特别是在追击与拘捕暴力袭击商船及巡逻舰艇的犯罪分子时应先请示联合巡逻指挥部，如果来不及请示则可由犯罪发生地、参与联合巡逻所在国的人员先行追捕，其他国家巡逻人员可在得到联合巡逻指挥部授权后再参加。

第三，沿岸国家可采取多样化巡逻方式。沿岸国家应探索建立联合巡逻行动协调与配合机制，形成默契，为此可采取以下灵活方式：其一，一方巡逻，另一方策应配合，做出守卫观望、战术驰援、支持救护等态势；其二，伴随商船巡逻、互登对方执法船巡逻、混合编组巡逻、分段巡逻、全线联合巡逻等联勤联动，营造交替巡逻高密态势，采取定点与随机以及常态化模式运行。在此基础上，联合巡逻还应不断拓展合作内容，如开展联合搜救与扫毒行动等，特别是在敏感海域应采取联合缉查行动，对过往可疑船舶、人员、货物等进行检查，制止和打击贩毒、贩枪、偷渡、走私等跨境违法犯罪活动，提升对有关航道安全的管控力度。

第四，沿岸国家应为联合巡逻提供必要的物资与人员配备。沿岸国家开展有关航道安全保障联合巡逻常态化行动是一项长期、艰巨任务，需要消耗大量的人力、物力、财力，因此沿岸各国在共同参与的同时也要明确各自分担的成本。一方面沿岸国家可根据各自实力强弱，按一定比例共同提供联合巡逻执法装备、物资与人员培训等，并为后期补给提供便利。同时沿岸那些海上综合实力较强的国家也可以应实力稍弱国家的请求向其提供必要的援助。另一方面还要注意合理分担联合巡逻成本，作为有关航道安全保障联合巡逻行动的主导国家可多承担一些行动成本，在公共安全产品供给中发挥重要作用，但这并不意味着这些大国必须单方提供。为避免引起其他有关国家把联合巡逻看作是主导国家“私物化”的担忧，主导国家可在提供基本与必要的财力、人员、装备与技术支持的同时，也努力让其他参与国家认同联合巡逻安全目标，并在政策上自愿进行相互协调，共同提供有关航道公共安全产品以满足共同需求，减少供给成本，使彼此获得更大收益，尤其是处于弱势的沿岸小国对来自同一区域的相邻大国存在防范与戒备心理时更应如此。

第五，沿岸国家应明确武器使用原则。沿岸国家在开展联合巡逻的过程中会遇到海盗、海上恐怖分子以及走私与贩毒集团等武力反抗，因此有时会面临武器使用问题。而武器使用则是相当敏感的问题，应小心谨慎对待。沿岸国家开展联合巡逻的目的是保障有关航道的基本安全，因此保障船舶、海员、货物以及巡逻舰艇与人员自身安全是使用武器的基本原则。如果时间允许、局面可控的话，应先向联合巡逻指挥部请示报告；但如果情况紧急、严重而来不及请示报告的话，使用武器应以自保为限度，尽量避免不必要的纠纷。

二是，从航道安全保障执法国际合作来看，在维护国际航道安全的诸要素中，执法合作是一个重要手段。沿岸海上执法力量跨国交流、对话、沟通与合作可更好地宣介立场、传播善意、促进认同、管控争议升级、建立海上行为规则，特别是对于争议海域的维稳与维权具有特别重要意义，因此要建立沿岸海上执法力量之间的联系、交往与合作网络，增强沿岸国家执法合作的能力，以规范船舶航行的行为与安全措施。在此基础上，沿岸国家应签订有关航道安全保障联合执法协议，搭建联合执法平台，共同完善沿岸航道司法协作内容，从个案处理层面上升到制度化、常规化安全执法合作，健全联手打击海上犯罪的长效管理机制。

第一，在合作理念塑造方面，沿岸国家应深刻把握航道安全保障的严峻形势，坚持合作、共商、共治的理念，努力实现国际航道安全与海上联合执法实务的有机统一。为此，应通过举办海上执法国际合作论坛、联合召开研讨会等形式增进了解、交流经验、形成共识。

第二，在合作法律依据方面，沿岸国家应进一步强化联合执法的法律基础，尽快签署执法合作协定。沿岸国家联合执法、打击跨国有组织犯罪、维护航道安全符合各国共同利益。沿岸海域既有国际航道，各国可享有航行自由，但同时又有各国境内管辖航道。在这种情况下，沿岸国家对其境内航道享有的主权并非绝对的。因此为了有效遏制有关航道各种有组织犯罪活动，沿岸国家不仅有单独或共同采取必要措施保障本国管辖航道安全的义务，而且还有通过缔结协定的方式与其他沿岸国家相互开放航道的权利，以及对本国境内航道排他性管辖权，即通过签订双边与多边国际执法条约等形式确立常态化航道执法合作模式。为此，沿岸国家应在有关航道司法管辖权问题上相互合作并让渡部分管辖权，签署明确规定各自权利与义务的合作协议，该协议应在有关越境执法、国际司法审判、保护外国船舶和船员安全以及合作协议条款国内法转化等问题上要求各国承担明确义务。在此基础上，沿岸国家还应联合制定有关航道司法公约，完善司法互助协定，就航道安全保障司法协助的部门、程序与例外条款以及执法纠纷处置和管理协查制度等进行规定，重点应拟定与航道安全保障尤其是跨境联合执法相关的法律原则和规则，以及执行突发事件危机预警和管理办法。

第三，在合作机制建设方面，由于有关航道安全保障联合执法会涉及各国主权与领海完整等敏感政治因素，因此首先要完善相应平台与制度建设。一方面沿岸国家有关航道安全保障执法机关应加强交流与公开航道及保安调查材料，共享跨区域海上犯罪资料库，拓展海上司法联系网。另一方面要健全联合执法平台：其一，积极参与有关航道安全保障的国际组织，建立航道区域执法平台，完善航道安全保障合作机制。其二，沿岸国家应建立常态化海上执法合作组织平台，在不侵犯各国海上主权与利益的前提下，建立海上联合执法机构，如亚丁湾联合护航组织等机制。其三，设立有关航道联合执法协调机构，建立常设的航道纠纷解决机构，如建立航道安全保障仲裁中心，构建有效的航道安全保障执行与争议解决机制。其四，在民间成立各国律师协会，加强民间层面法律对话。

第四，在合作重点方面，沿岸国家可根据自身实际，牵头、主导或参与沿岸航道安全保障热点与突出问题的治理，加强对重点海域管控，积极推进沿岸国家管辖海域之外国际海域公共安全保障，重点打击威胁有关国际航道安全稳定的跨国犯罪如海盗、海上恐怖主义、海上贩毒、偷渡、武器走私等非传统安全问题以及应对海啸等自然灾害、承担人道搜救、防止重大海洋生态污染等问题。同时还要建立海上突发事件应急机制并加强有关演练，提高有效防范、处置海上重大突发事件的应急反应能力，包括人员、技术、装备等方面能力建设，以便需要时能够相互提供及时援助和支持。

第五，在合作行动执行方面，沿岸国家应联动配合，不断规范联合执法行为，维护航道秩序。其一，沿岸国家应首先完善自身有关涉外航道执法合作法规建设，促进沿岸国家航道行政执法与刑事司法衔接机制，保障涉外执法合作依法依规进行。其二，沿岸国家应合理管控海洋边界安全形势，避免有关争议升级。其三，对武器与强制措施使用须遵守法律授权与法定程序以及目的与手段相协调原则，以避免外交纠纷和造成不良国际影响。

第六，在合作执法队伍建设方面，沿岸国家应根据执法人才队伍建设紧跟职能与任务需求的原则，积极开展有关航道安全保障执法合作对策研究，重点加强国际执法复合型人才联合培训力度，使沿岸国家参与联合执法人员能够熟悉国际法规，自觉规范涉外执法程序。

四、航道安全保障船旗国与港口国监督国际合作机制

对船舶进行安全检查是维护航道安全的基本业务，分为船旗国监督与港口国监督。船旗国监督是一个国家海事管理机构依据本国海事法规对在本国港口的本国籍船舶所实施的安全检查；而港口国监督则是一个国家海事管理机构依据本国海事法规以及其所参加的有关国际海事公约对到达本国港口的外国籍船舶实施的安全检查。船旗国监督与港口国监督作为保障船舶安全与海洋环保的重要屏障，沿岸国家在船旗国监督与港口国监督合作检查中要将安全隐患消灭在萌芽状态。

第一，从船旗国监督来看，《公约》规定：每个国家应对悬挂该国旗帜的船舶有效行使行政、技术及社会事项管辖与控制。① 为此，1992 年国际海事组织专门成立了船旗国履约分委会来促进各船旗国履约水平。由此可见，船旗国监督作为《公约》赋予船旗国海事管理机构的一项法律与核心业务，是保证各缔约国全面履行国际海事公约与标准的重要手段，也是打击低标准船、保障海运安全形势持续稳定的重要抓手，在保障海上人员安全与防止海洋污染方面起到了十分重要的作用。但由于船舶在世界范围内的流动性、国际海运发展水平的不均衡性以及大量方便旗船存在等因素的影响，各国在履行船旗国监督职责时存在一定困难。一方面从技术层面来看，船舶由于具有国际流动性，船旗国对本国籍某些船舶难以及时实施有效安全监督与检验，使船旗国监督成效大打折扣；另一方面从经济与政策层面来看，船旗国在监督执行的过程中会面临双重交互考验，

---

① *United Nations Convention On the Law of the Sea*, http://www.un.org/Depts/los/convention_agreements/texts/unclos/closindx.htm.

这既有客观条件限制，又有船旗国主观原因。由于船旗国监督标准存在较大差距，一般来说海事先进国家往往有较高安全标准，而其他国家监督标准则较低，这会造成船旗国的一些船东为降低营运成本而选择改悬挂外旗，将其船舶自安全标准较高的国家转移至较低的国家登记注册，从而形成所谓的方便旗船。而那些开放船舶登记注册的国家一般都是小国和发展中国家，既缺乏对船舶设备与海员操作技术等安全标准的监控和管理意愿，又缺乏监控与管理资源及能力，这种失职行为会严重制约其履约效果，① 造成船舶管理混乱，海损事故频发。

在这种情况下，沿岸国家应加强船旗国监督合作，以避免部分船旗国在执行国际海事公约标准方面存在不去执行、执行不力和执行效率不高等问题。其一，沿岸国家应合作加大对授权检验机构的监督，优化监管模式，提高服务水准，严把船舶建造、修理与检验关，保证船舶本身质量符合相关标准，逐步缩小与国际标准以及国家之间标准的差距，在最大范围内保障本国船舶、海员的利益，树立监管与服务机构良好的职业形象。其二，沿岸国家应相互借鉴、取长补短，根据《公约》《2006 年海事劳工公约船旗国检查导则》等精神加快沿岸国家国内立法进程，制定船旗国检查程序和文件体系，加大对船舶检验基础设施建设的投入，确保有关国际海事公约相关标准能得到有效执行。其三，沿岸国家应合作实施等级管理制度，建立以诚信为基础的安全管理机制。同时沿岸国家还应实行差异化管理，建立船舶黑、白名单档案，定期公布履约不力的船旗国名单，促进船旗国履行其监督职能，同时也促进相关检验机构以及船舶公司的安全管理理念与方式的转变。其四，沿岸国家可集中开展船旗国船舶定期检查活动，根据对某一时期内船舶检验记录的分析，确定某一方面的突出问题，合作开展集中检验活动。其五，沿

① 刘进军、肖文辉：《船旗国监督发展方向的思考》，《天津航海》2007 年第 4 期，第 38 页。

岸国家应加强检查官队伍建设，共同提高船旗国监督水平。沿岸国家要想开展高水平的船舶监督检查离不开高素质的检查队伍，因此应加强船旗国检查官联合培训，增加学习沟通的机会，广泛接触国际海事管理最新理念，共同集中研讨船舶检验技术发展，交流检查经验，加强检查官理论学习与实际检查训练，不断拓展检查合作的深度与广度，从船舶的硬件（船舶技术状况以及设备的配备与养护）、软件（船舶日常管理以及安全管理体系运行情况）、人员（海员操作及应急反应能力）等多方面入手，不断提高船旗国监督检验水平与能力，消除低标准船对有关航道所带来的安全隐患。其六，沿岸国家应通过履行《国际船舶安全营运和防止污染管理规则》，提高对船东的管理力度，加强对其履约工作的技术支持和指导，督促其做好对所属船舶及海员的安全管理，自觉努力降低安全和污染责任事故的发生率，继而提升其在国际海运市场的竞争力。

第二，从港口国监督来看，港口国监督一般是通过对船舶实施安全检查，发现船舶缺陷并要求船舶纠正缺陷。如果船舶缺陷严重会危及航行安全或海洋环境，可对船舶采取滞留措施直至缺陷得以纠正。目前港口国监督已覆盖船舶安全及保安各方面，特别是由于船舶广泛的流动性，实际上单靠一个港口国监督无法有效消除低标准船，因为各国经济和管理水平的差异会使某些港口国监督比较宽松，从而成为低标准船避难所。为了统一港口国监督检查的执法尺度，就需要各国有效合作与互相支持，建立区域间港口国监督联盟。目前全球已建立了 9 个港口国监督区域组织，但总体来看，沿岸各国不同政府机构在实施港口国监督时却面临协调性不够等问题，对此沿岸国家应在国际海事组织及港口国监督区域组织的框架下积极开展船舶监督与检查技术等方面的互动及合作。其一，统一检查标准。有关国家要统一选船和船舶滞留标准，同时量化港口国监督内容指标，以客观数据作为主要评分依据，使港口国监督的实施水平更加一致化，增强可操作性，限制港口国监督、检查人员自由裁量空间，增加客观、透明性，以避免船舶因在不同国家港口遭遇不同的待遇，从而减少货物因滞留而遭遇的损失。其二，在船舶资料方面实现信息共享，有针对性地进行选船与检查。为此就要合作建立数据库，进行检查数据统计与整理并实现检查资料共享，即沿岸国家能够相互查阅检查结果，这样在一定程度上能够减少高风险船舶在一次航程中被多次检查的情形。其三，通过沿岸国家双边与多边定期会谈、不定期会晤与港口国检查员培训及工作交流制度，促进沿岸国家在港口国监督方面相互理解，架起互通有无、学习交流对方管理经验的桥梁，共同提高检查水平。其四，加强沿岸国家造船厂与船级社的合作，确保船舶适航性。这样，既能使港口国监督不失去其原本保障船舶安全和防止污染的作用，又能不因港口国监督滞留而损害沿岸国家之间的货物贸易合作，[1] 最后形成符合沿岸国家实情的合作机制。

第三，沿岸国家要正确处理好船旗国监督与港口国监督双重角色的关系。船旗国监督与港口国监督共同目的都是为了消除低标准船，确保航行安全以及防止船舶对海洋环境造成污染，只是在检查的依据、性质、目标上有所不同。船旗国是对悬挂该国国旗的船舶实施安全行政管理的主体，应承担根本责任，是海上安全的第一道防线；而对于港口国来说，港口国监督更多地表现为一种保护本国海域船舶航行安全的权力。在理想的状态下，如果船旗国能够有效履行其职责，那么港口国监督可以说是没有必要的。只有在船旗国不能有效履行其自身职责的情况下，港口国监督才能发挥其在打击、消除低标准船方面的积极作用，促进船舶航行安全，以弥补船旗国监督存在的不足。由此可见，船舶安全管理的主体责任还是船旗国，港口国监督只是对船旗国监督的一种重要补充与延伸，是海上安全的第二道防线。[2] 但反过来港口国监督可通过选船机制、目标系数、

① 张虎：《南海区域港口国监督合作机制探析》，《海南大学学报（人文社会科学版）》2014 年第 6 期，第 61—65 页。

② 姚建荣：《浅析港口国监控对船旗国监督的影响》，《大连海事大学学报》2008 年第 S2 期，第 96 页。

黑名单制度、定期公布统计结果等手段形成对船旗国的压力，进而提高船旗国的监督意愿与水平。因此港口国监督主要是协助船旗国对船舶实施有效安全监督，在这种情况下不能也不应取代船旗国监督。

五、航道防范与打击海盗及恐怖主义国际合作机制

目前的南海、马六甲海峡、亚丁湾等海域都是海盗与海上恐怖分子活跃区，他们经常杀人越货，对航道安全影响巨大，需要沿岸国家合作防范与打击，以确保船舶、人员及财产安全，尽量把损失降到最低限度。

第一，从沿岸国家防范与打击海盗合作来看，沿岸国家应积极沟通协调，加强防范与打击海盗的合作力度，严厉惩处落网海盗。由于海盗是一种跨国犯罪行为，国家间合作能形成一张防范与打击海盗网络，让海盗无法四处逃窜，这是防范与打击海盗的最有效方式。然而目前沿岸国家在防范与打击海盗国际合作方面却面临一些问题：其一，海盗泛滥的国家实力一般有限，希望大国能够提供帮助，但同时这些国家又担心国际合作会损害其自身主权，有可能成为外国干涉其内政的借口。其二，越境犯罪联合惩治机制不完善。如有在马六甲海峡航行的船长曾指出，当他发现有疑似海盗快艇跟踪其船舶时，就立即通知了新加坡海军要求支援。但新加坡海军却让他尽快返航，因为当时他的船已进入印尼管辖海域，新加坡海军“爱莫能助”。[①] 其三，有关国家难以就合作防控海盗达成共识。如从有关国家派海军前往索马里打击海盗来看：印度是为了展示军事实力，树立其在印度洋海军强国地位；俄罗斯是为了恢复在世界上的战略地位；日本是为了寻求突破其在海外使用武力限制的理由，扩大国际影响，加紧向外渗透。

---

① 李子迟编著：《千年海盗》，重庆出版社 2009 年版，第 72 页。

为扭转上述现象，沿岸国家需要加强合作。其一，沿岸国家应充分发挥联合国特别是安理会在维护国际和平与安全方面的核心作用，有效协调沿岸各国防范与打击海盗的行动，同时还要严格遵守相关国际海洋法与安理会有关决议。其二，沿岸国家应加强信息合作，建立海上安全预警与信息交流平台，推动沿岸各国情报信息有效沟通与分享，特别是应积极参与国际海事局马来西亚海盗中心的维护管理以及《亚洲地区反海盗及武装劫船合作协定》在新加坡设立的信息分享中心的工作，及时获取有关海盗情报并通知沿岸各国海运公司和商船注意防范，协调公司与船舶海上行动，对不安全区域应适当绕航。其三，沿岸国家应支持反海盗与海上恐怖主义法律框架建设。（1）将沿岸国家的国内防范与打击海盗法、区域法同国际海洋法对接；（2）签订防范与打击海盗合作协议，压缩海盗生存与活动法律空间；（3）倡导沿岸国家尽快加入防范与打击海盗国际条约，以便分享资金、情报等方面资源，开展技术合作与联合培训。其四，沿岸国家应合作加强对专属经济区海盗活动打击力度。由于《公约》将海盗活动定义为公海或没有任何国家管辖的海域发生的行为，使专属经济区成为海盗行为无人理会的灰色地带，导致一些海盗专门选择在专属经济区特别是有争议的海域内犯案。因此打击专属经济区内的海盗行为、保持航道畅通有望成为有关国家合作的新领域。同时可将紧追权延伸至他国管辖的专属经济区，当然出于对他国海上权利的尊重，外国海事执法舰艇或军舰在他国专属经济区内抓捕海盗应在事后进行及时通报，而且当海盗是他国国民时还应将抓捕的海盗移交给其国籍国。在此基础上，沿岸国家还应开展船舶追回机制合作，采取有关海盗财产冻结措施以及加强营救被绑架海员的能力，从根本上解决赎金支付问题，[①] 使防范与打击海盗联合行动真正落到实处。其五，沿岸国家应定期举行反海盗联合军演，

---

① 张湘兰：《南海打击海盗的国际合作法律机制研究》，《法学论坛》2010 年第 5 期，第 11—12 页。

不断提高海上联合作战与综合保障能力。在此基础上，沿岸国家还应借鉴联合国维和部队的经验，组建专门的防范与打击海盗部队如国际海上警备队开展海上巡逻，抓捕作案海盗，特别是要打击其陆地据点与训练营地，彻底摧毁海盗陆上补给与支持网络。对此，有军方人士强调：为有效打击海盗行径，我们应该不仅局限于海上打击的范畴，而应该粉碎其陆上基地。特别是注重打击海盗行为的资助者与组织者，因为在海上负责具体行动的海盗只是马前卒，真正的幕后主犯是在陆上，因此“打击海盗不仅要打击那些乘船只在海上活动的一线海盗，更要打击他们的头目。因为海盗抢劫的财富要上缴，一线海盗分到的很少”。[①] 而这类军事行动会涉及许多敏感的政治问题，更需要沿岸各国相互协调，不可能是某个国家的单独行动。其六，沿岸国家应努力帮助海盗猖獗的国家加强防范与打击海盗的能力建设。从长远来看，联合国安理会、联合国索马里问题政治办事处、联合国开发计划署以及国际海事组织、索马里海岸海盗联络小组等机构应加强合作以促进索马里局势稳定。在此基础上沿岸国家应综合施策，共同开展区域内协作。针对索马里海盗，如果仅单纯依靠各国海军护航，不可能从根本上解决问题，而应通过沿岸国家在各方面援助，加强索马里自身能力建设，实现国内和平稳定、人民安居乐业，铲除其海盗产生的根源。然而这一目标并非在短时间内能解决，因此防范与打击海盗合作还在路上。

第二，从沿岸国家防范与打击海上恐怖主义合作来看，单靠沿岸任何一国都难以应对日益猖獗的海上恐怖分子，需要沿岸国家协力合作。这种国际合作既包括国家之间合作，也包括区域国际组织之间合作；既包括双边合作，也包括多边合作，以实现资源与信息共享，坚决预防海上重大恐怖事件的发生，促进国际海运贸易健康发展与社会和谐稳定。其一，沿岸国家首先要界定海上恐怖主义概

---

① 马俊：《中国首次提“打击海盗陆上基地”》，《国防时报》2011 年 5 月 27 日。

念。目前该概念的法律内涵还没有得到明确界定，这就为国际社会有针对性开展合作、以便更有效与更有力防范与打击海上恐怖主义增添不少困难，正如国外学者所说，给“国际海上恐怖主义”下定义是动员国际社会反对海上恐怖主义一个必要前提。[1] 因此沿岸国家应一道努力，首先明确海上恐怖主义的定义，从而制定符合国际标准同时又为沿岸各国所能接受的有关公约，提供相应的法律支持。其二，沿岸国家应协调好国内立法与国际公约的关系，将沿岸各国所参加的国际公约尽快转化为国内法并进而在各国普遍适用。在此基础上还应根据实际需要，共同制定海上防恐与反恐国际新条约，以促进防范与打击海上恐怖主义行动深入发展。其三，沿岸国家应充分利用已有的国际组织合作框架，加强与国际海事组织、国际刑警组织等有关国际机构合作，多方联手遏制海上恐怖分子。

第三，沿岸国家防控海上恐怖分子必须与防控海盗相结合。其一，目前世界上恐怖分子猖獗之地与海盗活动海域基本一致。其二，近年来这两种犯罪有同流合污的发展趋势。（1）一些海上恐怖组织通过走私军火向海盗提供武器装备，甚至直接通过海盗活动来扩大生存与发展空间或把海上作为新的恐怖袭击目标；（2）目前某些海盗或为恐怖组织成员，或受恐怖组织操纵与控制，以海盗身份从事恐怖活动或将其劫掠的钱财用来资助恐怖活动；（3）从活动手法来看，海盗与海上恐怖活动特点越来越相似，残忍暴力程度越来越高。由此可见，这两种国际犯罪都以同样恶劣的方式对有关航道安全构成跨境威胁，破坏海运贸易与政治稳定，造成恐怖的社会气氛。其三，在沿岸国家综合治理海盗的同时，也在一定程度上缩小了海上恐怖主义活动空间，因此沿岸国家如东盟国家主张将海盗与海上恐怖分子“合并打击”。对此有新加坡官员强调，有时我们并不知道是

---

① ［美］伊恩·莱塞等著，程克雄译：《反新恐怖主义》，新华出版社 2002 年版，第 6 页。

海盗还是恐怖分子在劫船，那我们只有把他们同样对待。①

六、航道应急联合搜救与船舶污染防治国际合作机制

由于受各种主客观因素的影响，船舶在航行过程中难免会发生海损事故或溢油，造成人员伤亡和财产损失以及生态破坏和环境污染。在这种情况下，沿岸国家需要开展应急联合搜救与船舶污染清除合作。

第一，从应急联合搜救来看，海上搜救事关人身与财产安全，沿岸国家共同搜救是人道主义精神的体现，属于非传统安全的重要内容。目前海上搜救压力很大，特别是马六甲海峡、霍尔木兹海峡、苏伊士运河等海上咽喉要道更需要强大的搜救能力，但目前大多数国家搜救力量薄弱，再加上部分海域搜救格局复杂，有关搜救区重叠、争议较大，缺乏切实的协调与协作。在这种情况下，应尽快建立起畅通、高效的共同搜救机制。其一，沿岸国家应整合航海气象资料，交流海上搜救技术与经验，强化海上预警、联络通报与搜救信息披露机制，以便于海损事故信息能在相关国家间迅捷传递及海上搜救协调中心能及时整合事故周边的搜救资源。其二，沿岸国家应加强海上搜救法治进程，尽快达成相关搜救合作协议，明确规定搜救合作机构与形式、合作程序与流程，以及搜救联络、过境等一系列具体事项，明确搜救权利与义务，以避免纠纷。其三，沿岸国家应协商设立搜救合作专门机构，负责联合搜救指挥与协调工作，同时多方筹措设立联合搜救基金，以减轻合作各方的经济负担。其四，沿岸国家应积极建立有效的海上重大事故搜救合作响应机制。沿岸国家海上联合搜救面临的一个重要问题便是能否被准许及时进入或通过相关海域，而目前有关沿岸国家海上纠纷较多，进入对方

---

① D. Johnson, *Piracy in Southeast Asia*, Singapore: Utopia Pte. Ltd., 2005, pp. 45 - 46.

海域程序复杂。因此沿岸国家应建立海上重大事故应急联合搜救响应机制，事先约定在发生重特大事故时可直接进入对方管辖海域进行应急搜救，以防止事故损失进一步扩大。其五，沿岸国家应协商议定搜救责任区域。由于搜救责任区域的划分并不涉及且不得损害国家之间海上边界的划分，因此沿岸国家通过协商议定搜救责任区域具有可行性且具有十分重要的作用。一方面可排除沿岸国家一些不必要的顾虑与阻碍，另一方面可明确沿岸国家的搜救义务，强化其协调与配合意识。其六，沿岸国家应协商建立海上搜救善后配合机制。沿岸国家全面履行海上联合搜救义务，不仅要及时实施应急联合搜救行动，而且还包括对获救人员及物资妥善安置与照顾等一系列善后工作，如对受伤人员医疗救治、获救人员遣返以及死亡人员处置等事宜。①

第二，从沿岸国家防止船舶溢油合作来看，海洋环境的可持续发展关系到沿岸国家的经济和民生。船舶溢油等会产生跨区域污染，这就要求有关国家尽快建立起共同维护海洋生态环境的机制。为此，沿岸国家应积极加入和遵守《1954 年国际防止海洋油污染公约》等相关国际公约，对接《实施东盟溢油响应行动计划备忘录》《西北太平洋地区海洋污染防备与反应区域合作谅解备忘录》与《西北太平洋行动计划区域溢油应急计划》等区域规章制度，探索建立适合海洋环保合作的机制，以此形成海洋环保合力，共同保护清洁的海洋生态环境，这样船舶溢油污染等问题才能得到真正解决。

在此基础上，目前沿岸国家还可通过协商、共同申请建立特别敏感海域。该海域是指受国际海运活动影响且具有生态、社会经济、科学教育等意义，需由国际海事组织采取特殊保护措施的海域，以便为现有海洋保护区特别是那些领海之外的海洋保护区提供特别保

① 向力：《南海搜救机制的现实抉择——基于南海海难事故的实证分析》，《海南大学学报（人文社会科学版）》2014 年第 6 期，第 54—57 页。

护措施，[①] 这是以功能路径的区域合作来缓解由沿岸国家以海域路径扩展管辖海域所造成的张力，因而在海洋环保方面具有重要地位。[②] 为此沿岸国家应首先达成共识，针对有关航行活动进行分头管理与分工合作，使区域内船舶航行具有可控性，航迹动态变化趋于可预见性，为沿岸国家海洋生态环保与安全做出应有贡献。

第三，沿岸国家无论是针对海损事故的联合搜救，还是针对防止船舶溢油污染的合作，任务完成后都应开展海事调查合作，以避免类似事故再次发生并划分事故责任。2008 年 5 月国际海事组织海上安全委员会第 84 次会议通过了《海上事故或事件安全调查国际标准和推荐做法规则》，强调合作开展海事调查的重要性，要求船旗国与其他有实质利益的相关国应协商调查以及国家之间开展海事安全调查合作，并为各国开展合作进行海事调查提供了一个通用程序，以解决国家间海事司法管辖权与程序差异，协调国际海事组织、船旗国、沿岸国家以及海运企业的利益关系并为海事调查提供便利手段。因此沿岸国家应参考该规则有关海事安全调查合作的理念，以该规则的合作精神为宗旨、合作调查内容为蓝本，以共同查明原因、判明责任、防止事故再次发生为目的，针对有关海损事故与船舶溢油事件制定符合沿岸各国利益的海事调查合作机制，在事故信息通报、立案调查、肇事逃逸协查、联合调查、委托调查、证据交换等方面达成合作，在共同探讨、分析事故原因与责任认定的基础上出具海事调查报告并以此进行有关海事纠纷调解，根据有关规定实施联合行政处罚，从而更好解决目前有关海事案件难以调查、无法结案的尴尬局面。

---

① Kristina M. Gjerdek, Protection of Particularly Sensitive Sea Areas under International Environmental Law, *Marine Pollution Bulletin*, Vol. 26, No. 1, 1993, p. 10.

② J. Roberts, *Marine Environment Protection and Biodiversity Conservation: the Application and Future Development of the IMO's Particularly Sensitive Sea Area Concept*, Berlin: Springer Science & Business Media, 2006, p. 4.

第二节　航道安全保障国际合作长效机制主要功能

有关航道所经国家的基本国情、地缘政治环境、经济发展水平等都不尽相同，因此对于国际航道安全保障合作次序、项目、模式和可能涉及的矛盾应加以区别对待。在这种情况下，航道安全保障国际合作长效机制构建要基于和平善意、相互尊重、包容互鉴、平等互信、合作共赢来定位，秉持公平与公道，遵守相关国际海洋法与国际关系基本原则，共同维护国际航道安全。而航道安全保障国际合作长效机制构建具有非常重要的功能，包括信任建立功能、利益平衡功能、争端解决功能以及危机预警与管控功能，有利于促进有关航道合理与可持续利用，提高利用效率，从而取得最大综合效益。

一、信任建立功能

从增进互信来看，有关航道安全保障国际合作长效机制构建目的是维持区域海运秩序、和平与稳定，为沿岸国家海洋经济特别是海运贸易发展塑造一个良好的安全环境。但目前由于国际地缘政治形势十分复杂，历史与现实问题交织，特别是受海洋权益纠纷与争端的影响，一些国家之间信任缺失，相互戒备，从而影响有关航道安全保障国际合作长效机制的构建。因此沿岸国家要客观冷静认识目前海上信任措施的现状与发展趋势，制定相关政策并采取针对措施，多层次、全方位建立航道安全保障信任措施，从而形成互利互惠合作气氛。

建立航道安全保障信任措施是指沿岸国家为实现航道共同安全目标，依据相关法规采取双边或多边协调、对话、联合等活动，以谋求国际航道和平稳定。一方面，狭义的建立航道安全保障信任措施可理解为沿岸国家间为缓和有关航道紧张局势、降低海上冲突可能性、消除误解、促进海上安全合作、改善安全环境而采取的各种措施；另一方面，广义的建立航道安全保障信任措施则可理解为沿岸国家间在政治、经济、军事、外交、文化等各领域为从整体上缓和航道紧张局势、加强安全合作以及改善安全环境而采取的措施。

沿岸国家有关航道安全保障国际合作长效机制构建的前提条件与基础是平等互信，如果没有基本的信任，相关各方并不会自动合作，更不可能迈出实际合作这一行动步骤。为此，要构建沿岸国家开展航道安全保障国际合作的互信机制与平台，促进信息透明公开，做到言行一致。在此基础上，建立航道安全保障信任措施的目标是提高危机门槛，阻止有关航道安全关系突然从和平转变为危机与冲突，为航道安全保障的可预测性与稳定性创造条件。因此建立航道安全保障信任措施具有以下功能：其一，有助于降低围绕航道发生危机与冲突的可能性；其二，有助于海上军备控制；其三，有助于促成或推动沿岸国家之间互信合作。为此，要充分认识沿岸航道安全形势的复杂性与挑战性，加强对有关国家航道安全策略进行分析，深刻把握沿岸国家开展航道安全保障国际合作的基本规律，坚持公认的国际关系准则，以现有国际海洋法为依据，科学制定有关方案与预案，充分做好对话谈判、协商合作的各种准备，努力保持有关航道安全保障国际合作机制的影响力，坚持政治与军事建立信任措施并重，沿岸国家双边与多边信任措施同时发展、互为补充，第一轨道与第二轨道并行发展、相互促进。

一方面，要增强沿岸国家之间政治互信。沿岸航道安全保障需要有关国家共同合作，在目前现有权力结构暂时还无法改变的情况下，观念结构的互不信任作为短板势必会阻碍有关航道安全保障国际合作机制的构建，因而要高度重视有关区域政治互信塑造，培养新型国家关系，探索建立区域合作框架，巩固双边或多边友好合作基础，使沿岸国家形成合作与互惠氛围，建立起相互依赖的有关航道安全保障合作体系。其一，沿岸国家应秉持和平共处五项原则，求同存异，加强沿岸各国协调与合作，开展经常性安全对话，广泛宣示有关合作主张，增加沿岸各国相互了解与信任，提升良好形象，扩大地区影响。其二，沿岸各国应发展与保持和谐共处、互利共赢的新型国际关系，为此可在有关区域组织框架协议内签订政治互信或外交对话的条款以防止突发事件的发生，主动创造一个和平稳定的海上安全环境。其三，要加强沿岸国与国、国家与国际组织的政治互信，同时也要利用现有的区域组织平台，推进区域组织之间的政治互信，从而推动有关航道安全保障国际合作进程。只有国与国之间互信合作、区域组织与区域组织之间通力配合，才能使国际航道安全保障平稳运行。其四，沿岸国家应积极参与海上多边合作，以平等理性方式建立航道安全保障多国合作机制，遏制某些国家海上扩张势头，以防止地区局势复杂化，特别是要对个别国家以建立信任措施为由坚持双重标准与不平等要求保持高度警惕。其五，增强航道安全保障科技合作，通过海洋环保、海洋防灾减灾、海上搜救等务实领域合作作为先行突破口，扩大信息共享与交流，搭建一个机制性的多边合作网络沟通平台，作为沿岸国家增进政治互信的重要支撑点或基本架构。

另一方面，要增强沿岸国家之间军事互信。其一，沿岸国家要加强海军常规互动，适度提高海军活动透明度以促进互信。（1）发表海防或海军建设白皮书，阐述海军战略，通报海军军费预算以及交换非敏感信息如造舰计划等来增加互信。（2）提前通报海军主要活动与演习，特别是包含两栖登陆部队的演习，并可商定互派观察员参观演习，以避免舰艇突然出现在某些敏感航道附近海域所引起的不必要紧张。（3）开展海军学术交流以及人员、军舰互访活动，定期举办由海军高级指挥官参与讨论海军条令与战略的联合研讨会。（4）针对近年来日益突出的海上非传统安全问题，可利用海军机动性强、火力大、信息搜集能力强等特点广泛开展合作，通过海军这种非战争运用，共同应对海上走私、贩毒、偷渡、武器扩散、海盗及恐怖主义等跨国违法犯罪活动，同时参与海上搜救以及应对海洋自然灾害，为保护海上生命财产安全做出应有贡献。同时通过这种人道救援可提升沿岸国家海军遂行此类公益活动的能力，从而站在道德的制高点上，塑造负责任的良好形象。其二，沿岸国家应积极参与和组织有关双边或多边海上联合军演，以便赢得相互信任，消除误解与误判。其三，沿岸国家应通过对话、协商签订有关预防海上事件协定，旨在就双边或多边海上航行和安全、海上军事活动，特别是舰机在近距离活动时应遵守的原则和程序达成共识，建立海军联系热线，化解误判，避免海上冲突。[①] 其四，加强对沿岸现有信任与合作机制的利弊进行分析，引导有关机制构建朝着有利于合作的方向发展。同时加强对海军在信任机制建设中的作用及实施军事合作的方式与方法进行研究，抓好信任谈判与海军合作人才培养，为顺利推进信任与合作机制建设提供有力保障。

二、利益平衡功能

国家作为理性行为体，其对外战略与政策实际上都立足于本国利益，有关国家如果有了共同利益往往会带来共同的安全需求，即使原来是对手也可以转化为援手，至少可转化成非对手、中立的一方，因此利益是国家合作的联系纽带。在这种情况下，如何以利益均沾为导向、平衡利益考量，通过利益交汇点与共同点完善航道安全保障国际合作机制就成为一个十分重要的课题。

航道安全保障国际合作机制构建必然会涉及多元主体，但目前有关航道安全保障合作主体之间存在着错综复杂的利益关系，各种利益交织在一起且相互联动。而各主体为了维护自身的安全利益会进行一系列博弈甚至会产生冲突，因此需要采取必要的协调措施以形成真正意义上的利益共同体，促进有关航道利益诉求在动态博弈

① 冯梁：《中国的和平发展与海上安全环境》，世界知识出版社 2010 年版，第 319—321、334—339 页。

的过程中实现制衡，从而避免领导权之争等问题的出现。同时航道安全保障国际合作所带来的收益其实会在有关国家之间呈现差异化发展，利益不均的长期积累会使获益较少的一方产生不安全感与心理不平衡，从而阻碍有关航道安全保障的进一步合作。只有当航道安全保障国际合作机制的价值得以充分体现，利益实现平衡，有关国家参与航道安全保障国际合作长效机制构建的意愿与积极性才会提高，才能分摊航道安全保障合作成本，从而使航道安全保障联合行动长期稳定地持续下去。

第一，促进自身利益与共同利益之间平衡。沿岸国家作为航道安全保障的主体，在追求自身利益最大化的同时，还要注意国际航道安全保障公共利益，通过有关航道安全保障主体之间开展全面而具体的合作来共同保护航道安全的共同利益。目前沿岸国家虽普遍赞同航道安全保障作为公共产品具有外部性，会影响到沿岸国家共同安全利益，在一定程度上形成了外部功能性认同感，但在有关航道安全保障实际合作过程中依然会存在对外部功能性认同度较低的问题，过分强调与注重自身安全利益过大化，因此需要注意两者之间平衡，在面临航道安全威胁时、在保护自身利益的基础上更好地维护公共利益，即使是基于其自身利益考量，也不能做出损害公共利益的行为。

第二，促进内部利益诱因与外部利益诱因之间平衡。沿岸国家开展航道安全保障国际合作的利益诱因，根据其来源可分为内部利益诱因与外部利益诱因。内部利益诱因是指激发有关航道安全保障主体开展合作动机的力量，如沿岸国家政府主管部门是进行航道安全保障合作的主要内部力量，另外还包括社会组织和港航企业等其他内部力量。外部利益诱因是指除沿岸国家有关航道安全保障主体之外的力量，如国际海事组织就是一个主要外部力量。目前同外部利益诱因相比，内部利益诱因是有关航道安全保障合作能否顺利开展的关键，因此要注意两者之间平衡。

第三，促进商业利益与环保利益之间平衡。航道安全保障主要目的是促进海运贸易发展，海运贸易是利益主体获取真实利益以及增进利益的手段，它应以环境这一维持性利益为基础，但目前海洋环保与航道安全保障之间存在一定张力，有关航道安全保障的一些做法，特别是为了生态环保的利益，会对正常海运贸易的商业利益获取产生一定影响。如近年来一些发达国家为了减少海损事故与防止船舶溢油污染，不断加大港口国监督力度，使得一些发展中国家船东利益受到较大侵害，从而对该国海运贸易发展造成很大负面影响。[①] 因此沿岸国家在开展航道安全保障国际合作时，应从整体上协调海运贸易与生态环保之间的关系，解决利益层次间的失衡问题：一方面沿岸国家要加强对所属船舶监管，确保航行安全与防止船舶溢油污染；另一方面沿岸国家也要加强合作，努力保护船东与海员的利益，积极促进海运贸易健康、稳定发展。

第四，促进船东利益与货主利益平衡。沿岸国家既有以海运为主的国家，也有以贸易为主的国家，同时有的国家如中国既是海运大国又是贸易大国，因此要注意船东利益与货主利益之间的平衡，特别是在出现海损事故时对于船东利益与货主利益的保护具有同样重要作用，这样才能真正促进海运与贸易协调发展。

第五，促进眼前利益与长远利益平衡。眼前利益与长远利益是航道安全保障国际合作的出发点与归宿点，如果只注重眼前利益，航道安全保障国际合作的规模与强度不会太大，反之亦然。沿岸每个国家都有自身追求的目标与维护自身海上利益的要求，但如果毫不顾及对方的要求，一味追求己方利益最大化，会激化矛盾，反而不利于自身安全。因此在追求眼前利益的同时，还要注意长远利益，在长远利益与眼前利益发生矛盾且难以协调时应以长远利益为主。目前有关航道纠纷与冲突的本质是利益谋求在一定程度上的失序与碰撞，因此有关沿岸国家利益拓展不应是排他性的零和游戏，也不

---

① 刘进军、肖文辉：《船旗国监督发展方向的思考》，《天津航海》2007年第4期，第49页。

应是追求最大利益，而是争取最优利益。在这种情况下，有关航道安全保障国际合作应做到趋利避害，既有所为又有所不为，注意短期利益与长远利益平衡，必要时可牺牲一点局部与眼前利益以换取更大的海上利益。

三、争端解决功能

一般来说，具有权威性的争端解决机构或解决机制对于化解相关方的矛盾与提高合作机制的有效性具有重要作用。有关航道在使用过程中，由于各种各样的原因会面临一些争端，如海洋权益、船舶碰撞以及船舶运输合同、海员劳动合同、船舶代理合同等纠纷。具体来说，有关争端与纠纷主要是由以下几个因素造成的：其一，主权因素影响。有关航道跨越了不同国家的海洋管辖边界，为沿岸国家所共享。这就使得有关航道利用、管理与纠纷会牵涉到地缘政治与国际关系，以及各国海洋权益与边界管理、海洋经济合作、渔业与自然资源开发、生态环境保护、国际合作机构建设等多种复杂的综合问题，很难在一定的时空尺度内同时满足所有国家诸多目标的需求，特别是有的航道就处在争议岛屿附近或穿过有争议海域。其二，信息因素影响。航道安全保障对有关海况、气象以及开发与建设资料要求较高。但有关沿岸国家由于缺少信息交流与共享机制，一些信息披露不充分、不完整、不准确，特别是跨境船舶溢油导致海洋环境污染还会引起有关国家猜疑与误解，甚至是恶意揣测、妄加评论，制造事端。其三，利益因素影响。在有关航道开发、利用与保护的过程中，由于所涉及的因素复杂，利益差异较大，不同国家所关注的重点并不相同，甚至有时还会存在相互矛盾的利益诉求。在这种情况下，航道有关争端具有常态性与个别差异性，既具有地区性又具有国际性，涉及的争端方与内容较多，情况复杂，各国要求不同并有大国干预，使问题趋向多元化与国际化，增加了争端解决的难度。因此沿岸国家如何既充分、公平、合理，又合法、有据、妥善地利用与保护航道资源，力求使争端解决商事化、民间化、法律化，避免政治化、国家化、多元化，从而有效避免摩擦与纠纷就显得尤其重要。

第一，谈判协商，即当事国以及相关国家或组织根据相互妥协原则，通过外交协商、谈判、和解等手段共同解决争端的方式。一方面由于该方式具有形式多元性、程序灵活性、意思自治性，可以进行多层次与多渠道谈判与磋商；另一方面由于该方式具有结果互利性与平和性特点，而且由于谈判协商是建立在自愿基础上的，双赢或多赢是其追崇的价值与目标，能够避免付出过多社会成本以及损害国家利益，这是沿岸国家对该解决机制认同的优势。特别是在相关各方分歧不大的情况下，为了共同利益，相关方都愿意妥协，否则会给自己带来更大损失。因此一般来说这是争端解决的常用方式，而且从法律角度来看，谈判协商也是国际海洋法所倡导的争端解决手段以及赋予当事国的法律义务。为此，沿岸国家就需要创造坦诚、互信的良好政治氛围，制定共同遵守的规章制度或签订相关协议，以相关方都愿意接受的方式与方法解决航道有关争端与纠纷。

第二，如果各方对于某些争议认识、主张和立场大相径庭，在这种情况下会有两种务实选择：其一，先解决争议，再发展国家关系。其二，先发展国家关系，把有关争议搁置起来，在发展国家关系中逐步解决掉。因此搁置争议具有双重性：一方面争议依然存在，相关方各自仍坚持原有立场，只是暂时得到了平息，并未完全解决，一旦条件具备可能再次出现争端。不过争议在获得最终解决前，选择暂时解决也不失为一种有益的思路。另一方面必须把争议挂起来，对争议进行建设性的有效引导与管控，尽量避免新的摩擦，使得争议解决朝着有利于各方与航道稳定的方向前进。[①] 因此搁置争议不等于消极等待，可通过采取多种措施进行全面沟通以缩小争议：其一，

① 张耀光：《中国海洋政治地理学：海洋地缘政治与海疆地理格局的时空演变》，科学出版社 2004 年版，第 139 页。

积极开辟专家对话渠道，如互相访问、交换学术观点、共同参加研讨会以及参观、考察等活动。其二，沿岸国家主管官员应定期会晤，就某些紧迫问题达成临时性协议或安排。其三，应建立强化措施，共同管控危机，避免意外冲突。

由于暂时搁置了争议，争议各方的矛盾得以缓和，因此搁置争议也是目前解决有关争端用得较多的一种方式。但由于搁置争议只是在一定意义上暂时回避了矛盾，这是在当事国备受牵制又相互顾忌的前提下彼此静观待变的一种模式，实际上并没有彻底解决矛盾分歧，一旦遇到其他因素的干扰，就有可能再次出现矛盾激化等问题。因此搁置争议虽是暂时缓和争端的有效办法，但争端如果想彻底解决还需运用其他方式。

第三，做出实际性临时安排作为过渡。这种临时安排的目的在本质上是平等共利，从利益角度来看主要体现在以下两方面：一方面承认沿岸各相关方正当与合法的利益诉求，但另一方面各相关方的利益诉求不能以侵犯别国固有的海洋权益为准则与行为边界。因此有关沿岸国家应采取阶段性、暂时性、预防性措施以促进争议解决：其一，争端与纠纷产生的原因之一是有关航道安全信息在各国之间传播存在一定的障碍，因此要开展多层次非涉密信息与情报共享。其二，进行专家磋商，设立法学家论坛，加强对话与交流，就有关争端的法律问题交换意见，消除认识分歧，形成统一解释，特别是对有关争端不应轻易采取单方面立法行动，以防止把有关问题激化。同时还应建立地理与地质专家磋商机制，就有关航道的地理、地貌、地质、海况、水文等情况交换数据，澄清事实，寻求共同点。其三，注意掌握有关争端舆论导向，避免过激民族主义情绪的消极影响。其四，就有关争端问题保持谈判势头，重点在生态灾难预警、海上搜救责任区等方面做出努力，有所突破。其五，充分发挥有关安全机制如东盟地区论坛、亚太安全合作理事会等机制与机构安排的预防性外交作用，防止争端升级，以实现争端暂时解决，这可在一定程度上消除外界的误解与偏见。

第四，寻求第三方仲裁。《公约》规定，有关国家如在合理期间内未能达成任何协议，应诉诸司法裁判程序。① 现代国际法为有关航道争端的裁决提供了法律依据，根据发生争端的类型、主体、争议地点的不同可选择国际仲裁或国际司法机构的方式来解决。由此可见，这种方式主要通过国际法及相应的机构、程序来裁定争议且裁定结果对当事国产生拘束力。但诉讼程序刻板、繁琐，需要取样调查与专家论证，而且专业性较强，很难在短期内取证、做出判决，因此时间、资金、人力耗费大，成本高，不具有灵活性与策略性。同时沿岸国家也可以自己建立能体现公平与互利原则的争端解决机制，成立有关争端解决机构及制定相应的规则，淡化基于国际社会政治、经济、军事优势的权力导向。一方面从机构设置来看，可设置国际海事争端处理中心，并根据其任务的不同分为常设机构与临时机构；另一方面从有关规则制定来看，可通过召开专门外交大会缔结双边或多边条约予以落实，也可通过召开沿岸国家领导人会议或外长会和交通部长会等达成有关共识，使争端解决尽量避免政治因素影响，以便能够迅速、高效与全面解决各种纠纷，但争端解决不能影响航道自由航行。

第五，依靠军事威慑或战争压制。运用武力手段解决争端对于强势一方来说具有立竿见影的效果，不过这也是目前最受争议的争端解决模式，这种做法违背了和平发展的时代趋势。《联合国宪章》早已明确规定国际争端应以和平方式解决，任何背离此原则的国家或行为都要承受极为不利的巨大风险。

总之，由于受各种复杂因素的影响，目前有关航道争端很难在短期内有效解决。另外，也不宜将某种争端解决机制模式固定化，在上述有关方式的运用中应体现灵活性与综合性。

---

① *United Nations Convention On the Law of the Sea*, http://www.un.org/Depts/los/convention_agreements/texts/unclos/closindx.htm.

四、危机预警与管控功能

如果沿岸国家无法解决有关航道争端与纠纷，甚至矛盾激化或有突发事件发生，可能会造成危机，这对沿岸国家互信来说危害极大，会影响到有关航道的安全利用。另外，风暴潮与海啸等自然风险、海上危化品泄露等生态风险以及海上跨国犯罪等社会风险，也都使得有关航道各类合作及项目运营面临着严峻挑战，因此针对这些海上自然灾害与人为灾难等突发事件也迫切需要加强危机预防与管控。危机的发生可使沿岸各国开始认识到有关航道安全保障的缺失及未雨绸缪开展合作的重要性、必要性与紧迫性，使其进行危机预警、管控与处置，开展合作并寻求解决方案成为现实需要。但由于此类问题一般会涉及沿岸国家主权，敏感性强，而且有关国家对《公约》等国际海洋法有不同的理解，因而目前沿岸国家危机预警和管控措施进展缓慢，尚处于探讨阶段。在这种情况下，化解海上力量对峙、采用和平方式解决危机应是有关航道安全合作与增进信任的首要追求目标。为此，沿岸国家要建立健全有关航道安全风险研判、防控协同、防范化解机制，共同提高抵御安全风险的能力。

第一，沿岸国家应成立航道危机预警与管控中心，或成立常设或特别委员会及工作小组，讨论危机预警与管控原则及措施。一方面应注意加强预防性建设功能，如在航道危机预警与管控中心协调下，加强航道监视、预设海盗与海上恐怖主义等不安全因素处理、开展航道风险评估、实现安全预警信息共享等方面协调，将有关危险与威胁降到最低；另一方面增强危机处理功能，包括危机预防、遏制、转化、解决等诸多方面，突出表现为在航道危机预警与管控中心的协调下加强有关航道安全资源调度、合作护航、海上联合搜救以及善后联合处理等在内的各种必要的应急措施。①

第二，针对危机的不同阶段采取不同举措。其一，加强情报与信息预警合作；其二，完善危机应急联合预案，加强危机应急基础设施建设与联合演练，强化危机应急能力建设，加快提高危机预警水平，尽量做到有备无患；其三，当危机陷入徘徊后要尽快打破僵局，促使危机向有利方向转化。

第三，区别对待危机的不同类型，明确主要矛盾，避免危机与其他问题纠缠在一起使问题复杂化，从而把关注点集中于解决与主要危机方的关系，加强处置的针对性。而且应由直接当事方通过谈判协商解决，反对域外大国插手。

第四，要对危机实行分级管理。有关航道危机的诱因往往来源于国家间的综合矛盾，因此在使用国家海上力量时应注意讲究策略，综合利用国家海上力量实现多种手段并举。一般而言为避免直接对抗，在通常情况下应主要使用海上执法力量，而尽量减少直接使用海军的频率与强度。但在一般的执法力量不足以应对危机时，如中国海事部门虽在涉外安全执法方面专业性强，但其只具有一般行政执法权，如果想要与其他国家的海岸警卫队等执法主体进行合作，还须与中国目前具有武力强制性的执法部门——中国海警进行职能互补与协同。为此，就要依据危机进行分级管理，对危机背景、性质、规模、强度和涉及海域等因素进行综合分析，确定危机不同级别，并依据国家海上执法队伍所执掌的职责、能力、装备和适应海域等情况做出区分，视情决定出动种类、规模和强度，并视事态发展状况决定海军力量的参与力度，特别是要借用海军以外的海警与海事等力量，充分发挥它们在和平时期管辖海域和应付突发事件的作用，实现政治、外交、经济与军事手段多管齐下，真正做到反应适度、力量适中、强度适宜，使有关航道危机能得到综合处置并处

---

① 邵雪婷、荣正通：《21 世纪海上丝绸之路中东海域的安全机制建设研究》，《中国海洋大学学报（社会科学版）》2015 年第 4 期，第 57 页。

于可控状态。在这里，特别要注意视情做出降级或升级应对危机的力量使用。在有关航道危机发展过程中，对国家海上力量做出升或降的使用会对危机处理产生较大影响。如果力量使用强度过低，不足以有效慑止对方；反之又可能导致危机升级，同样不利于危机管控。因此必须科学分析有关航道危机的具体情况与特点，着眼其发展变化，把握好使用海上力量的数量、种类、方式、强度、时机以及海域等，避免航道有关危机陷入僵局或出现失控的局面，掌握危机管控的主动权。特别是沿岸国家要慎重选择升级行动：一方面行动升级固然会使对方压力增大而可能放弃目标和企图，但升级也会带来一定风险与不确定性，对彼此互信造成破坏性影响；另一方面卷入危机的各方通常都不愿扩大与升级危机，因此除非危机涉及核心利益，在一般情况下不要采取升级行动。如果毫不顾及对方的海上要求，一味追求己方利益的最大化，很难对危机进行有效控制，因此要注意追求海上目标的有限性，应以国家的海上长远目标为主。

第五，要对危机实施快速处理。鉴于沿岸航道有关危机具有关联性强、牵涉面广、影响力大、国际势力容易干预等特点，为避免问题久拖不决，导致局势复杂化与危机扩大化，处理危机要及时迅速，沿岸各方都要以大局为重和有足够的诚意，开展务实外交，减少信息不对称，采取多种方法尽可能缩短危机处理时间，同时要洞察海洋其他方向的态势，注意相关国家的反应，做好应急准备。

第六，保持畅通接触与协商沟通。一般来说航道危机各方敌意越浓，恶意曲解对方的可能性就越大，相关方紧张关系就越难缓解。为了消除敌意、增进互信，创造解决危机的良好氛围，同时也为了向对方传递明确的信息，应想方设法保持与对方接触与沟通的渠道。另外，由于航道危机影响广泛，可能会波及第三方利益，因此在对危机实施控制时必须寻求有关国家以及国际社会的理解与支持，特别是当试图采取重大行动时更要做出必要解释，消除第三方的疑虑。[①] 而且在危机过后，沿岸国家应努力推动与探讨有关航道安全保障领域的机制化、常态化和可持续性的合作。

第三节　航道安全保障国际合作长效机制基本特点

航道安全保障国际合作长效机制不仅内涵丰富，功能完善，而且还具有鲜明特点。

一、全程性与全员性

国际航道漫长，涉及主体众多，因此航道安全保障国际合作长效机制构建必须满足全程性与全员性要求，才能真正维护好航道秩序，促进海运贸易健康发展。

一方面从全程性来看，美国马汉强调："整个航行期间，国家对船舶的保护，必须护送至尽可能远的地方。"[②] 因此沿岸国家在加强航道安全保障国际合作的过程中，"既要考虑始发，也要考虑到达，还要考虑中途。既要考虑点，也要考虑线，还要顾及面"。[③] 为此，航道安全保障合作应关注各个环节，"就船舶运输来讲，现代安全管理要求从装货、航行到卸货以及运输过程中的一切活动的各个阶段，对影响运输安全的技术、管理和人员的因素进行控制"。[④]

另一方面就全员性而言，任何一个国家有关航道安全监管能力都是十分有限的，必须互相协作。同时单凭沿岸国家航道监管部门

---

① 冯梁：《中国的和平发展与海上安全环境》，世界知识出版社 2010 年版，第 351—352 页。

② ［美］A. T. 马汉著，安常荣、成忠勤译：《海权对历史的影响（1660—1783）》，解放军出版社 2006 年版，第 35 页。

③ 张炜主编：《国家海上安全》，海潮出版社 2008 年版，第 399 页。

④ 洪碧光：《船舶安全管理》，大连海事大学出版社 1999 年版，第 5 页。

的力量远远不够，因此在提高沿岸国家各自航道监管能力的基础上还必须做好其他各方面的协同，优化整合沿岸国家官方、企业与民间的相关资源以配合航道监管部门的行动，构建平等、多元主体共同参与的航道安全保障国际合作机制与多层级体系。目前有关航道安全保障主体以国家政府部门为主，主体较为单一，且由于国际地缘政治的特点，参与航道安全保障的各国地位并不平等。在这种情况下，需要吸引不同主体参与有关航道安全保障国际合作，如政府组织与非政府组织、港航跨国公司、社会团体等行为体。由于不同层次的主体会关注不同的问题，多元主体能够使航道安全保障更加有效，因此通过“参与＋合作”的模式充分调动有关国际与区域组织以及国家、企业、市场等多元主体参与构建航道安全保障国际合作机制网络，从而形成航道安全保障国际合作新模式。同时还要促进有关主体之间的地位平等，如果航道安全保障主体之间地位不平等，会严重影响处于弱势地位的主体发挥作用，进而影响航道安全保障整体效果。因此应妥善处理好有关航道安全保障主体间矛盾，建立多元主体共同、有效的参与模式。

二、综合性与系统性

航道安全保障国际合作长效机制构建是全方位的，具有综合性与系统性特点，各种机制之间应相互联系，从而形成一个有机整体。

一方面从综合性来看，要做到以下几点：其一，国际航道依据不同的标准有不同的分类方法，不同航道的安全需采取不同的保障手段，因此航道安全保障国际合作长效机制构建需注意有关议题的多领域与会议机制的多轨道。其二，国际航道线路长，涉及对象数量多，合作主体具有多元性，如船籍国、所经海域管辖国、海员所属国、船上货物所属国等，这就需要有关国家按照共同接受的规范与规则通过多边合作解决航道安全保障问题。其三，航道安全保障国际合作是一个综合性框架，具有合作领域、制度与目标等多样性或多重性，并不是某个单一领域的问题，而是涉及政治、经济、军事、外交、管理、科技等诸多领域，是这些领域涉及海上航道部分的总和与综合。学者陆忠伟强调，维护海上通道安全要有立体安全概念，不能只盯在海上，还应注意沿海、海空等各个层面。学者傅梦孜指出，海上通道安全与陆上安全能力紧密相关，没有陆地的有效配合，临海国家对海上通道安全的控制是有限的。学者蔡梅江指出，传统意义上的海上运输就是船舶从甲港把货物运到乙港，但目前有关服务已延伸到原材料采购、运输、包装、仓储、交货等各环节，而且这些环节相互作用与影响，因此陆上安全将为海上安全创造条件，而陆上不利因素也可能在海上运输途中发展成为重大安全隐患。在这种情况下，要做好海上安全就“必须考虑海上运输的两头，从源头做好防范”。[①] 由此可见，国际供应链需求对有关航道综合安全保障提出了全新要求，需要沿岸国家利用各种正式与非正式机制进行综合治理。

另一方面从系统性来看，“海运通道是由装船码头、海运航线、海运船队、运输组织、卸船码头和配套岸上存储设施组成的有机系统。在供需关系稳定的情况下，通过海运船舶沿海上航线将货物由供应地码头运至进口地的岸上储存设施”。[②] 因此对于国际航道来说，“海上安全保障系统主要由海事组织、港口国当局、引航、航运、造船、船级社、船用产品制造、货主、租船人、海事法院、海事仲裁、船员等众多环节相互关联、相互依存而形成的，船公司、租船人承担着海上安全最直接的责任”。[③] 由此可见，上述这些相关方都是维持船舶正常运作的重要环节，它们相互依存，构成了一个

① 蔡梅江、王清、薛平：《海上安全因素的变化及对策》，《中国远洋航务公告》2008 年第 11 期，第 57 页。

② 贾大山：《中国水运发展战略探索——战略准备阶段回顾与新阶段发展展望》，大连海事大学出版社 2007 年版，第 248 页。

③ 中国现代国际关系研究院海上通道安全课题组：《海上通道安全与国际合作》，时事出版社 2005 年版，第 5—12 页。

完整的营运系统："整个物质世界是普遍联系之网，任何事物都是这个网上的一个环节和网眼……船舶安全生产就是由大量的网眼构成。例如机器设备、船体、船壳、航海人员素质、货物积载、绑扎等等。它们之间不是绝对孤立的，而是处在普遍联网之中。某个网眼出了问题也就影响了整张安全之网。"[①] 同时，"由于航道安全强调的是一个整体性的安全问题，缺少其中的任何一环都会对其整体安全造成破坏性影响"。[②] 在这种情况下，任何一个国家出现问题都会对整个航道安全产生不利影响，因此沿岸国家必须加强航道安全保障国际合作长效机制构建，才能使整个系统正常运作。另外，沿岸国家有关航道安全保障国际合作的系统性不仅表现在是由各环节构成的一个完整的静态系统，而且该系统还是一个动态体系，需要各环节整体联动才能保证务实合作绩效，因此不必为某一段航道安全的得失而纠结，这是由航道安全保障国际合作开放性、多元化、多领域特点所决定的。系统联动性不仅在于以海上交通运输与基础设施为载体的地理空间上的互联互通，更在于各行为体在政策、制度和规则上的合作与互动，以形成相互作用的联动机制。在此基础上，还表现为与其他经济通道、港口选址、产业园区规划、海洋合作、区域合作以及安全合作的整体联动，这构成了目前航道安全保障国际合作机制的主要内容。

三、过渡性与外溢性

航道安全保障国际合作具有从低到高的过渡性以及促进其他方面合作的外溢性。

一方面从过渡性来看，在目前有关海上国际合作大方向下，沿

---

① 魏家福：《以科学的思维方式指导船舶安全工作》，《中国远洋航务公告》2005 年第 6 期，第 24 页。

② 张芃菲：《印度洋通道安全对中国的重要意义及面临的挑战》，《江南社会学院学报》2015 年第 1 期，第 16 页。

岸国家有关航道安全保障国际合作长效机制构建属于次级的合作范畴，是当事国在类型化事务与技术方面具体实施的安全保障合作。其一，沿岸航道安全保障国际合作的议题一般是非传统安全领域中的低敏感议题，而不是传统政治与军事安全领域的高敏感议题，基本上是不涉及主权争端的事务性合作。因此沿岸国家有关航道安全保障合作应搁置争议，将合作目标放在维护航道安全的具体措施上来。其二，沿岸国家有关航道安全管理的职能、内容、手段、装备等都具有很高的技术含量，如船舶安全检查及其溢油污染治理合作、海上应急联合搜救、海上通信对接与信息共享、海上交通事故调查等方面均具有很强的技术性和专业性，因此应把有关海事国际公约中的技术制度作为解决航道安全保障合作困境的技术模式。在这种情况下，沿岸国家有关航道安全保障国际合作在本质上属于一种过渡安排，体现了沿岸国家一种务实态度，即通过对话协商建立起合作机制，并采用符合国际海洋法的行为模式，旨在维护海上航行安全与畅通。[①] 在此基础上，再促进沿岸国家向高阶、战略性海上安全保障国际合作方向发展。

另一方面从外溢性来看，沿岸国家有关航道安全保障国际合作可发挥其外溢作用，促进相关各方其他方面的海上安全合作。船舶运输是海洋经济活动的载体，沿岸国家有关航道安全保障国际合作长效机制构建是为船舶平稳运行提供良好的环境，确保沿岸国家海运贸易以及其他海洋经济与资源开发活动有效开展。因此这种合作属于非传统安全合作，但与传统安全相比并非零和博弈，其终极目标是为了实现共赢，即在保证自身利益不受损害的同时也不损害他国利益。即使在有关争议海域的航道安全利益，沿岸国家也并非泾渭分明、非此即彼，只有加强合作才能创造共赢局面。[②] 在此基础

① 马金星：《南海航行安全中国家管辖权的冲突与协调》，《社会科学辑刊》2016 年第 6 期，第 48 页。

② 叶泉、张湘兰：《海洋划界前临时安排在南海的适用》，《南洋问题研究》2014 年第 2 期，第 20—25 页。

上，沿岸国家开展航道安全保障合作有助于充实蓝色伙伴关系内涵，增进相互信任，推动彼此国民间好感度上升。其一，有助于带动海洋环境等其他领域合作，如南海周边国家所面临的环境问题具有相似性、长期性与复杂性特征，因此应首先开展防止船舶溢油污染合作，进而以此为基础在更广泛的领域进行合作。[①] 其二，有助于增进沿岸国家政治互信，形成共同认知，萌生解决航道共同问题的愿望，从而扩大在海上传统安全领域的合作。其三，有助于培养沿岸国家民众加强航道非传统安全合作的共同意识，增进传统友谊，改善民间感情，为进一步推动其他非传统安全领域合作奠定民意基础。如海上联合搜救直接关系到人员安全，对被施救的对象应实行无差别对待，必须对遇险人员进行及时、有效救助，因此在涉及重大海难救助的时候，沿岸国家一般都会摒弃政治偏见、意识形态分歧、海洋权益争端等因素的干扰，以人道救助为先。

四、开放性与持续性

航道安全保障国际合作长效机制应是一个开放、兼容的机制，所有沿岸国家、区域组织、港航企业等都可自由参与进来，成为合作机制构建的主体，共同促进航道安全保障可持续发展。

一方面从开放性来看，主要表现在以下两点：其一，合作内容的开放性。在航道安全保障国际合作长效机制构建的过程中，各参与主体可开展多方面合作，对合作内容及层次并无局限和要求，既可以是国家层次合作，也可以是不同地区间合作。其二，合作方式的灵活性。目前航道安全保障国际合作并没有一个特定形式与强制约束的组织，但在其构建过程中并不排斥沿岸国家、地区或其他参与主体俟时机成

---

① R. Mushkat, Creating Regional Environmental Governance Regimes: Implications of Southeast Asian Responses to Transboundary Haze Pollution, *Washington and Lee Journal of Energy, Climate, and the Environments*, No. 4, 2013, pp. 103 – 160.

熟时，通过协商一致，形成政府或非政府间组织，因此只要有利于航道安全保障国际合作长效机制的构建，无论何种形式的合作均可尝试。而且有关航道安全保障国际合作长效机制构建的根本目的在于通过搭建一个公平、合理、有序的多边合作框架，为沿岸国家尤其是发展中国家提供互利共赢的良好发展环境，因此其安全保障成效将在很大程度上取决于沿岸国家的广泛参与程度，需要参与国共同推动。在这种情况下，有关合作不可能是封闭机制，而应广泛吸收所有愿意参与的国家，无论大小、强弱、贫富都是平等参与者，共同商议、建设与受益，而不搞排他性安排，不限国别范围。这种合作机制应是平等互利、合作共赢的利益共同体与安全共同体等新型合作关系，而不是核心与边缘、依附与被依附等不平衡与不平等的关系，充分体现合作的非排他性与非地缘政治倾向性。因此这种合作机制更体现了公共产品的性质，特别是高度开放性这一特点有助于澄清一些来自国际社会的无端猜测与误读，有助于增信释疑。为此，沿岸国家有关航道安全保障国际合作长效机制构建应首先积极推进双边合作并充分发挥双边合作的示范、引导与激励作用，在此基础上再进一步将着眼点延伸到多边合作，促进其他国家共同参与构建。其一，在双边合作中要积极树立成功典范，形成用事实说话的示范效应，从而在根本上瓦解一些舆论歪曲有关航道安全保障合作机制的不实之词，努力化解沿岸国家的担忧与顾虑。其二，在双边合作中进一步摸索和完善适用于沿岸国家特别是发展中国家的合作模式，积极引导其他国家理解与接受多边合作框架。其三，在双边合作基础上构建开放性区域主义，通过双边合作效应对其他国家形成有效激励，促使其他国家能够明确意识到只有参与有关航道安全保障国际合作、形成多边区域合作才能最大限度获得共同发展的安全收益。

另一方面从持续性来看，由于航道安全保障是相对的、安全保障能力是逐步提高的、处于不同阶段国家安全保障标准是不同的，因此有关航道安全保障国际合作长效机制构建将会是一个持续性发展过程。其一，由于安全是相对的，绝对的安全是不存在的，因此从航道安全保障的角度来看，“海洋的广阔性、复杂性及地理、气候和人为因素，即使一国拥有绝对的主控能力，这种能力表现在对海上的控制时也总是间隙性的。因此海上通道安全更是相对的、充满着不确定性和不可预测性”。特别是有关航道所经海区环境的不断变化，更使得相关安全保障合作变得迫切与重要，如近年来一些热点航道通行密度增大使得船舶风险增加，特别是海盗与海上恐怖主义活动等不可控因素变得更趋复杂与严峻，对有关航道安全构成新的危险与挑战。在这种情况下，一些海运公司虽有保安计划与管理体系，并提前做了大量防范工作，但依然防不胜防，① 对此要有清醒认识。其二，由于人们对航道的认识与利用的能力是逐步提高的，船舶操作与装卸等工艺也是逐步完善的，在这种情况下就必须严防抄近路与只顾短期红利的冲动，不断为航道安全保障国际合作长效机制构建提供新动力，促进有关合作持续发展。其三，航道安全保障面临着与国家之间海上环保、海上资源开发以及海洋自然灾害应对等相互协作的问题。为此，沿岸国家要不断推动航道生态安全保障国际合作机制构建，促进航道绿色、健康、可持续发展。其四，航道安全威胁具有长期性，“由于实力只能增强应对威胁的能力，但未必能自动转化（为）应对各种威胁的保证，已有的世界秩序本来就不公正，发展导致的差距同样导致不平衡心态下的对安全挑战的可能，从这个意义上而言，安全又面临复杂的、起伏性的心理反应，（如果）没有建立……一种全新的秩序安全，安全始终会遇到挑战”。② 因此“海上通道安全必须要从长久使用、持续使用上考虑”，③ 为此就要立足于长远规划，坚持将可持续发展作为航道安全保障国际合作长效机制构建得失评判的根本标准。

---

① 蔡梅江、王涛、薛平：《海上安全因素的变化及对策》，《中国远洋航务公告》2008 年第 11 期，第 56 页。

② 中国现代国际关系研究院海上通道安全课题组：《海上通道安全与国际合作》，时事出版社 2005 年版，第 7—13 页。

③ 张炜主编：《国家海上安全》，海潮出版社 2008 年版，第 399 页。

第六章　航道安全保障国际合作长效机制构建原则和路径

航道安全保障国际合作长效机制构建要遵循一定的原则，并在基本原则的指导下选择合适的构建路径，在这一过程中要充分发挥中国的重要作用。

第一节　航道安全保障国际合作长效机制构建指导原则

所谓原则是指航道安全保障国际合作长效机制构建的基本行动准则，是沿岸国家在共同利益基础上通过合作促进有关航道和平利用的指导方针。

一、着眼全局，整体筹划

有关航道沿岸国家要秉持和平、发展、合作、共赢的精神，准确研判当前航道安全保障国际合作长效机制构建的发展趋势，保持清醒头脑，以耐心、坦诚、自信的心态谋大势、讲战略、重运筹，共同促进有关航道安全畅通与充分利用。

一是要积极谋划，从服从与服务于沿岸国家海运贸易及海洋经济与资源开发实际需要进行顶层设计、统筹规划、整体布局、明确定位、廓清重点，通过相互配合发挥整体协同效应。

第一，航道安全保障国际合作长效机制是有关国家海洋安全保障国际合作机制的重要组成部分，因此必须整体筹划、综合考虑，做好长期发展规划并不断完善，加快编制构建路线图与专项规划，明确战略目标、基本原则、行动纲领，全面厘清并准确把握发展方向、利益诉求、支撑动力、重点领域，设置详尽的具体任务及创新性谋划实现的路径，区分不同阶段与海域并开展相应的工作。

第二，准确把握影响航道安全保障国际合作长效机制构建全局的战略制高点。其一，针对海洋大国在重要航道的战略布局，有关国家应通过积极塑造，分散与化解外来压力，增加调控筹码。其二，有关国家要强化海上力量合理配置，以便在博弈中保持主动地位，因此应有计划、有目的、长期系统地进行有关航道安全保障的装备、技术、人才等方面的建设与筹备，真正做到有备无患。其三，积极采取双边合作、多边参与等多种途径，最大限度地消除影响航道安全的隐患。其四，开展有关航道重点海域协调，努力增加相关国家利益交汇点，追求整体利益而非局部利益、追求长远利益而非短期收益，从而在错综复杂的利益关系中寻求主动与平衡。①

第三，国际航道漫长，涉及国家众多且差异较大，因此有关国家应将整个国际关系与形势以及地缘环境在海洋领域的变化及其对航道安全保障国际合作长效机制构建的影响综合起来进行全面评估，有条不紊进行精心谋划，特别是应通过沿岸国家高层互访与对话，逐步形成有利的战略态势。

二是由于航道安全保障国际合作长效机制构建涉及各方利益，因此有关国家在合作构建的过程中还应注重政策性与策略性，做到统筹兼顾，妥善处理好陆地与海洋、近海与远海、安全与发展、意愿与能力、权利与义务、内政与外交、双边与区域、平时与战时、当前与长远等各方面关系。

第一，陆海统筹。航道安全保障国际合作长效机制构建应遵循

---

① 梁芳：《海上战略通道论》，时事出版社 2011 年版，第 300—302 页。

陆海功能互补性原则，一方面沿岸国家应努力做到陆海相互呼应，形成互动与互推的新机制。如“一带一路”建设无论是海上还是陆上有关通道的并行开发，不仅要基于经济成本进行多元选择，而且更要基于安全因素，如马六甲海峡、霍尔木兹海峡、苏伊士运河等这样的海上咽喉要道一定要考虑有关陆上安全通道替代问题，努力实现运输线路的多元化，着力分散和化解海运风险。另一方面沿岸国家要充分发挥陆地与海洋的独特优势，加强陆地和海洋的联动性与互补性，合理规划陆地与海洋的承载度，避免陆地与海洋收益相抵冲。如航道安全问题的出现固然有其自然因素，但社会与人类自身因素也不可小视，航道安全问题有时是因为陆地上的问题而引起的，特别是海盗与海上恐怖主义的产生主要是陆上因素造成的。[①] 如索马里海盗之所以猖獗就是因为其获得了当地军阀与武装势力的支持，后者为其提供武器、信息和经济援助,[②] 因此根治海盗的出路不在海上而在陆地。在这种情况下，有关国家可通过航道安全保障合作机制构建行动的外溢，提供人道主义援助，加强当地政府治理能力建设，稳定社会局势，促进经济发展，标本兼治才能实现长治久安。由此可见，不能就海论海来谈航道安全保障问题，单纯地将视线局限在海上，而应由陆入海、由海定陆，将海洋与陆上公共安全产品供给有机结合起来。总之，沿岸国家只有建立起全方位、立体化的航道安全保障国际合作长效机制，才能以更小的成本与更高的效率持久实现消除航道安全治理困境的目标。

第二，硬实力与软实力相结合。航道安全保障国际合作长效机制的构建，既要持续增强有关国家自身支撑动力，又要妥善处理好各国利益诉求，因此沿岸国家应借鉴联合国及世界上其他海洋国家、

---

① Peter Chalk, Piracy off the Horn of Africa: Scope Dimensions, Causes and Responses, *Brown Journal of World Affairs*, Vol. 16, No. 2, 2010, p. 96.

② Freedom C. Onuoha, Piracy and Maritime Security off the Horn of African: Connections, Causes, and Concerns, *African Security*, Vol. 3, No. 4, 2010, pp. 191 - 215.

地区组织有关航道安全保障合作模式与实践，全面加强航道安全保障硬实力与软实力建设并积极促进两者之间相互转化。一方面从硬实力建设来看，沿岸国家应通过合作全面提升海洋军事与执法实力，同时大力发展海洋经济与科技，强化有关航道安全保障的物质基础。另一方面从软实力建设来看，应做到以下几点：其一，积极传播海洋命运共同体、蓝色伙伴关系等新理念和倡议；其二，加强有关航道安全保障合作议程设置能力与法制建设，重视合作规则的制定与阐释；其三，取长补短，借鉴其他海域有关航道安全保障合作机制构建的成功经验。

第三，发挥国家与非国家行为体作用。一方面，沿岸国家首先要提升自身有关航道安全保障公共产品供给意愿与能力。当前应对航道安全困境最为直接的措施当属持续增加有关安全公共产品的供给量，而沿岸国家政府主管部门将在这方面发挥重要作用。因此沿岸国家政府主管部门应主动承担起供给责任，在物资、技术、人才以及组织、制度、法规等方面加大提供的力度。另一方面，要强化非国家行为体的供给作用。航道安全保障不仅需要沿岸国家政府主管部门的积极努力，而且还需要各种社会力量的广泛集聚，尤其是非政府组织与港航跨国企业的积极参与和推动。因此主权国家之外的非政府组织、科研机构、学术团体、跨国企业等主体也都应成为有关航道安全保障公共产品与服务的供给者。从目前来看，航道安全保障的主体一般是以政府为主，其他主体参与不够，因此沿岸国家政府主管部门应积极培育相关非政府组织并根据这些主体的不同属性和比较优势大力开展公共外交，引导它们发挥各具特色的供给能力，强化各类主体的供给作用，共同组成航道安全保障国际合作的网络。

第四，正确处理海运贸易发展与航道安全保障之间的矛盾。一方面，目前沿岸国家有关航道安全保障合作机制主要是以经济合作为主，在安全领域内的合作相对滞后，呈现不均衡的局面。在这种情况下，开展航道安全保障互动就显得尤为重要，因此应以共同、综合、合作、可持续的新安全观来设计有关航道安全保障国际合作的机制框架，形成命运与利益共同体，维护和巩固航道安全保障国际合作长效机制。另一方面，近年来随着海运贸易日益繁荣，一些发展中国家船舶大量涌进来，而这些船舶船龄长、设备陈旧，对航道安全威胁严重。对此，一些国家加大了港口国监督力度，提升了船舶检验标准，严重影响有关国家海运贸易。在这种情况下，沿岸国家需要实现海运贸易发展与航道安全保障模式转型，将两者有机结合起来：应尽快淘汰低标准船，实现海运贸易绿色发展，同时围绕航道安全保障在海洋生态环保、应急搜救、防灾减灾等各领域加强合作，建立开放、包容、公平的国际合作规则与秩序，破解海运贸易发展与航道安全保障之间的矛盾，和平解决和妥善管控海上分歧与纠纷，为消除不利因素、实现航道长治久安探索新路径。

第五，统筹国内与区域航道安全保障合作两个大局。航道安全保障国际合作实际上是各国管辖海域内航道安全保障在区域内拓展且两者存在一定程度的重叠，如有关国家防范与打击海盗及海上恐怖主义活动实际上就是整个航道安全保障国际合作的一部分，因此沿岸国家应注意国内与区域两个大局之间适度平衡。为此，沿岸国家首先要健全自身有关航道安全保障体系与模式，深化海洋综合管理体制与机制改革，建立起行政管理与执法职能相对统一、综合协调并行的航道安全保障体制，推进航道安全保障能力现代化。在此基础上，再遵循航道安全保障发展的总体要求，综合运用政治、经济、军事、外交等多种手段与方式，不断探索与拓宽沿岸国家参与航道安全保障国际合作的新模式与新领域。而沿岸国家通过加强有关航道安全保障国际合作机制构建也会为其自身提高航道安全保障能力起到促进作用：其一，可培养与锻炼有关航道安全保障所需各类人才；其二，可获取航道安全保障各种资料与信息，丰富相关数据库，为航道安全保障科技研发提供依据；其三，可争取国际与区域组织有关航道安全保障资金支持；其四，可加快有关航道安全保障法规建设，完善制度体系；其五，可学习与接受先进国家管理理念，更新自身观念，完善航道安全保障政策与策略。

二、主动作为，循序渐进

在目前航道安全保障供给能力严重不足的情况下，沿岸国家应主动作为，积极承担与自身国力相适应的责任，为航道安全保障国际合作长效机制构建做出应有贡献。但同时由于受多种因素的影响，有关情况复杂，因此在航道安全保障国际合作长效机制构建过程中要循序渐进，明确各目标的优先排序和轻重缓急，逐步形成合理的功能定位，切实保证沿岸国家安全诉求、能力与目标的相互契合。

一是从主动作为来看，沿岸国家积极参与航道安全保障国际合作、提供有关安全公共产品十分必要。

第一，目前国际航道安全问题十分突出，如海盗与海上恐怖主义活动、船舶溢油污染、海损事故、海洋自然灾害等问题层出不穷，而一些国家有关安全保障能力的软弱性、滞后性与有限性却日益显现，需要沿岸国家加快有关航道安全保障国际合作长效机制构建。

第二，沿岸国家有关航道安全保障能力差异较大，海上责任与义务不对称性凸显。一方面，有关航道安全保障公共产品供给主体不平衡。公共产品的非竞争性与非排他性决定了某些国家会坐享其成并由此产生了搭便车现象，在有关航道安全保障公共产品提供意愿方面较为被动，从而在一定程度上造成公共产品供给主体的不平衡与供需不足。另一方面，沿岸国家大都希望有关航道安全保障及其国际合作长效机制构建能朝着更加公正、合理、均衡的方向发展，因此应增加新兴与发展中国家在这方面的话语权与代表性。

第三，航道安全保障国际合作长效机制构建是一项复杂的系统工程，所有沿岸国家有着共同的安全诉求与相互需求，这就要求有关国家应实施更加主动的政策，积极参与航道安全保障国际合作长效机制的构建。

在这种情况下，沿岸国家应有所作为，承担起自身相应责任，积极主动提供航道安全保障公共产品以及参与区域组织活动与规则的制定，增强参与的深度与广度，促使沿岸各国的参与意识、地位、身份和影响力等都发生变化，成为航道安全保障国际合作长效机制的参与者、融入者、维护者、推动者、建设者、贡献者、变革者，努力提供各国应尽的力量、经验、智慧与方案。

第一，自觉承担起与自身地位与能力相匹配的有关航道安全保障公共产品的供给责任。提供航道安全保障公共产品与服务是沿岸国家参与航道安全保障国际合作的重要形式与内容，同时是衡量沿岸国家综合实力与国际竞争力的标准之一，也是提高沿岸国家国际形象、承担国际义务、营造和谐稳定海洋环境与增强国家软实力的重要手段。因此沿岸国家应以使命感、责任感与义务感加大形式多样的公共产品与服务的供给力度，提高供给能力与增量，以自愿、主动、示范来带动、引导其他国家参与到有关公共产品提供上来，完善航道安全保障公共服务体系与功能，努力承担相应支出、援助及其他义务，尽快缩减航道安全保障公共产品与服务供需之间的差距，弥补安全保障赤字，从而促进航道秩序总体稳定。

第二，努力协调航道安全保障各主体之间合作关系。在航道安全保障国际合作过程中会伴有国家间分歧与博弈，对此沿岸国家应秉持开放、包容、和平、合作、和谐等理念，充分利用各种双边与多边安全合作机制框架，在目标设定、具体内容、政策设计、行动落实、成本分配等方面加强有效协调，从而保障有关合作机制构建能够顺利进行。在此基础上，沿岸国家还应共同开展互为促进的航道安全保障国际合作行动，确保合作项目能够顺利实施。同时通过平等协商、互利合作来解决彼此纠纷，共同应对与化解有关威胁，为航道安全保障协调做出应有贡献。

第三，在完善航道安全保障体系中发挥作用。沿岸国家应通过协商修正现有航道安全保障体系缺陷，推动有关政府间组织的建立，制定一些全新的、符合新时代发展趋势的国际合作的制度、规则、标准等，消解不利的消极因素，反对不公正与不合理之处，推动建设公平与正义的新型合作关系。[①]

二是从循序渐进来看，由于航道安全保障国际合作长效机制构建是全方位、各方共同参与的综合性、复杂性的系统工程，涉及的问题较多，各方利益与矛盾相互交织。同时由于文化差异、利益分歧以及外部大国等因素影响，难免会产生各种误解、摩擦、冲突等不利情况，因此有关机制构建将是一个长期的渐进过程，绝非朝夕之功，不能一蹴而就、急躁冒进和急于求成，而是要遵循稳健、务实与渐进的原则，依据总体进展情况，在尊重沿岸航道安全保障发展规律与现实条件的基础上以切实可行、注重实效为出发点，同时寻求各方利益与共识的汇合点，在不同时期根据主客观条件的变化而采取有针对性的行动策略，从相互试探与接触到相互认知与信任，再到相互交融的发展过程，突出各阶段特征并有所侧重，注意近期与中长期目标相结合，以分步骤、有重点、见实效逐步有序推进，由己及人、以点带面、从易到难，逐步提升有关公共产品供给效率，从而集中力量突破航道安全保障国际合作长效机制构建的瓶颈。

第一，由己及人。航道安全保障国际合作长效机制构建既是一个区域地缘政治安全问题，又是沿岸国家自身安全建设问题。一国参与航道安全保障的能力、手段与执行力是以国家综合国力为基础的，没有强大的国家实力就不会有发达的航道安全保障科技、法治、装备制造、人才培养的能力，因此沿岸国家参与航道安全保障国际合作长效机制构建的基础与重心首先在国内，应立足于自身优势。实际上只有把自己国内航道的安全管好了、治好了、用好了，才谈得上参与航道安全保障国际合作，实现共同利益最大化。为此，沿岸国家要从自身做起，身体力行。其一，沿岸国家要增强自身提供有关公共产品与服务的能力与意愿，积极构建科学、合理、操作性强的航道安全保障体系，使之成为整个国际航道安全保障体系的有

---

① 崔野、王琪：《全球公共产品视角下的全球海洋治理困境：表现、成因与应对》，《太平洋学报》2019 年第 1 期，第 70 页。

益补充与完善。其二，沿岸国家要着力推进有关航道安全保障能力现代化建设，健全综合管理与协调机制，完善保障法规，不断健全安全执法与监督机制，理顺管辖海域的功能区划，促进相关科技研发与人才培养，打牢深度参与航道安全保障国际合作的基础。其三，沿岸国家应相互分享航道安全保障有关主张、方案、模式与经验，从而推动合作行动深入发展。总之，沿岸国家应首先通过自身综合实力的稳步增长与有效发挥，优化本国航道安全保障结构、功能与手段以及内在运作机制。在此基础上，再主动参与对外合作、深度融入航道安全保障国际合作长效机制的构建并做出应有贡献。

第二，以点带面。从理想状态来看，航道安全保障国际合作长效机制构建是起步越早越好，数量越多越好，进展越快越好，但问题是有关机制构建需要资金、技术、人才等在内的大量资源投入，否则很难取得预期成果，甚至会适得其反。因此在起步阶段的首要议题是应先选取有价值的关键节点率先构建，通过双边互动、交流与合作，有效发挥支撑作用并能对多边合作其他各方产生积极示范、引导与激励效应，以点带面、从线到片，进一步向重要海域以及全线延伸与拓展，最终构架起整个航道安全保障的宏观布局，从而切实保证多边合作进程稳定、和谐、有序。①

一方面，航道安全是国际海运贸易与供应链持续稳定发展的关键，而港口码头则是保障航道安全的重中之重。在广袤的海洋中要想保障航道畅通以及物资与人员的安全运送，就需要一定的海上力量对其提供安全保证如护航行动，而这些力量不能在茫茫大海中持久维持下去，尤其是在远离陆地的公海中更需要利用一些海湾、岛屿及其港口码头作为基地与支撑。这些港口码头不仅要具备货物装卸与中转的基本功能，而且还要具有投射海上力量、克服地缘劣势、对潜在威胁进行遏制与打击的作用，为海洋机动力量（船舶和人员）

---

① 周方冶：《21 世纪海上丝绸之路战略支点建设的几点看法》，《新视野》2015 年第 2 期，第 106 页。

提供抛锚靠泊、后勤补给、维修服务、人员休整，并为其周边航道安全保障合作活动培育良好环境，以应对复杂多变的海洋政治与自然环境。而在具体设计与规划中，应以海上重点航道为骨架，海上咽喉要道为节点，建设一批多层次、多用途的综合保障基地，打造点、线、面一体化有机组合的空间布局，促进航道安全平衡。按照国际惯例，港口码头既可以由沿岸所在国独自建设，也可在平等、互利与友好协商的基础上由有关国家联合建设，甚至还可租用国外现有的码头基地，并以此为支点扩大有关航道安全保障的辐射范围与有效影响力。① 另外，有关岛礁开发与利用在航道安全保障国际合作中同样具有重要意义。港口码头需附着在陆地延伸至海洋的区域内，若要在远离陆地的海洋中建立港口码头就必须要有一定的基础，而岛礁便是建立港口码头的绝佳选择。另外，一些条件成熟的岛礁经过改造后不仅能停靠军舰，而且还能起降战机，增强在重要节点的军事存在与有效威慑并对霸权势力起到反遏制作用，从而改变不利的战略态势，使近海航道安全能得到有力保障与实力支撑。另一方面，航道安全保障有其特定的地理范围，应先从沿岸国家或相邻国家航道安全保障公共产品的供给入手，以点带面，在凝聚共识、建立信任与积累经验的基础上，再逐渐向区域航道安全保障合作扩展。如果有关国家能够实现公共安全产品与服务的充分供给，整个航道安全保障国际合作长效机制构建的困境也就自然迎刃而解。

第三，从易到难。国际航道安全保障合作所要解决的问题纷繁复杂，既包括船舶溢油污染防治、海上搜救合作等低阶政治领域，又包括防范与打击海盗及海上恐怖主义等高阶政治领域。在当前国际综错复杂的地缘政治大背景下，有关国家试图在航道安全保障所有领域合作并不现实，特别是在高阶政治安全保障领域合作较为困难。而相对来说，航道数据信息交流与共享、防止船舶溢油污染等

---

① 刘赐贵：《发展海洋合作伙伴关系，推进21世纪海上丝绸之路建设的若干思考》，《国际问题研究》2014年第4期，第6页。

低阶政治领域，由于敏感性相对较低，各行为体之间虽有竞争，但同时又有相互依赖而产生的共赢理念来促进协调，因此沿岸国家参与这方面的合作选择余地较大，有关合作与交流较易实现，机制运作具有灵活性。在这种情况下，沿岸国家应首先选择风险较小且易于达成安全保障合作的项目为突破口，重点加强船舶溢油污染防治、海上搜救等低阶政治领域内的合作，这些领域与政治因素牵涉较少且直接关系到沿岸国家切身利益与人道主义，具有广泛的合作空间。在此基础上，随着条件的变化与自身能力的不断增强，再逐步将合作的重点向航道争端调解、联合打击海上犯罪等纵深方向与高阶政治领域伸展。

第四，由近及远。沿岸国家在参与航道安全保障国际合作长效机制构建过程中，应根据由近及远的原则来分配力量，首先要有效开发自身管辖海域的航道资源，集约优化利用近海航道，准确把握近海航道安全保障的效果，其次再延伸到公海航道安全保障的合作，最后实现远洋航道安全保障国际合作。

第五，分步实施。目前影响国际航道安全的因素较多，但世界上大多数国家海上力量有限，难以保证整个航道安全保障的实际需要，因此必须根据各国综合实力与发展战略以及国际航道现实安全局势、面临的主要威胁来科学评估航道安全保障公共产品的需求，突出合作重点，有所侧重，在不同的合作发展阶段有所取舍，为此就要分类推进、逐步实施。如可先从航道安全保障国际合作的软议题做起，特别是由于海军力量参与航道安全保障国际合作容易引起有关国家疑虑与担忧，因此在一般情况下应慎重使用海军力量，先利用已有航道安全保障对话平台，积极参与相关安全议程并适时提出安全保障国际合作议题，在此基础上再建立起多层次有关航道安全保障国际合作平台以及制定合作规则。具体来说，可分为以下 3 个合作阶段：其一，初级合作阶段，即航道安全保障单一目标与项目的合作开发利用；其二，中级合作阶段，即航道安全保障多目标与多项目协同合作开发与利用；其三，高级合作阶段，即航道安全保障一体化、机构组织化、全方位纵深化、可持续发展化合作。总之，航道安全保障国际合作机制构建应从局部向综合构建发展、从利用向保护发展。

第六，渐进改革。对于目前航道安全保障有关合作机制存在的缺陷，沿岸国家应通过磋商使之不断完善，而不是推倒重来。如沿岸国家可根据当前航道安全保障的实际，将有关合作法规建设分阶段来进行：第一阶段，应确立所适用的有关航道安全保障合作的国际海事公约；第二阶段，应以国际海事公约为依据签订适用于不同国家有关航道安全保障具体合作的议定书；第三阶段，应制定各国能够普遍接受的、统一的、区域性的航道安全保障国际合作行为准则。

三、平等公正，义利兼顾

有关航道安全保障国际合作机制构建会涉及纷繁复杂的利益问题，为此就要坚持平等公正与义利兼顾原则，促进航道安全保障国际合作健康、稳定发展。

一是从平等公正来看，航道安全保障国际合作长效机制的构建囊括了区域、次区域、国家等多个安全层次与结构，因此有关航道安全保障主体呈现多元化，包括主权国家、政府间国际组织、非政府间国际组织乃至港航企业等多种主体。在这种情况下，应本着集体安全与互利互惠精神，增强沿岸国家有关航道安全保障合作的内聚力，促进各行为主体之间的地位平等，使各方利益都能得到综合考虑并使相关国家减弱对自身航道安全的担忧，从而使航道安全保障国际合作长效机制构建更切合有关海域稳定与发展的实际需要。

第一，注重参与主体的平等公正性。在航道安全保障国际合作长效机制构建的过程中，国家、地区、经济组织、港航企业、学术团体、智库等各相关主体都可以广泛、平等参与其中，并享有合作红利的权利，从而减少分歧、巩固民意基础。

第二，在有关航道安全保障国际合作长效机制构建过程中，沿岸国家在维护自身权益的同时，也应尊重其他相关国家主权及其利益。因此沿岸国家应有效开展沟通，通过签订条约、协议、备忘录等形式或通过联合国及国际海事组织有关授权法案开展航道安全保障国际合作长效机制构建，从而达到增进了解、维护航道和平稳定的目的。

第三，沿岸国家有关航道安全保障国际合作长效机制构建在本质上是一种区域合作与协商的过程，因而需要在平等基础上进行民主协商。由于沿岸国家千差万别，发展极不平衡，各参与主体的安全利益诉求不一，合作理念与能力参差不齐，为此要做到以下几点：其一，沿岸国家应本着自主自愿、相互尊重、平等协商、求同存异的精神，达成基本共识，整合各方资源，建立长效沟通协调机制，共同提供有关公共产品，形成保障合力。其二，主动承担自身责任与义务并照顾沿岸各国利益与合理关切，开展灵活多样的双边或多边合作。其三，尊重各国自主选择，沿岸各国无论大小、强弱都有权平等参与，任何国家都无权垄断航道安全保障事务，更不能以牺牲别国的航道安全而去谋求自身的绝对安全。

第四，沿岸各国由于在价值观与利益观等方面存在一定差别，因此在航道安全保障国际合作长效机制构建过程中必须体现公平与公正的基本价值追求，通过稳步提供公共产品与服务，赢得相关国家民意与舆论基础，从而为合作机制的构建创造一个客观、公正与友好的舆论环境。

二是从义利兼顾来看，沿岸国家有关航道安全保障国际合作长效机制构建虽说有其责任与义务并会收到合作的收益，但同时也需要付出相应的成本，因此沿岸国家参与有关航道安全保障国际合作长效机制构建不是、也不可能是完全的利他行为，而是应努力实现互利互惠。为此，沿岸国家应顺应时代发展的潮流，打破西方利益至上、零和思维的错误观念，有效融通义和利的关系，践行正确的义利观，做到重义轻利、弘义融利和义利统一。

第一，重义轻利，即在有关航道安全保障国际合作长效机制构建过程中要讲信义、重情义、树道义、扬正义。航道安全保障需要长期巨额投资，因此不能简单从成本—收益的角度来分析问题，而应秉持以义为主。其一，坚持义字在前，道义优先，重义轻利，本义末利，以义获利，以义导利，见利思义，善于舍利取义。其二，要立足全局，放眼长远。（1）不能急功近利，搞短期行为；（2）不能只追求你少我多与你输我赢，一家通吃；（3）不能斤斤计较、唯利是图、见利忘义；（4）不能损人利己，不能谋求势力范围、以邻为壑；（5）不能把自己的意志强加于人，以大欺小、以强凌弱，而应以和平对话的方式解决有关航道争端，反对采取使争议扩大化与复杂化的行动。其三，遵循自身能力与贡献相匹配原则，不能妄自尊大，以损害本国权益来换取虚名与虚利。为此，沿岸国家在航道安全保障国际合作长效机制构建过程中要有原则、重情谊、讲道义，守望相助，共同促进海运贸易发展与进步。

第二，弘义融利，即在有关航道安全保障国际合作长效机制构建过程中坚持道义固然重要，但并不意味着沿岸国家要舍弃自身正当的海洋权益，因为这种利益是一种合法权利，只有实现了国家海洋权益才能更好地担当使命与坚持道义，正当海洋权益的实现是维护道义的一种根本保证。因此要统筹整体利益、共同利益与差异利益的关系，促进沿岸国家在航道安全保障问题上实现良性互动，真正做到弘义融利。

第三，义利统一，即在有关航道安全保障国际合作长效机制构建过程中“义”和“利”是辩证统一、相辅相成的，是一个有机整体，既要重视道义与责任，又要注重与自身利益统一，坚持正确义利观与维护正当利益是一致的。沿岸国家维护有关航道安全的正当利益不仅是因为利，更是为了义，因为只有维护好自身合法利益才能有条件去担当与负责，才能更好地坚持义。因此在航道安全保障国际合作长效机制构建过程中既不能只讲义而忽视利，更不能只重视利而把义放置一边，没有义就没有利，缺乏利就不存在义，而要讲究义利相兼、义利并重、义利平衡，坚持相互协调、包容互鉴、求同存异，尊重彼此核心利益，不搞弱肉强食、零和博弈，既要各美其美，更要美美与共，共享机遇、共迎挑战、共维稳定、共创繁荣，从而实现同呼吸、共命运、齐发展的目的。

四、风险共担，和谐共赢

在航道安全保障国际合作长效机制构建问题上，有关国家应基于和平、善意、相互尊重来定位和处理国家之间关系，遵守国际海洋法与国际关系基本原则，秉持共同价值观，寻找共同利益，促进共同发展，在风险共担与利益共享中实现和谐共赢，努力塑造和主动经营互信与包容的局面。

一方面从风险共担来看，航道安全保障国际合作长效机制构建周期长、耗资大，具有政治、经济、自然等多重风险，任何一个国家都无法独自承担，因此沿岸各国必须做好充分准备来共同承担风险。同时航道安全保障国际合作长效机制构建会牵涉到太多的利益相关方，而且各方出于自身的考虑都会有不同的利益诉求，任何一方的反对都会给合作机制顺利构建带来影响，因此需要有效协调不同主张、平衡各国不同利益诉求，在照顾绝大多数国家核心利益的同时，协调各国做出一定妥协与让步，从而保障有关合作机制能够顺利建成。

而且有关航道安全保障国际合作机制构建应具有普适性与可操作性，能更好地增进集体福祉，减少域外国家干预，使航道安全保障回归问题的本质。其一，诸如船舶溢油、突发海损事故等具体问题处于航道安全保障的表层，更多地体现出技术性与操作性特点，对这些安全问题的保障应主要依靠沿岸国家间联合行动。其二，现有航道安全保障合作国际机制本身存在着各种缺陷，如国家地位不平等、规制不完善、区域组织未能发挥预期功效等，这类问题多为政治性问题，解决方式应主要通过沿岸国家间谈判与协商。

另一方面从和谐共赢来看，只有通过优势互补、共同合作才能实现和谐共赢，因此和谐共赢是国际行为体处理彼此关系的基本原则与共识，也是航道安全保障国际合作长效机制构建的一个基本原则与框架，顺应了世界发展潮流与开放合作的大势。同时航道安全保障国际合作长效机制构建不仅可为和谐共赢提供重要平台与沟通渠道，而且还可提供根本保障与坚实基础，促进更为广泛的由政府主管部门、港航企业、社会组织以及利益相关者的参与，共同提供航道安全保障优质公共产品与服务。

而且随着区域一体化的蓬勃发展，同一区域内的国家经常会面临共同的航道安全保障的难题或危机，因此它们更容易发掘共同利益与目标，通过构建完善的航道安全保障国际合作的长效机制来推动沿岸国家实现和谐共赢。其一，沿岸国家兴衰相伴、安危与共，特别是咽喉要道安全可以说是牵一发而动全身，因此沿岸国家应本着守望相助、同舟共济的精神成为好伙伴与好朋友，加强沿岸国家有关航道安全保障优势互补、互通有无，共享机遇、共迎挑战，实现共同利用、共同开发、共同维护、共同繁荣。其二，沿岸国家只有携手抵御航道风险、参与协商建制等合作行动，各方才能共同分享航道安全保障国际合作所带来的收益与利益，实现成果共享。其三，对于航道安全保障国际合作长效机制构建过程中产生的利益纠纷与矛盾，应通过对话与协商来发现各自国家的利益追求，在“你中有我、我中有你”的利益共存关系中化对抗为良性竞争，以合作谋求互利共赢。通过互联互通、协商一致，最终形成双赢、多赢、共赢局面。其四，在航道安全保障国际合作长效机制构建过程中应倡导绝对利益，拒绝相对利益。由于不同的主体在有关机制构建过程中所发挥的作用与付出的成本不同，各参与国为机制的构建与发展所承担的力所能及的责任与义务也会有所区别，因此不能苛求获得同等利益，只要参与合作的主体能够获得相应的利益就会营造出一个和谐共赢的局面。

第二节　航道安全保障国际合作长效机制构建路径选择

航道安全保障国际合作长效机制构建离不开区域间国与国、国际组织与国际组织的协商，但目前有关机制构建仍存在管道狭窄问题，因此沿岸国家应更加积极参与各类国际与区域机制塑造与运转，在联合国及国际海事组织框架下开展合作，同时还要加强与其他相关国际组织与非政府组织的合作，研究和建立沿岸国家双边及多边国际合作，努力拓宽航道安全保障国际合作长效机制构建的有效渠道，增加平台，全面深化务实合作，从而实现共同安全目标。

一、坚持联合国及其相关专门机构的主导作用

联合国作为目前最大的多边合作机制，主要致力于促进各国在安全保障、经济发展、社会进步以及实现世界和平方面的合作。航道安全保障国际合作长效机制作为一个联络主权国家以及区域与国际组织共同推进的机制，其安全理念与《联合国宪章》相一致，而且沿岸国家基本上是联合国成员国，因此有关国家应秉持和平发展与共同繁荣的精神，积极倡导联合国权威与主导作用，重视在联合国框架与体系内大力宣传航道安全保障国际合作长效机制构建目标、原则、方式与途径，从而得到联合国支持，促进沿岸国家与国际体系之间良好互动，努力拓展航道安全保障国际合作长效机制的发展空间，增强沿岸各国对于有关机制构建的认同与信心。

第一，发挥国际海事组织协调作用。目前在联合国官方机构中，与航道安全保障合作机制构建最直接、最密切、最全面的主导机构就是国际海事组织，它是联合国系统中专门负责海运技术的一个机构。其宗旨是为各国政府提供合作机制，促进各国间海运技术合作

与情报交流，并在与海上安全、航行效率及防止和控制船舶对海洋污染有关问题上鼓励和便利各国普遍采用最高可行的统一标准。[①] 因此国际海事组织在促进海运安全发展、防止船舶污染、维护国际海运贸易正常秩序方面起到了重要作用。随着国际海运业安全发展与技术进步以及针对业界不断出现的安全新问题与新趋势，国际海事组织制定了一系列约束海运活动的国际公约、议定书和规则、规范、标准等，并通过促进船旗国履约与强化港口国监督得以有效实施。目前沿岸国家大多是国际海事组织成员，因此有关国家在航道安全保障国际合作长效机制构建过程中要全面加强与国际海事组织密切合作。其一，沿岸国家应加强与国际海事组织理事会合作。国际海事组织理事会目前由40个成员国组成，其中包括：（1）A类理事国10个，即在国际海运安全供给方面有最大利益的国家；（2）B类理事国10个，即在国际海运贸易方面有最大利益的国家；（3）C类理事国20个，即在海运方面具有特殊利益且进入理事会后能够代表世界上不同地理区域的国家。理事会是国际海事组织大会休会期间管理机构，其下设海上安全委员会、海上环境保护委员会等。目前有关海运安全与海洋环保是理事会两项最重要职能，其中海上安全委员会负责处理助航设备、船舶建造与设备、海上避碰、危险品货物运输、海上搜救与设备、船舶无线电通信、船员培训标准化、值班制与船员证书以及船舶稳性、载重线、渔船安全设计、船舶自动化、船舶吨位等各方面的安全事务；海上环境保护委员会主要研究防止和控制船舶对海洋污染。[②] 国际海事组织通过理事会及各委员会开展工作，目前沿岸有部分国家属于国际海事组织理事会的A、B、C三类理事国，如2019年11月召开的国际海事组织第31届大会进行了2020—2021届理事会选举，中国、日本、韩国、俄罗斯、希腊、意

① *International Maritime Orgnization Home Page*, https: //www. imo. org/.

② IMO, *Marine Environment*, http: //www. imo. org/OurWork/Environment/Pages/Default. aspx.

大利、英国、挪威等当选为 A 类理事国，因此在航道安全保障国际合作长效机制构建过程中要充分发挥这些理事国的作用。其二，国际海事组织可为沿岸国家参与航道安全保障国际合作长效机制构建提供法规依据与具体实践指导。如国际海事组织在预防与打击海盗方面起到了十分重要的作用，其有关倡议形成了一些区域与次区域机制。早在 1993 年国际海事组织就以海上安全委员会通函形式颁布了有关国家政府防止并制止海盗和武装劫船的建议以及有关船东、船舶运营商、船长和船员防止并制止海盗和武装劫船的指南。这两个建议案与指南经修订后，在 1999 年 6 月正式发布了《海盗与持械抢劫船只：为预防与制止海盗和持械抢劫船只给各国政府的建议》和《海盗与持械抢劫船只：为防止海盗与武装抢劫船舶给船东、船舶运营商、船长与船员的指南》。2008 年 11—12 月海上安全委员会召开的第 85 届会议讨论了索马里海盗问题以及有关增强商船安全和抵御袭击的保安措施，并制定了《船员受到袭击、交火、绑架和劫持为人质时该如何处理的指南》。2009 年 9 月海上安全委员会更新了上述指南，采纳了“最佳管理实践”以应对海盗袭击，并在同年 12 月开始以《调查海盗与武装抢劫船舶犯罪操作准则》的形式培育区域合作与协调政府行为。由此可见，上述这些建议、指南、准则等对沿岸国家防范与打击海盗具有重要帮助作用。其三，沿岸国家应向国际海事组织提出有关航道安全保障合作长效机制构建的建议与议案，反映与维护利益诉求，通过谈判、讨论来制定和修改有关航道安全保障的公约、规则、规划与标准，并以此为指导修改沿岸国家各自相关法规与制度以实施公约相应条款，建立专门的机构以执行有关业务，特别要密切配合国际海事组织从 2014 年开始实施的强制审核机制，为航道安全保障国际合作长效机制构建提供良好国际环境，促进国际航道安全保障可持续发展。其四，国际海事组织实际上是一个论坛，其成员可在这个论坛上交换有关海运安全技术与法规等信息并致力于解决这些问题，因此沿岸国家应利用其出版和发行的有关刊物交流实践经验、海损事故记录、航道安全科技报告与研究情报。同时沿岸国家还应利用国际海事组织设立的世界海事日、国际海事奖及海上特别勇敢奖等进行广泛宣传，以便赢得理解与支持。（1）世界海事日设在每年的 9 月下旬，具体庆祝日期由各国自行确定。设立世界海事日的目的是提醒人们关注国际海事组织工作的某些具体方面，如 1985 年的主题是“海上搜寻与救助”、1986 年的主题是“全球合作促进海上安全和保护海洋环境”、1991 年的主题是“船上旅客和船员的安全”、1994 年的主题是“更好的标准、培训和发证：国际海事组织对人为失误的反应”、1997 年的主题是“最佳的海上安全关键在人”、2002 年的主题是“更安全的航运需要安全文化”、2004 年的主题是“聚焦海上安全”等，都与航道安全保障国际合作有关。（2）为奖励那些为实现国际海事组织宗旨做出杰出贡献的个人或组织，1980 年国际海事组织设立了国际海事奖。2007 年 6 月国际海事组织召开的第 98 届理事会又首次评选了海上特别勇敢奖，为那些海上搜救做出贡献的单位与个人颁发奖状和表彰信。其五，沿岸国家应积极争取国际海事组织有关航道安全保障技术援助，特别是对发展中国家的援助。如国际海事组织为了使有关公约能得到很好实施并使发展中国家的航海技术水平得到提高，在世界各地建立了海运培训机构，其中最重要的就是世界海事大学，每年招收 100 名左右学员，主要来自发展中国家，学习 2 年后回到各自国家从事海运安全等工作，因此沿岸国家可加强与世界海事大学及其在中国、马来西亚、孟加拉国、巴基斯坦、印度、埃及等国设立的分校合作，培训专门人才。其六，沿岸国家可利用国际海事组织这个平台，加强与其有合作、咨询关系的其他有关航道安全保障国际组织的联系，共建航道安全保障国际合作长效机制。目前与国际海事组织有合作、咨询关系的航道安全保障国际组织有以下两种：一种是与国际海事组织有合作关系的政府间国际组织，这种合作关系是指可以互派代表出席对方召开的会议并提出意见和建议，如国际海道测量组织等机构；另一种是享有国际海事组织咨询地位的非政府间国际组织，即可应邀派观察员出席会议并就会议的议题发表意见，如国际海上人命救助联盟等机构。

第二，加强与联合国环境规划署合作以应对船舶污染问题。海上石油钻井平台和船舶溢油特别是油轮泄露对海洋环境污染和生态破坏所造成的影响往往会跨越国界，因此沿岸国家与一些专业的国际组织合作以应对相关海域环境与生态问题极为必要。联合国环境规划署是目前全球最大的、专门致力于推进环保工作的国际组织。[①]早在 1974 年联合国环境规划署就制定了区域海洋环保规划，到目前共实施“区域海计划”14 个，参加国（地区）有 140 多个，全面构建了海洋生态环保框架，为区域海洋生态安全保障提供了重要协作平台。因此沿岸国家应加强与该组织全面合作：一方面可在联合国环境规划署已有的机制框架下开展有关航道环保工作，利用其全球网络吸引更多的沿岸国家与国际组织参与相关合作项目，降低保障成本；另一方面可获得其较为专业的海洋环保政策与具体措施指导，借助其信息与技术优势来科学应对船舶溢油等污染问题。

第三，加强与联合国贸易与发展会议合作。联合国贸易与发展会议宗旨是促进发展中国家以发展的方式融入世界经济，促进各国国内贸易政策与国际贸易实践相互支持，实现可持续发展。[②] 就海运贸易与航道安全保障来说，其下设航运委员会来具体负责有关业务，特别是近年来就有关防治海盗问题采取了一些对策，因此沿岸国家应与其加强有关航道安全保障国际合作长效机制构建：其一，沿岸国家应利用联合国贸易与发展会议作为政府间国际贸易协商论坛，加强与有关专家研讨及经验交流，提出处理海盗等犯罪行为建议。其二，沿岸发展中国家可提出专项要求，争取其定向技术援助，发展自身船队，改善海运安全条件。其三，沿岸国家应利用该组织进行相关数据收集与政策分析，如利用该组织定期发布的《运输通讯》和每年出版一期的《海运评论》宣传有关航道安全保障国际合作的

---

① *UNEP - UN Environment Programme*, https：//www. unep. org/.

② *UNCTAD*, https：//unctad. org/.

最新动态、发展趋势和统计数据。

第四，加强与联合国国际劳工组织合作。联合国国际劳工组织在制定政策时，各会员国的政府、雇主与工人代表有同等权力，为此该组织积极参加有关劳工基本保障活动，尤其关心海员生产与生活保护问题。[①] 目前海损事故80%与人为因素有关，因此沿岸国家政府主管部门、港航企业雇主与海员工会等要加强与该组织合作，重点落实其制定的《2006年国际海事劳工公约》有关规定，促使沿岸国家特别是发展中国家海员能够体面工作、有尊严生活，这对于减少海损事故具有十分重要的意义。其一，保证向在海上与港口工作的海员提供足够的设施与服务，包括海员通信、公共交通等。其二，为解除海员后顾之忧，应不断改善海员社会保障。其三，为海员遇难搜救和医疗提供设施，保障海员遣返费用由船东支付。

总之，上述以联合国为代表的各类国际组织为沿岸国家开展航道安全保障合作搭建了常态化、机制化的合作平台，沿岸国家可通过这些对话平台进行定期与不定期磋商，开展区域协调与合作，从而推动沿岸航道安全保障国际合作长效机制构建与实践。

二、增强政府间与非政府间国际组织协调作用

国际航道覆盖国家和地区众多，因此必须发挥现有国际性与区域性组织在航道安全保障国际合作长效机制构建中的平台作用。航道安全保障国际合作长效机制构建并非要重新打造一个区域性组织，而是首先借助现有的相关国际性和区域性政府间与非政府间组织，因此沿岸国家应在外交层面上广泛联结这些组织并建立关系，使其形成更加紧密的航道安全保障国际合作。

一是与航道安全保障密切相关的政府间国际组织主要有：第一，

---

① *International Labour Organization*, https://www.ilo.org/global/lang--en/index.htm.

国际海道测量组织。国际海道测量组织属于国际咨询机构，其宗旨是协调各国海道测量部门之间的活动，并采纳可靠有效的方法开展海道测量，发展海道测量技术，尽可能使海图与航行资料一致化。[①] 国际海道测量局是其总部机构，也是世界海洋测量资料中心，其下设 7 个区域性海道测量委员会。因此沿岸国家应加强与该组织及其下设的区域性海道测量委员会密切合作：其一，沿岸国家应与该组织开展海图方面合作，推动与实现航图标准化，制定国际海图规范，加强并推广电子海图研究及应用。其二，沿岸国家应充分利用该组织制定的海道测量标准及其训练大纲进行相关培训。其三，沿岸国家可利用该组织出版的海道测量公告、海道测量述评、海道测量年鉴等专门刊物交流与推广有关海道测量与制图新方法。其四，沿岸国家应加强与该组织合作建立航道潮汐资料库，编制大洋现势图。

第二，国际移动卫星组织。国际移动卫星组织原为改善海上船舶通信状况的国际海事卫星组织，1994 年改名为国际移动卫星组织。1999 年 4 月该组织经改革后，作为政府间国际组织负责监督商务公司履行全球海上安全与遇险定位等公共服务义务。[②] 从其宗旨与原则来看，该组织成立初期主要致力于改善海上船舶通信状况，为船舶安全与遇险救助提供卫星通信保障与服务，方便船岸及船舶之间联系，现已发展成为世界上唯一能为海陆空各固定终端与移动终端提供全球、全天候通信业务与遇险安全通信业务系统服务，并可为海事遇险与安全以及为各国重大自然灾害提供免费通信支持的国际组织。[③] 其科技含量与自动化程度高、覆盖面广、受干扰小、接收速度快、通信质量好，在可靠性、经济性、实用性等方面都具有极大优越性。因此沿岸有实力的国家可与该组织加强海上搜救通信合作，

---

① *IHO – International Hydrographic Organization*, https: //iho. int.

② 危敬添编著：《国际海事条约的历史和现状概览》，人民交通出版社 2010 年版，第 265—267 页。

③ *Inmarsat: Enabling the Connected World*, https: //www. inmarsat. com/en/index. html.

投资并参与该组织营运与管理，建设卫星地面接收岸站，接入该组织卫星通信网，这样就可利用该组织先进系统向沿岸国家提供移动卫星通信服务。

第三，国际搜救卫星组织。1984 年由苏联、法国、美国、加拿大 4 个国家联合成立了国际搜救卫星组织，并建立了船舶遇险报警系统。1988 年 7 月上述四国又签署了《国际搜救卫星 COSPAS—SARSAT 系统计划协定》，为海陆空遇险提供报警与测位服务，提高了搜救有效性。该组织原来只限定以国家名义参加，在 1991 年 10 月召开的第七届理事会公开会议上决定任何机构均可以“使用机构”或“地面设备操作者”的名义加入该组织。该组织的宗旨与原则：其一，将本系统遇险报警与测位数据不加歧视地提供给国际社会以支持搜救作业；其二，支持国际海事组织与国际民航组织在搜救方面合作；其三，协调各缔约国管理本系统，并促进各缔约国与其他国家主管机关和有关国际组织合作。[①] 目前一些沿岸国家是该组织的地面设备提供国或使用国，因此要注意加强与该组织在搜救方面合作：其一，沿岸国家可在该组织指导下制定必要的技术、管理与运行计划以及空间与地面设施及无线电信标的技术规范与使用程序；其二，沿岸国家可通过该组织加强与国际海事组织、国际民航组织等机构开展技术交流与合作；其三，沿岸国家可与该组织共同召开研讨会与协调会，交换有关资料、数据与信息；其四，沿岸国家可与该组织进行有关演习、试验和研究，并争取该组织有关具体援助。

第四，国际油污损害赔偿基金组织。国际油污损害赔偿基金组织是由《1971 年设立国际油污损害赔偿基金国际公约》缔约国所组成的国际组织。[②] 目前沿岸大多数国家为该组织成员，因此为减少船舶溢油污染所造成的损失，沿岸国家应加强与该组织合作与交流，增进相互了解，加强基金管理，按时足额上缴摊款，优化赔偿规则，

---

① *Cospas - Sarsat*, www. cospas - sarsat. int.

② *IOPC FUNDS*, https：//www. iopcfunds. org/.

及时处理油污索赔，扩大赔偿适用范围，提高赔偿限额，为国际航道生态与环境安全做出应有贡献。

二是与航道安全保障密切相关的非政府间国际组织较多，主要有：第一，国际船级社协会。国际船级社协会通过加强各船级社之间的联系，讨论和解决共同关心的船舶结构与航行安全问题，各船级社按照国际海事组织制定的统一规定，促使船舶及设备规范化与标准化并对船舶及设备进行技术鉴定，以确保船舶适航性，促进航行安全及海洋环保。[①] 目前该组织成员入级船舶吨位总和约占全球商船总吨位的98%，[②] 中国船级社、日本海事协会、韩国船级社、俄罗斯船舶登记局、英国劳埃德船级社、法国船级社、德国劳埃德船级社、意大利船级社、挪威船级社等为该协会正式会员，印度船舶登记局与克罗地亚船舶登记局等为其联系成员。船级社对于船舶建造质量以及船旗国监督与港口国监督具有重要影响，因此沿岸国家可充分利用该组织在海上安全、防污染等方面的丰富经验，通过其设在全球的检验机构网点向船东及经营者提供广泛支持，以防止船舶发生海损事故。其一，沿岸国家船级社应积极参加该组织有关活动，不断改善服务质量，增强技术实力，提高验船师能力与可靠程度，在有关船舶入级规范中反映材料、船体、轮机系统等方面的最新成果。其二，在该组织指导下，沿岸国家船级社应改进自身质量体系，开展认证工作，提高沿岸各国船级社信誉与知名度。其三，沿岸各国船级社应选派优秀专家参与该组织目标型标准专家组、法律专家组、公共关系专家组工作，就船体强度、轮机、电气、稳性和载重线、救生设备、消防、值班与发证等不同专业领域进行探讨与咨询，制定统一标准、规则及对有关公约技术问题进行阐释，发布有关船舶安全营运与维修准则。

---

① *Safer and Cleaner Shipping - IACS*, https：//www. iacs. org. uk/.

② 危敬添编著：《国际海事条约的历史和现状概览》，人民交通出版社2010年版，第267、268、274页。

第二，国际航运公会。国际航运公会是各国船舶所有人协会联合组成的民间国际航运组织，目的在于广泛交流与协调国际海运政策以维护船舶所有人利益。[①] 该组织主要会员是各国船舶所有人协会，对尚未建立船舶所有人协会的国家也可以吸收海运公司为其会员，目前该组织会员所拥有船舶吨位约占世界商船总吨位的2/3。许多沿岸国家是该组织正式会员或联系会员，因此沿岸国家应加强与其合作开展有关航道安全保障活动。其一，该组织设有海上保险、海上防污染、海上安全等专业委员会，沿岸国家应积极参加这些委员会专门活动，参与有关航道安全保障决策。其二，该组织会员国之间可交换意见，就共同关心的并可能对航道安全有影响的技术、法律等问题开展交流，通过相互协商而达成一致意见，共同制定有关航道安全保障政策以供沿岸国家使用。同时沿岸国家也要遵守并执行该组织所制定的各种决议，通过完善沿岸国家法规，使各国能使用统一的海运安全法规，从而便于海运安全发展。其三，沿岸国家可与该组织开展有关资料与信息交流，充分利用该组织有关海上安全、防污染等出版刊物以及向会员散发的有关航海、油轮和火灾事故的报告，以促使沿岸各国海运公司及其船员从这些海损事故中吸取经验与教训，提高对潜在危险的认识，防止事故发生。

第三，国际海上人命救助联盟。国际海上人命救助联盟前身是1924 年在英国伦敦成立的国际救生艇联盟，目前是由世界上各国从事海上人命救助机构所组成的非政府间国际权威性专业组织，其宗旨是救助人命，促进安全，致力于向全球海上遇险人员提供救援。[②] 凡拥有和管理用来海上搜救船舶并得到该国政府承认的人命救助组织均可申请加入，目前沿岸国家许多搜救机构是其会员或联系会员，因此沿岸国家应与其加强有关搜救合作。其一，该组织每四年召开

① *International Chamber of Shipping – Shaping the Future of Shipping*, https://www.ics-shipping.org/.

② *International Maritime Rescue Federation*, https://www.international-maritime-rescue.org.

一次国际会议，由会员国轮流举办，主席由承办国搜救组织负责人担任。因此沿岸国家应积极承办相关会议以扩大在该组织影响，提升话语权。其二，沿岸国家应积极参加该组织举办的展览会、人员培训与海上搜救演习等活动。其三，沿岸国家应利用该组织出版的年刊，了解与交流国际先进搜救技术与经验，搜集相关资料。其四，沿岸国家应与该组织加强有关研究合作，不断改善搜救船艇设备设计性能及搜救人员技术水平，共同维护海上人命安全。①

第四，国际救助联盟。国际救助联盟又被译为国际救助联合会，是一个代表世界各地海上救助人利益的非政府间国际组织，其宗旨是联合救助人对影响救助事宜进行考虑，为保护救助人的利益采取有效措施、步骤或联合行动，并与其他国际组织合作完善合同及有关文件的条款，支持对救助案例裁决不公进行的上诉。② 目前该组织承担了全球90%以上船舶救助与打捞作业，并在防止海域污染作业中取得重大成绩。中国、日本、印度、埃及、法国、德国、希腊、荷兰、西班牙、意大利、比利时、芬兰、挪威等国家及其有关救捞公司是该组织会员，因此沿岸国家及其救捞公司应加强与该组织合作。其一，沿岸国家应与该组织就有关海上法律、救捞实践、保险和海上安全进行探讨，协商起草有关救捞法规、行业标准及其合同标准格式。其二，沿岸国家应参加该组织有关活动，了解国际先进搜救技术与人员培训标准，促进沿岸国家开展海上救捞工作。其三，沿岸国家与该组织应积极进行信息沟通，搜集资料，利用该组织网络主页宣传有关公司发展情况，展示专业救捞力量。

第五，国际航标协会。国际航标协会是一个把负责提供与维护助航设备的各服务机构汇集起来的非政府间国际组织，其宗旨是通过改进并协调助航及海上交通管理实践，不断发展助航设备与技术，

---

① 《国际海上人命救助联盟亚太交流合作中心正式启动：将进一步提高亚太地区整体海上搜救水平》，《中国水运报》2012 年 9 月 21 日。

② *The International Salvage Union – Saving Lives, Ships and Cargo*, https：//www. marine – salvage. com/.

促进船舶安全、经济、高效航行。[①] 如该组织曾协调中国、日本、韩国、俄罗斯等国家建立了远东罗兰 C 无线电导航链，以确保船舶航行安全。目前许多沿岸国家是该组织的国家会员、联系会员、产业会员，因此应积极参加该组织有关活动。其一，沿岸国家可利用该组织促进国家间在航标及其他助航领域交流与合作。其二，沿岸国家可利用该组织定期出版的航标技术指南以及航标指南等刊物开展有关信息与资料交换。其三，沿岸国家应根据该组织推荐的海上助航标志 A 系统格式，制定本国管辖海区助航标志并不断改进，推动与国际接轨以保证船舶航行安全。其四，沿岸国家应选派专家参与航标及助航领域，如助航标志、无线电导航、船舶交通管理、导航设备的可靠性与适用性等方面研究，共同组织专题讨论会并提交有关研究成果。其五，沿岸发展中国家可向该组织咨询并争取其有关援助。

第六，水运基础设施世界协会。水运基础设施世界协会原名为国际航运会议常设协会，是由政府支持的非政府性与非营利性的有关港口与航道的专业性国际技术协会，其宗旨是通过促进和鼓励海上港口与航道工程的规划、设计、施工、改进、维护与经营以及科学研究的进展来推进海运业的发展。[②] 该组织作为海运学术领域的权威机构，有为数众多的沿岸国家政府会员、团体会员与个人会员，因此沿岸国家应加强与之就航道安全保障问题开展合作，以提高航道维护水平。其一，沿岸国家应积极参与该组织短期与长期政策、规则的制定，并提出相应修正案。其二，沿岸国家应积极参加该组织各种研究工作小组活动，共同开展新型船舶对航道建设的影响、提高航道通过能力的途径、航道整治与疏浚的新技术与最优化方法以及航道建设与管理经验和实例等相关议题研究。其三，沿岸国家

---

① *About IALA – IALA AISM*, https：//www. iala – aism. org/about – iala.

② *PIANC – The World Association for Waterborne Transport Infrastructure*, https：//www. pianc. org/.

与该组织应积极开展有关航道安全保障技术、信息与经验交流，利用该组织每年出版的航运技术辞典以及四期公报，宣传、介绍有关活动情况与技术资料。

第七，国际港口协会。国际港口协会是由世界范围港口管理当局组成的非政府民间组织，目的是促进世界港口管理当局之间信息交流与合作。其宗旨是通过交流港口发展、组织、经营管理新技术的信息谋求改善港口条件，促进和提高港口效率，在互利互惠基础上鼓励有关港口政策与规则统一，关心与保护其会员在政府或其他机构中的合法权益，代表港口努力寻求与船东、海运公司及其他方面合作，促进海运业全面发展，在世界所有港口之间建立并促进相互的良好关系与合作。[①] 目前沿岸国家许多港口当局是该组织正式或联系会员，而港口是航道安全保障重要节点，因此沿岸国家港口当局应加强与该组织全面合作。其一，沿岸国家应积极参加该组织的港口和船舶安全、环境及结果委员会的有关活动，就港口结构、建设、维修及安全作业等事宜，包括港口环保、船舶交通管制、危险品管理、污染控制及事故处理进行探讨。同时沿岸国家还应积极参加该组织的港口权益法律保护委员会的有关活动，评估并修订有关港口的国际规定。其二，应在该组织帮助下，促进发展中国家与发达国家港口之间合作，提出、制订并实施有关培训、教育和指导等方面的咨询计划。其三，沿岸国家应与该组织加强合作研究港口文件格式、数据交换与处理，利用其《港口》《港口指南》《国际港口协会通信录》等出版物进行相关宣传。

三、依靠沿岸国家推动与发挥使用国支持作用

国外有学者认为，航道安全保障“关键问题是沿岸国与过往的船舶或飞机旗籍国之间的政治关系，而不在于沿岸国拥有管辖权的

---

① *IAPH*, https://www.iaphworldports.org/.

一带海域具体有多宽”。[①] 因此航道安全保障国际合作长效机制的构建，一方面要紧密依靠沿岸国家的推动作用，另一方面要充分发挥使用国的支持作用，同时还要加强沿岸国与使用国之间的合作，特别是在咽喉要道和重要海域更是如此。其中有的国家既是沿岸国，又是主要使用国，彼此相互联系、相互作用。因此只有全面、深入、开放的合作才能形成一种多层次、宽领域、复杂化的有关航道安全保障国际合作的整体网络框架。

第一，从依靠沿岸国家推动作用来看，有关沿岸国在航道安全保障国际合作长效机制构建过程中应做到以下几点：其一，沿岸国应增强参与意识，积极主动参与航道安全保障国际合作长效机制构建。一方面充分利用现有航道安全机制，以国际通行规范拓展空间；另一方面充分利用政府间与非政府间国际组织等平台，建立一个全新的航道安全保障综合体系。其二，对沿岸国航道安全有影响的岛屿归属、海域划界争端以及渔业纠纷等问题，沿岸国要以和平方式解决此类争议。为此，沿岸国要认真研究与处理海上划界问题，为确保航道安全提供前提条件，特别是沿岸国要避免因单方面采取措施导致海洋权益纠纷与矛盾激化，应把有关争议与航道安全问题分开，在不涉及主权和权益的情况下先做出实际性和过渡性的临时安排，避免有关争端成为影响沿岸国关系稳定发展的障碍，使有关航道成为联系周边各国友好的纽带。其三，沿岸国应求同存异，扩大与其他沿岸国的共同利益。如在朝鲜海峡，由于沿岸国日本、韩国在航道方面基本是重合的，因此两国应扩大利益汇合点，实现朝鲜海峡航道和平利用。

第二，从发挥主要使用国支持作用来看，在咽喉要道及重要海域，中国、美国、日本、印度等国是主要使用国且存在一定竞争，因此要加强这些使用国间的合作，理性、妥善处理好它们的利益关

---

① ［美］杰拉尔德·丁·曼贡著，张继先译：《美国的海洋政策》，海洋出版社 1982 年版，第 97 页。

系，为有关航道安全保障提供支持。其一，中美两国贸易依存度高，贸易量大，都需要维护有关航道的开放性与畅通性，因此双方有许多共同利益。中美两国在航道安全保障问题上应加强全面合作，促进中美海运关系健康、稳定、和谐发展。（1）美国在世界上有着广泛的利益，为此中美两国要加强交流与磋商，为建设高效、安全的物流链以及为国际贸易创造一个良好的安全环境，提供稳定可靠的海运保障。（2）航道安全保障国际合作长效机制构建应是一个开放、包容的平台，不要排斥任一方对有关合作项目的参与。（3）中美应建立海军信任机制，及时交换有关信息，以规避海上风险与冲突。为此，应进一步完善双方有关航道安全保障磋商机制，促进两国就海上军事安全领域进行协调与对话，并根据形势发展的需要来增进彼此的战略关切，在强调通航自由的国际海洋法体系基础上进一步加强在海洋方面直接或间接联系，采用灵活多样的合作形式，在不同层面推进合作，求同存异，共同应对有关航道非传统安全风险与挑战。其二，中日航道有很大部分重合，特别是从波斯湾进口石油航道基本一致。这条航道不仅是中国海上能源运输的重要线路，同样也被日本视为利益攸关的生命线。因此在维护海湾地区的石油航道方面，两国有着高度一致、共同的运输安全利益和责任，这种航道安全利益的重叠和交叉会使双方相互关注与制约。在这种情况下，两国应努力扩大在航道安全保障领域的利益汇合点，如在打击海盗和海上恐怖主义等问题上共同行动以维护航道安全，这对保障中日各自进口石油海运安全以及开展对外贸易具有重大意义。其三，中印两国在印度洋地区有着共同和交叉的利益，如在海上救灾、反海盗与海上恐怖主义等问题上存在着进一步合作、协调行动、共享有效信息的可能性与发展空间，甚至还可起到互相补充的作用而形成良性互补的局面。印度也曾明确强调自己有责任确保所有国家的船舶从非洲西海岸到马六甲海峡自由无碍地通过印度洋，特别是中国护航编队在索马里海域开展行动后，印度国家安全顾问表示：“现在是时候与相关国家为降低海盗等风险建立海上系统进行讨论了。”① 2014 年 12 月印度和平与冲突研究所也强调印度应看重中国在该地区的有关活动。② 因此中印海军应通过增加接触来了解彼此需求，建立定期对话机制以集中讨论有关航道安全保障问题，加深两国海军之间理解，不断拓展有关航道安全保障合作空间。在此基础上，中印海军在面对海上非传统安全威胁时可相互协助，印度海军可在印度洋和马六甲海峡为中国商贸活动提供安全保护，中国海军可在东海和南海为印度商贸活动提供安全保护。由此可见，两国应利用自身的海上力量和地缘优势来优化彼此的力量，而不是相互削弱对方影响。

第三，从沿岸国与主要使用国加强合作来看，其一，在朝鲜海峡，沿岸国与主要使用国应成立专家联合工作小组，对有关海峡合作问题做出适当安排。其二，从主要使用国与南海周边国家的关系来看，当务之急是应采取切实有效措施将域外大国海上力量干扰最小化。其三，从马六甲海峡来看，近年来马六甲海峡沿岸的马来西亚、印尼与新加坡虽开展了一系列合作，但由于沿岸三国有关资源与能力有限，对于海峡安全保障能力不足，需要有关使用国加大与沿岸国合作，特别是沿岸三国实行大国平衡战略，主张接受有关大国提供资金、技术和设备等方面的支持，共同维护海峡安全。在这种情况下，有关使用国应把握有利时机，积极主动参与海峡安全保障合作。而目前海峡沿岸国与使用国之间的权利及义务还需要进一步协调明确，同时海峡沿岸国又明确表示在维护自身主权的前提下，对海峡安全合作持开放态度。另外，航道安全保障问题对于所有使用国都影响巨大，因此应从使用国的立场出发，加强协调，充分利用现有合作框架共同维护海峡安全，或另辟其他航道共担海运安全

---

① 王海洋：《中国希望保全海上油路》，《国防时报》2011 年 5 月 30 日。

② Teshu Singh, *Securing India's Interests in the Indian Ocean: New Strategies and Approaches*, http: //www. ipcs. org/article/china/securing – indias – interests – in – the – indian – ocean – new – strategies – and – 4789. html.

风险。其四，从印度洋来看，主要使用国与沿岸国可通过国际合作来保障航道顺畅与安全。具体来说，上述航道的主要使用国与沿岸国合作应做到以下几点：首先，主要使用国应密切与沿岸国相互间友好关系往来，建立互信基础，加深彼此依赖，消除误解与误判，促进共赢。(1) 主要使用国应注意处理好与沿岸国的外交关系，全面加强、巩固、深化与沿岸国的政治、经济、军事、文化等方面友好交流与合作。同时对于政治动荡、发生战争或武装冲突的国家要严格保持中立，尽量避开政治漩涡，为有关航道安全保障提供较为良好的运行环境。(2) 在充分考虑各方共同关切的基础上，呼吁国际社会共同努力，通过对话与合作来维护有关航道特别是咽喉要道的安全，形成利益共同体。(3) 主要使用国与沿岸国应增强对彼此海上军事力量和意图的了解和理解，消除不必要的误会、担心、顾虑和戒备心理，促使有关航道沿岸国对主要使用国发挥作用能给予充分理解和支持。同时主要使用国对于沿岸国所实行的有关航道安全保障政策应表示欢迎和支持并推动沿岸国能很好利用现有合作机制。(4) 主要使用国应遵循有关国际海洋法与沿岸国有关航道管理法律，尊重沿岸国主权要求，支持沿岸国依照公约及其他公认的国际海洋法与海事公约在航道安全保障问题上发挥独立自主的主导作用，反对本地区以外的任何国家单方控制咽喉要道的企图，不与某一个特定国家建立排他性的航道安全保障合作机制，通过行使过境船只无害通过权等来争取航道通行主动权。同时还要关注并积极参与正在形成中的一些重要航道的沿岸国与主要使用国之间有关航道安全保障合作机制构建的走向，特别是在有关规则制定问题上获得更多发言权，抵制和减少海洋大国企图独霸咽喉要道的影响力。其次，主要使用国应公开表达关切，明确告知有关沿岸国：国际航道特别是咽喉要道安全事关使用国重要利益，应努力参加有关合作机制构建。为此主要使用国与沿岸国应在充分考虑《公约》以及各国主权完整和各方安全利益的基础上，通过各种方式逐步建立起定期会晤机制。在此基础上，倡议和发起确保有关航道安全论坛、会议来探讨共建航道安全保障国际合作长效机制，如可建立马六甲海峡、霍尔木兹海峡、苏伊士运河等航道安全保障国际合作论坛等高级别、专业性、定期的安全对话机制，促使沿岸国对使用国发挥作用给予更多理解与支持。再次，主要使用国应密切关注有关海上咽喉要道如马六甲海峡、霍尔木兹海峡、苏伊士运河等沿岸国时局进展动态，审时度势，增强应变能力。一方面要明确反对任何形式的对国际航道的封锁，另一方面有关国家应未雨绸缪，全力做好应对影响航道安全风险的各种准备，充分利用和平时期对有关海上咽喉要道的信息进行详尽收集和分析，全面掌握有关航道基本情况。如就霍尔木兹海峡与苏伊士运河而言，主要使用国应密切关注中东地区国际形势风云变幻以及伊朗与埃及政局演进，未雨绸缪，做好应对有关风险与不利因素的准备，确保这两处海上咽喉要道安全畅通。

第三节　航道安全保障国际合作长效机制构建中国角色

目前国际航道所面临的安全风险种类多、涉及范围广、解决难度大，在这种情况下，中国应成为有关航道安全保障国际合作长效机制构建的积极参与者与推进者。切实维护航道安全畅通不仅是指中国商船、客船、渔船及油轮等海上交通工具自身航行安全问题，而且是指中国对外贸易、进口能源乃至国家经济安全与社会稳定等现实利益的重大问题，因此中国应站在国家发展的全局与战略高度来考虑这一问题，从错综复杂的国际背景与地缘角度来考虑这一问题，从人民的福祉与国家利益的长远需求来考虑这一问题，居安思危，积极参与并稳步推进航道安全保障国际合作长效机制构建，注重运用政治、经济、军事、外交、管理、执法等综合手段的有机巧妙结合，妥善处理好与有关国家特别是海上咽喉要道沿岸国的关系，变挑战为机遇，制定出科学、有效、可持续的应对航道风险的举措，从而把有关风险带来的危害与损失降到最低，为创造一个和平合作、共同发展的航道安全保障新局面发挥更大作用。

一、航道安全保障国际合作新理念阐述者

在新的历史条件与国际环境下，航道安全保障国际合作长效机制构建会面临诸多新情况、新问题、新挑战，因此中国应首先端正心态，成为新理念的积极阐述者。在目前航道安全保障国际合作长效机制构建过程中，有关国家围绕话语主导权争夺日趋激烈，[①] 同时有关国家也更加重视荣誉和形象，因此掌握话语权是新时代中国参与航道安全保障国际合作长效机制构建的新特征。一方面，足够的话语阐释与包装是连接权力和规则的桥梁，也是中国参与航道安全保障国际合作机制构建的必要条件与重要手段；另一方面，为巩固和强化中国在航道安全保障国际合作机制构建过程中的影响力，可通过将自身海洋战略、文化、经验、观念等融入其中，主动掌控航道安全保障国际合作话语权建构的主导地位。

现行有关航道秩序与规则大多是历史上海洋强国制定的，中国过去参与制定还较少。但近年来中国在有关航道安全保障领域有了明确目标与行动纲领，在联合国体系下参与有关航道安全保障国际合作机制构建的程度有所提高，在打击海盗、渔业执法、海上灾难救助等方面发挥了重要作用，话语权明显提升。但与其他海洋大国相比，中国的话语体系总体上仍处于弱势地位，而且目前中国参与构建的能力与国家综合实力也不匹配，在机制参与、议题引导、技术支持、规则制定等方面参与度明显不足，导致话语权十分有限，因此中国以新兴大国角色主导或引导航道安全保障国际合作规则与秩序的话语权还任重道远，为此应积极探索提升制度性话语权、发

---

① 吴士存、陈相秒：《论海洋秩序演变视角下的南海海洋治理》，《太平洋学报》2018 年第 4 期，第 27 页。

出中国声音的重要途径。

第一，坚持互信、互利、平等、协作的新安全观以及共建、共享、共赢的新海洋安全观，秉持开放包容的心态与兼收并蓄的理念，根据自身需要与海外利益以及航道安全保障的实际需求来设置有关合作机制构建的目标体系，扩大中国有关合作理念在其他国家的认同度和吸引力，抢占话语权制高点。

第二，通过规制与机制建设明确发出中国声音。中国应在遵守《公约》等有关国际海洋法的基础上主动参与或主导有关议题研究及规则制定，在新的国际合作规则及有关危机处理过程中牵头立法，争取话语权，积极推动公正合理的新秩序与新体系建立，塑造有利于中国参与航道安全保障国际合作长效机制构建的外部环境。其一，就有关规则的制定提出具体、建设性意见，努力破除现有限制中国参与有关合作机制构建的不公正条款，使之符合新时代发展的潮流大势。其二，积极参与国际海事组织工作组会议和缔约国协商会议及议定书草案的制定，主动引领有关合作机制构建新规则、新制度和新秩序的塑造，展现大国责任与担当，树立良好国家形象。其三，积极稳妥处理好中国与有关国家涉海争议，为保障国家海洋政治与经济安全、维护海洋生态和谐稳定等提供坚实的法规依据，提升中国在航道安全保障国际合作长效机制构建中的话语权。

第三，利用与创设有关航道安全保障国际合作长效机制构建的话语平台，形成多元化构建网络，积极参与相关议程设置，扮演好合作机制构建的角色，不断增强话语权。其一，通过参与现有各类有代表性和影响力的有关国际性与区域性委员会等对话机制，积极参加航道安全保障国际合作长效机制磋商与构建，以建设者与改革者姿态增进对航道安全保障新秩序的塑造与引导。同时还要积极配合与利用其他有关航道安全保障合作的国际组织，如联合国海陆丝绸之路城市联盟及工商理事会、经济合作与发展组织海上运输委员会、国际各专业性与区域性的海洋渔业组织等开展相应的具体工作。另外，中国还可借助有关国际组织在华机构，提升中国参与合作机制构建的质量，参与或主导部分合作规则与标准的制定，强化中国有关议程设置能力，从而提升中国在相关国际组织中的地位与话语权。其二，中国应立足有关航道安全保障的客观实际，积极创设新的话语平台，深度参与有关体制与机制建设，提升中国参与能力与影响力，扩大中国参与范围与程度。其三，中国应持续跟踪联合国特别是国际海事组织有关航道安全保障合作机制构建的谈判进展，认真做好与国际协定谈判相关的技术支撑。同时中国还要积极承办和主办国际研讨会与政策磋商会，就热点与难点问题进行协商、交流，厘清有关合作机制构建的基本思路、实现路径和发展愿景，最终以公约、协定、宣言等形式将有关理念从零散的实践层面上升为区域共识，并成为航道安全保障国际合作长效机制构建的指导方针与基本框架。其四，加强与有关国家合作建立信息系统网络作为交流平台，积极介入有关政策发布，开展海洋气象、生态环境预报以及航道执法信息交流等，为航道安全保障国际合作长效机制构建提供有效的信息服务。

第四，选派人员到相关国际与区域组织任职或培训，扩大中国在航道安全保障有关组织的参与度与影响力。其一，加强国际合作交流，向有关国际组织输送人才。一方面，高标准选派专家参加有关航道安全保障计划的工作组和专家组，通过在这些组织中参与竞选高层职位，为有关议题设置和议案提供发挥积极作用；另一方面，选派中青年工作者或管理者到有关航道安全保障机构担任访问学者或参加工作和培训，密切关注有关合作机制构建的最新进展，跟踪研判形势并及时跟进，为重大决策提供可靠政策、法理和技术支撑。其二，与有关国际组织合作，提供航道安全保障国际合作人才培训资金。同时争取在中国设立相应的培训机构，独立或与有关国际组织合作开办培训班、研讨班等，并设立奖学金，培养相关人才及提供资金支持。其三，建立和加强有关航道安全保障国际合作高端智库建设。在海洋与海事政府部门及相应的海洋与海事大学设立有关科研基地与机构，并与其他国家联合建立研究中心，同时引进一批具有国际影响力的外籍专家到国内相关高校和智库工作。这样，一方面可着眼于实际需要，加强国际化人才能力建设，努力培养一批既懂中国又知航道安全保障国际合作机制构建的人才，做好人才储备工作；另一方面还要对目前有关合作机制构建状况和相关法规进行深入了解与分析，加强相关研究与国际交流。在此基础上充分发挥智库作用，提出中国参与策略与建议，以提升中国参与有关合作规则的制定能力、议题设置能力与舆论引导能力。

第五，通过加快具体合作项目的实施来提升话语权。其一，继续参加海啸预警系统等有关航道安全保障重大项目与活动，在此基础上再针对航道安全新挑战或新领域发起新项目，寻求在更高层次、更大范围有所作为。其二，提高有关项目的执行效率与效果，如中国应加大中国—东盟海上合作基金等有关航道安全保障国际合作项目的支持力度，增强申请与使用的透明度，提供一些更加务实与细致的操作渠道及措施，精心策划，顺利推进有关合作项目实施，从而起到示范与引领作用。其三，争取国家有关专项基金对具体项目的支持，深入参与航道安全保障国际合作多边机制与组织的活动与项目实施，提升中国话语权与影响力。

第六，充分发挥舆论宣传作用。中国应向其他国家宣传有关新理念、新经验，讲好中国故事，充分发挥国际舆论的重要作用。随着国家软实力在国际竞争中扮演着越来越重要的角色，主权国家在交往过程中除了追求物质收益外，也愈发关注国际声望、美誉度与话语权等非物质性目标，由此便强化了舆论的宣传与塑造作用。因此，一方面中国应通过各种渠道，在有关对话中大力倡导共同、综合、协调、合作、可持续等新安全理念。（1）强调航道安全保障要以有利于所有国家安全为前提，而不以追求绝对制海权为目标，推动双边与多边合作，反对谋求仅对个别国家有利的单向安全，特别是反对个别国家谋求对海上咽喉要道的绝对控制权而影响其他国家的权益；（2）强调集体行动及参与国权力平等，即各国均有维护航道安全稳定的权利与义务，反对出于某种目的将一些国家排除在外；

（3）强调要以平等互利为基础，反对个别国家利用政治、军事等优势以强欺弱；（4）强调要在尊重历史性权利的基础上维护《公约》以及国际海事公约的宗旨与原则，和平解决有关纠纷与争端，反对以维护航道公共安全，特别是以打击海盗和海上恐怖主义为借口干涉他国内政。另一方面在有关航道安全保障问题上，中国需要采取措施打破有关国家对中国的误解，增强有关国家对中国参与航道安全保障国际合作长效机制构建的理解与支持。为此，需要坚持和平共处五项原则，互相尊重、互利合作，努力消除不良言论影响。其一，中国不应回避在国际场合讨论参与有关航道安全保障国际合作问题，而且还要在多层次的官方和非官方的多边国际场合公开宣讲中国的合法权益与合理主张，争取国际舆论理解、同情和支持，推动中国有关理念成为区域共识，展示负责任大国形象，引导国际舆论朝着有利于中国方向转化。其二，运用多种方式强化中国在国际政治与经济体系中的发言权，争取从源头上消除有关国家对中国发难的借口。同时中国还应积极构建新闻传媒、学术机构、社会团体等多方联动机制，形成合力推动对外交流，在有关合作机制构建过程中树立中国参与的合法性和正义性。其三，中国在推进有关合作过程中需要解决自身与部分国家信任赤字问题，如有国外学者指出，中国似乎忘记了自己的超大规模，它的任何不经意的小举动对地区小国而言都具有重大影响。① 对此，中国应在有关宣传中强调参与的有限性，在推行相关政策时把握好尺度，不谋求势力范围，减轻有关国家对中国参与的担忧，在此基础上将中国与其他国家的海上伙伴关系提升至新的水平，这有助于缓解中国参与航道安全保障国际合作的困境。

---

① Rajeev Ranjan Chaturvedy, *Decoding China's Silk Diplomacy at Sea*, http://www.ipcs.org/article/military-and-defence/decoding-chinas-silk-diplomacy-at-sea-4771.html.

二、航道安全保障公共产品与服务提供者

航道安全保障国际合作长效机制构建是一个长期、系统工程，在本质上属于公共产品与服务，中国应是这一公共产品与服务及相关成本的重要提供者。

众所周知，港航基础设施建设是航道安全保障的首要问题，因此中国应大力推进港航基础设施建设合作。有些国家航道安全保障能力较弱，如印尼作为“千岛之国”，岛际之间货物运输主要是海运方式，因此有数量众多的小型航运船队，但缺乏大型港口设施，全国400多个港口除了雅加达的丹容不碌港和泗水港能够装卸集装箱外，其余大多数港口都难以接纳大型船舶，外来货物需要经过小驳船转运。因此港口无论是在规模上还是在设施上都无法满足印尼自身及其与其他伙伴国日益增长的贸易需求。同时印尼还存在船舶设备落后、技术人员缺乏、运作效率低下等诸多问题，造成海损事故不断。而且随着印尼经济持续发展，海运能力及船舶供需缺口会日益加大。而中国造船业及港航业相对成熟，可根据有关国家需求积极提供相关公共产品与服务，协调各方，满足共同需求。中国的积极介入和协调，不但可影响其他国家供给公共产品与服务的意愿，从而化解供需矛盾，而且还可促进整个航道安全保障公共产品与服务供给的良性循环。

在这种情况下，中国可为有关国家提供航道安全保障的专项经费、助航基础设施、巡逻装备与技术支持，以及开展海事人员培训与业务交流等工作。如中国可以通过认真履行国际海洋法与海事公约为海峡使用国规定的有关义务，帮助海峡沿岸国进行相关能力建设，为维护与加强海峡航行安全和防污染做出贡献。具体来说，中国应积极开展下列有关合作：其一，建立航道信息数据库，实现情报信息共享与交流。其二，合作开展有关航道科学研究，进行航道海况、水文地理环境考察、测量与治理，对航道安全保障进行联合

规划、建设与管理，共同制定维护港口、船舶以及其他助航设施安全的举措。其三，建立航道安全保障联合中心，共同应对有关航道环保与监测，清理航道内沉船，防止船舶溢油污染及有毒有害物质泄露所造成的突发事件。同时构建海损事故救助与处理合作机制，联合开展有关人道救灾与应急搜救等行动并在事后进行海上安全事故调查与磋商。其四，认真落实有关协议，共同组建保护有关航道的联防力量，开展海上安全执法合作，加强海上反恐与反海盗合作，以及共同预防和打击走私、贩毒、偷渡等海上犯罪活动，从而实现航道共同安全。如鉴于南海是海盗与海上恐怖主义活动的多发区，中国与南海周边其他国家可采取联合军演和巡逻的方式来震慑海盗与海上恐怖分子，也可以采取交换有关信息的方式来加强合作。

总之，无论是虑及自身安全，还是作为负责任大国，中国都应为有关国家提供航道安全保障公共产品与服务。这就需要大量的资金支持，而为解决有关融资缺口问题，中国应多方筹措合作资金。其一，加强与世界银行、亚洲开发银行、金砖国家银行以及亚投行、丝路基金、中国—东盟海上合作基金、中国—印尼海上合作基金、中非发展基金等机构合作。其二，统筹建立专项财政资金。其三，加强与其他沿岸国家有关资金机构合作，如斯里兰卡有探路者基金会。其四，积极利用亚洲债券市场和私人投资，通过金融扶持政策等方式促使与引导有关企业积极进行航道安全保障项目投资，进而对港航安全基础设施投资形成规模化与集群化格局，资助沿岸国家疏浚航道、治理船舶污染，参与航道管理机制建设。

三、航道安全保障相关战略对接推进者

近年来一些沿岸国家纷纷提出海洋发展战略，这些战略或多或少涉及到有关航道安全保障问题，因此中国在参与航道安全保障国际合作长效机制构建的过程中应积极促进与有关国家海洋发展战略对接与互联，从而更好地发挥有关合作机制聚散效应。

第一，在东北亚海域，其一，从俄罗斯来看，应在互联互通层面积极推动两国发展战略对接，一方面同欧亚经济联盟对接，另一方面积极参与俄方提出的共同开发与建设滨海国际运输走廊。其二，从韩国来看，2017 年韩国提出了“新北方政策”，目的是同周边国家就航道安全保障等领域开展合作，对此，中国应促进东北三省与之对接。

第二，在南海，其一，从越南来看，中国应以对接“21 世纪海上丝绸之路”与“两廊一圈”战略为契机推进大项目合作，加强两国互联互通等基础设施建设。其二，从马来西亚来看，应加强统筹规划，积极与马来西亚经济转型计划对接。其三，从印尼来看，2014 年佐科当选总统后明确提出了“海洋轴心战略”，对此印尼总统外交顾问认为印尼的“海洋轴心战略”与中国的“21 世纪海上丝绸之路”建设存在项目上的重叠性，双方可以加强对接与合作。[①] 其四，从新加坡来看，中新两国应加强在“21 世纪海上丝绸之路”框架内合作，打造好两国共建的“南向通道”。在此基础上，中国还要同包括新加坡在内的东盟国家加强沟通协调，实现同东盟发展规划更好对接。其五，从文莱来看，应积极同文莱经济多元化战略“2035 宏愿”对接，为两国关系发展注入新动力，做好两国互利合作大文章。

第三，在印度洋，其一，从印度来看，2014 年 6 月印度政府推出了“季风计划”，该计划具有文化和战略两个维度，[②] 主要是指以深受印度文化影响的环印度洋地区以及该地区国家间悠久的贸易往来史为依托，以印度为主力推进环印度洋地区国家间合作，共同开发海洋资源，促进经贸往来。目前中国学者大都认为“21 世纪海上丝绸之路”倡议与“季风计划”存在较大优势互补与互利对接空

---

① 傅梦孜、楼春豪：《关于 21 世纪“海上丝绸之路”建设的若干思考》，《现代国际关系》2015 年第 3 期，第 4 页。

② Akhilesh Pillalamarri, Project Mausam: India's Answer to China's Maritime Silk Road, *The Diplomat*, September 18, 2014.

间，具有一定的共性并存在很大交集。如当前印度面临港航等基础设施供给严重匮乏与资金缺口，而中国在这方面具有建设资金与技术方面能力与优势，具备项目对接条件。对此，两国可通过“港口导向型”发展模式实现包括海运业、造船业与港口业在内的海洋经济现代化建设，[①] 通过制订合作计划确定合作重点与优先发展方向，共同合作监督并协调项目的实施与进展。[②] 同时由于“季风计划”所描述的“印度洋世界”有很大一部分与中国远洋航道经过海域重叠，中印海军可互为对方载有大宗商品的船舶提供护航，[③] 在保障共同航道安全方面分工合作，各自负责特定海域安全保障任务，从而助力有关合作目标的实现。另外，中国也可同印度“向东行动”倡议对接。其二，从科威特来看，2018 年 7 月中国与科威特签署了关于建立战略伙伴关系的联合声明，双方表示愿进一步加强政策沟通，加强与科威特“2035 国家愿景”对接。其三，从肯尼亚来看，肯尼亚发布了《肯尼亚愿景 2030》战略，主要聚焦 10 个关键领域，其中排在第一位的就是以港口及其配套设施等基础建设为重点。[④]

第四，在南太平洋，2015 年 6 月澳大利亚颁布了北部大开发白皮书，提出了未来 20 年北部发展愿景与蓝图，旨在加大基础设施建设。[⑤] 随后又提出了《澳大利亚基础设施规划》，旨在建设交通运输

---

① 杨虹：《“一带一路”和印度“季风计划”应有效对接》，《中国经济导报》2016 年 8 月 6 日。

② Rajeev Ranjan Chaturvedy, *Decoding China's Silk Diplomacy at Sea*, http://www.ipcs.org/article/military-and-defence/decoding-chinas-silk-diplomacy-at-sea-4771.html.

③ Gurpreet Singh Khurana, Securing the Maritime Silk Route: Is There a Sino-Indian Confluence, *China and Eurasia Forum Quarterly*, Vol. 4, No. 3, 2006, p. 102.

④ 胡欣：《“一带一路”倡议与肯尼亚港口建设的对接》，《当代世界》2018 年第 4 期，第 75 页。

⑤ Australian Government, Our North, Our Future: White Paper on Developing Northern Australia, *Australian Policy Online*, June 18, 2015.

等基础设施。[①] 对此，中国应同澳大利亚在互信互利基础上，加快同其“北部大开发”“基础设施规划”对接的步伐。

第五，在欧洲海域，其一，从英国来看，中国应加强同英国现代产业战略、“英格兰北部经济中心”等发展计划对接。其二，从法国来看，中国应本着共商、共建、共享原则，同法国发展战略有效对接。其三，从西班牙来看，中国与西班牙可在两个层面进行发展战略对接：一方面在国家层面，同西班牙亚洲战略、地中海走廊建设等对接；另一方面在地区层面，同欧洲投资计划、欧洲基础设施建设计划、欧盟欧亚互联互通战略对接，拓展港口等领域合作，共同推动亚欧互联互通。

四、航道安全保障国际合作制度完善者

法规体系是开展航道安全保障国际合作长效机制构建的核心内容与有效手段，有助于合作从理论到实践展开。有关航道安全保障国际合作不同类型与措施互相联系而形成网络体系，这一网络的有效性、公平性和适应性来源于有关措施多元化，而其中法律作用无可替代。[②] 因此航道安全保障国际合作长效机制构建需要各国基本认同的国际规则和程序、基于共同原则的行动以及国家法律框架和政策，[③] 这是连结航道安全保障国际合作主体与客体的纽带。[④]

随着海洋强国与交通运输强国以及“21 世纪海上丝绸之路”建

---

① Australian Government, *Australian Infrastructure Plan*, http://infrastructureaustralia.gov.au/policy – publications/publications/AustralianInfrastructure – Plan.aspx.

② P. J. S. Jones, Governing Marine Protected Areas: Social – ecological Resilience through Institutional Diversity, *Marine Policy*, Vol. 41, 2013, pp. 5 – 13.

③ D. Pyc, Global Ocean Governance, *The International Journal on Marine Navigation and Safety of Sea Transportation*, Vol. 10, No. 1, 2016, p. 159.

④ 崔野、王琪：《全球公共产品视角下的全球海洋治理困境：表现、成因与应对》，《太平洋学报》2019 年第 1 期，第 65 页。

设的不断推进，中国在参与航道安全保障国际合作长效机制构建过程中需要在深层次上理解和利用国际海洋法。其一，有关法规可明确合作机制构建的目标、原则、职责和各项制度并为各方参与构建奠定坚实的法治基础，这是因为多元主体参与构建能够实现的前提是各层次的主体之间不会产生混乱，这就需要有系统性的法规对这些参与主体进行约束，建立正式制度安排，进而引导参与主体行为。一方面，在目前国际体系尚缺少有关航道安全保障国际合作权威性机构的背景下，相关公约、协定、声明可为合作机制构建提供具有约束力与权威性的法制保障，通过界定各行为体的义务与责任，完成权力在不同参与主体间进行重新划分；① 另一方面，可有效规范各国政府行为，为合作机制构建提供法律依据，减少有关国家权力结构调整对合作机制构建的负面影响。其二，法规具有普适性与强制性，可为有关合作机制构建提供基本秩序，是各主体参与构建所必须遵守的行为规则，从而为机制构建提供稳定的方向和制度保障。其三，中国参与有关合作机制构建具有连续性与长久性，需要有共同约束力的规则体系和制度框架以降低各方合作成本，提高相关利益群体参与的牢固性。而法规可明确跨行业、跨部门、跨国界协调的义务和机制以及各项制度之间的衔接，加强合作机制构建的连贯性、有序性与永续性。其四，法规可保障有关公众获取相关信息和参与决策的权利，增加合作机制构建的透明度。总之，法规是约束有关行为体活动的有效方式，也是有关合作机制构建的重要手段，通过制定和完善相关法规可从制度上确保合作机制向着更可持续、规范、协调与透明的方向发展，对中国参与航道安全保障国际合作长效机制构建具有重要意义。

因此航道安全保障国际合作长效机制构建的基础首先要有良法，但目前有关法规体系并不完善，从而影响中国参与构建效果。当前

---

① 吴士存、陈相秒：《论海洋秩序演变视角下的南海海洋治理》，《太平洋学报》2018 年第 4 期，第 28 页。

有关合作机制构建缺少外部指令与强制性，这使其在某种程度上属于自组织行为。而自组织行为的关键要靠制度约束，只有各行为体以相互认可的规则作为行动依据，才能使组织成员各尽其责而又协调统一，自动形成有序结构与统一的多边合作机制。但目前中国尚缺乏具有综合性、前瞻性与其他沿岸国家构建合作机制的战略，相关制度研究和机制建设滞后，如目前中国还没有制定专门的参与航道安全保障国际合作机制构建的国内法规与规范性文件。在这种情况下，主要依据有关国际公约以及双边或多边协定，而这些国际公约或协定或多或少存在一些问题。因此中国应努力识别参与合作机制构建的法规障碍，分步骤建章立制，推进新的航道安全秩序的确立。

第一，充分利用《公约》及其他海事公约等现有航道安全保障合作国际公约。尽管由于各种原因《公约》存在一些缺陷，但总的来看该《公约》及其做出的权利、义务和制度安排在国际法层面确立了有关航道安全保障国际合作的基本原则，为协调各国参与合作机制构建提供了一个主体框架。[①] 具体来说，包括沿海国管辖权、过境通行权、专属经济区、船旗国管辖、污染控制、争议解决等基础概念构成了有关合作机制构建的核心要素。[②] 由此可见，该《公约》是目前有关合作机制构建最重要与最权威的国际法律依据。因此中国参与合作机制构建应首先利用现有的《公约》及其他有关海事公约，落实《公约》与海事公约所约定的注意事项，履行权利义务，采取切实措施，实现其所约定的目的，形成沿岸各国政府间一致性并能体现航道安全保障特点、具有法律约束力的行动。同时中国还

---

① José Inácio Faria, Report on International Ocean Governance: An Agenda for the Future of Our Oceans in the Context of the 2030 SDGs, *European Parliament*, December 2017, p. 13.

② Edward L. Miles, The Concept of Ocean Governance: Evolution toward the 21 Century and the Principle of Sustainable Ocean Use, *Coastal Management*, Vol. 27, No. 1, 1999, pp. 1 –30.

应及时反馈现有国际公约执行过程中所存在的问题和困难，推动有关合作机制构建进一步体系化、制度化和效率化。

第二，中国应积极参与现有法规相关内容修订和完善。其一，对现有国际海洋法中落后于时代要求或已得到解决的问题进行修订。其二，对原法中未涉及或近年来新出现的问题进行增订。如《公约》中对有关航道利用、资源分配、权益争端、生态安全保护等方面的规定比较缺乏，因此建议把相应的内容加进去。其三，把一些建议性条款改为强制性条款并明确相应的对话磋商、落实举措和监督评价机制，设计与之配套的激励与惩戒措施，特别是要增加针对违反规定的法律责任条款，构建软、硬法有机联系的国际合作法律机制，从而增强法规约束力。其四，对于一些较为笼统、含混不清、有争议的条款，如《公约》中的“历史性权利”“航行自由”等内容需进一步具体化、明确化、精细化和可操作化，进一步制定或完善有关合作机制构建的具体规则和操作程序，从而有利于合作目标进一步分解与实施。在此基础上，中国还需通过与有关国家协商消除分歧和误读，最大限度达成有关合作目标的认同，公平合理分配保障责任。其五，完善合作法律机制内在构成要素。目前有关合作法律机制虽已具备了会议决议、联合宣言等一些形式要件，但整体来说有关合作机制还需要进一步完善其内在决策、执行与履约、资金保障、争端解决机制等构成要素。

第三，制定新的法律规范。一方面，中国应在国内建立多元主体共同参与的有关航道安全保障国际合作的制度性安排，形成中国参与合作机制构建的基本政策与行动策略，统领中国参与合作事务。其一，积极探讨有关航道安全保障国际合作法规的制定、补充与完善问题。其二，理顺现有航道安全保障国际合作有关法规之间的关系。其三，健全航道安全保障国际合作配套法规体系，推动有关航道维稳与维权向统筹兼顾型转变。另一方面，中国应加强与有关国际和区域组织合作，构建各方普遍认同的、符合客观实际与各方利益诉求的法律框架、行为准则、制度规范、标准体系，明确界定各方在合作机制构建中的资金来源、任务分配、获益方式、使用监管等方面的权利与义务，为有关国家参与合作机制构建提供明确的法规依据。同时中国还应与有关国家建立航道安全保障国际合作磋商机制，妥善协调各国关系，努力构建全方位、可持续的有关合作体系。为此，中国与各国应具体商定有关合作法规制定的路线图与时间表，针对法规所适用的地理范围、监督和执行机制、争端解决机制、是否具有约束力等核心问题排好先后顺序、制定操作性强的谈判方案，打造为沿岸各国共同认可的有关合作法规。在此过程中还要促进相关法规有效对接，统筹协调好新定法规与现有法规的区别与联系，为合作机制构建创造有利条件。

总之，随着中国综合国力与海上力量不断壮大，中国应在航道安全保障国际合作长效机制构建过程中发挥更大作用，从而有效保障有关航道和平稳定与安全畅通，为中国及其他有关国家海运贸易与能源安全做出应有贡献！

结论与展望

随着经济全球化与区域一体化的发展，有关航道安全保障及其国际合作机制构建问题日益重要。近年来中国及其他国家对此认识不断加深、实践日益丰富，在有关国家政府主管部门与非政府组织以及国际和区域相关组织等方面的共同努力下，航道安全保障国际合作机制构建取得了较大成就，呈现出合作形式较多、规模较大、水平较高、效果较好的发展趋势。

第一，参与热情日益增强。近年来在航道安全保障国际合作机制构建的过程中，无论是在合作机制的构建与合作议程的设定，还是有关实践安排与行动，沿岸国家参与的积极性和主动性都日益增强，在完善自身航道安全保障的基础上努力参与合作机制的构建。特别是随着中国实力与影响力的提高以及中国与国际体系互动关系的增强，中国表现出更为积极主动和奋发作为的参与姿态，承担了更多的国际责任，充分展示了中国自身实力与大国责任担当。

第二，区域范围日益扩大。近年来随着经济全球化与区域一体化的发展，加上有关国家的高度重视与共同努力，航道安全保障国际合作机制构建开始从相邻国家双边合作向区域多边合作、从局部合作向全线合作、从近海合作向公海合作不断扩展，合作的对象与合作的海域日益扩大。

第三，层次水平日益提高。有关航道安全保障国际合作机制构建一开始是以一般性的安全生产与工程项目为主，但近年来变为以应对海上非传统安全问题为主要定位与战略目标，并逐步上升为沿岸国家总体外交的重要组成部分；从打造典型示范工程、树立标杆，再逐步全面完善和促进沿岸国家良好关系。

第四，发展方向日益均衡。近年来有关航道安全保障国际合作机制构建无论是从国别还是从区域互动来看，开始从不均衡性向均衡性转变，互动更加频繁，呈现日益常态化的统筹协调趋势，合作发展势头良好。

第五，表现形式日益多样。有关航道安全保障国际合作机制构建一开始参与合作的人员以专业人士为主，合作类型以人命搜救为主，合作形式单一，合作维度单向，但由于航道安全保障国际合作涉及面广，因此近年来有关合作机制构建呈现人员力量化、类型复合化、形式多元化、维度全方位化的发展趋势。

总之，近年来有关航道安全保障国际合作机制构建取得了很大进展与成效，但由于受各种因素的影响还存在一定的局限性。对此沿岸国家今后应根据目前航道安全保障国际合作现状以及所面临的机遇和挑战，在系统总结有关合作机制构建经验与特点的基础上，着眼于实现与维护有关航道安全保障合作的总体目标，筹划与制定指导原则，找准突破口，把握关键环节，稳步推进全面与具体合作的力度与深度。展望未来，有关航道安全保障国际合作长效机制构建应注意以下几点：

第一，组织机制与制度机制相结合。一方面，航道安全保障国际合作组织机制是基础，为此应在完善沿岸各国有关管理部门相关协调职能的基础上，通过召开沿岸国家双边或多边联委会来协商建立专门的管理机构负责开展有关合作战略规划与决策、综合统筹与协调、工程招标与管理、信息收集与研判等方面的工作，同时也可以作为理念宣示、观点互动、议题讨论等对话平台，筹划并推动实施具体合作项目，不断夯实国际合作安排的组织基础。另一方面，航道安全保障国际合作制度是规范，为此应在健全沿岸各国有关制度的基础上，制定和完善有关航道安全合作的规章制度与法律体系，如制定纲领性以及各种港口与海运安全保障国际合作专业协议，适时签署双边或多边合作文件，通过缔结条约增强合法化，促进软、硬法有机联系，全面规范国际合作行为与实践，确保航道安全保障国际合作长效机制构建能够顺利进行。

第二，间接机制与直接机制相结合。有关航道安全保障国际合作长效机制多种多样，既可以采用直接机制，也可以采用间接机制。一方面从直接机制来看，如沿岸国家可派出应急搜救队伍和设施直接参与海上应急联合搜救行动，派出海军护航编队直接参与防范与打击海盗和海上恐怖分子，派遣海警舰艇直接参与重点海域航道特别是海上咽喉要道的联合巡逻及执法等；另一方面从间接参与来看，可通过海上遇险报警信息的转接及传递等方式间接为有关航道安全保障联合行动提供服务。

第三，政府机制与民间机制相结合。有关航道安全保障国际合作长效机制构建需要各国政府主管部门有力支持与协调，包括政策、资金等方面的大量投入，因此应以政府机制为主导，尤其是在印尼、马来西亚、泰国、缅甸等东南亚发展中国家通过官方推动更具有现实意义。但同时也要纳入更多非国家行为体参与合作，引导与动员民间力量、港航企业、非政府组织、学术科研团体与智库等方面的积极介入和广泛参与，形成多层次的合作交流机制，努力做到与政府机制并行不悖、相辅相成、互为补充。如目前全球注册的海上商船安保公司有200多家，已有部分船东开始雇佣这些专业武装安保公司对商船实施护航。①

第四，应急机制与日常机制相结合。一方面针对有关航道危机与突发事件，要强化应急处置合作机制构建，制定应急合作预案，包括在紧急情况下进行合作的原则、方式、途径、程序、手段、权利和义务以及应急处置信息沟通等内容，全面提高航道安全保障国际合作长效机制构建的协同能力，尽量减少一事一议、临时上报的

---

① A. Petrig, The Use of Force and Firearms by Private Maritime Security Companies Against Suspected Pirates, *International & Comparative Law Quarterly*, No. 3, 2013, pp. 665 – 670.

繁琐程序以及临时决议的仓促。同时还要开展重特大突发事件应急处置联合演练，以提升有关航道应急联合行动的实际效果。另一方面要加强航道安全保障国际合作长效机制构建的全过程与全方位管理，如事前的积极预防与事后的妥善处理。如果事前预防不足就会导致事后仓促应对，因此沿岸国家需要建立一套完整的应对航道危机事前、事中、事后联合处理的长效机制，注重日常机制构建，加强平时对话与磋商，随时进行有效沟通并做好应急准备与善后制度：其一，从日常机制来看，沿岸国家应逐步超越应对航道安全具体事件阶段，向系统化和有序化合作方向演变，形成定期、有计划地开展有关航道安全保障人员与舰艇互访及演习活动、举办联合培训班和研讨会、进行装备和技术研发以及交流信息、资料和经验等惯例；其二，从善后处理来看，如组织医疗救治、获救人员交接以及工作经验和教训总结评估、存档。

第五，相关机制与专门机制相结合。一方面航道安全保障国际合作长效机制构建要以现有相关机制为依托，积极借助和有效利用这些现有的国际合作机制，通过相关合作功能的延伸和合作内容的更新来达到国际合作的目的。另一方面数量众多的现有各类合作机制功能难免会出现交叉与重叠，有关航道安全保障国际合作路径应是区域协商与一致行动。但由于沿岸国家发展阶段不同，其参加航道安全保障国际合作的目的与动机也不尽相同，会存在层次性差异。因此沿岸国家应积极就航道安全保障国际合作目标、行动计划、责任分配等问题进行协调与谈判，协商建立海事合作机制、搜救合作机制等以航道安全保障为导向的专门合作机制，这有利于沿岸国家更好地找到利益汇合点，提高合作机制的专业性与针对性，促进合作机制利用与运作效率。

第六，松散型机制与紧密型机制相结合。航道安全保障国际合作长效机制是一个多元化、综合性的合作框架，这种多元性特征主要源于沿岸国家发展的特殊性与多样性，由于涉及国家众多，而各国政治体制、经济发展水平、历史文化与宗教等方面差异性突出，国际关系比较复杂，合作主体这些自身因素不仅会影响航道安全保障国际合作长效机制构建的意愿与动机，而且还会影响其一体化发展的质量，因而在短期内不可能形成统一的机制化安排，为此可先建立广泛结伴、相对松散的非正式磋商机制，沿岸国家可自愿加入，也可以搭便车，共同分享航道安全保障公共产品与服务，沿岸各参与国将有区别地为机制发展承担力所能及的义务。① 通过这种机制可定期或不定期开展官方与民间对话，对有关合作政策与技术开展探讨，加强交流与沟通，增信释疑，逐步提升共识，使相关国家能够拥有知情权、磋商权和一定意义上的决定权。在此基础上，远期目标是建立高层次、紧密型、覆盖整个航道的新型共建机制，并通过这个机制致力于将沿岸国家引导到相互依赖度较高的程度。因此这种紧密型机制应具有独立的组织形式、专门的办事机构、定期的会议制度等以增强机制的决策、执行、监督、反馈等机能，从而适应自身发展的实际需要。

总之，航道安全保障国际合作长效机制构建要注重有关机制的相互融合与嵌入，理顺各类机制之间关系，推动合作框架与网络的搭建，形成机制的联动效应，特别是要充分发挥中国的重要作用，与沿岸国家通力合作共同打造航道安全保障命运共同体，为海洋强国与交通运输强国以及“21 世纪海上丝绸之路”建设做出应有贡献。

---

① 邵雪婷、荣正通：《21 世纪海上丝绸之路中东海域的安全机制建设研究》，《中国海洋大学学报（社会科学版）》2015 年第 4 期，第 57 页。

参考文献

一、中文参考文献

（一）中文著作

1. 王生荣：《海洋大国与海权争夺》，海潮出版社 2000 年版。

2. 国家海洋局政策法规办公室：《中华人民共和国海洋法规选编》（第三版），海洋出版社 2001 年版。

3. 王生荣主编：《金黄与蔚蓝的支点：中国地缘战略论》，国防大学出版社 2001 年版。

4. 中国远洋运输（集团）总公司编译：《美国航运法规选编》，人民交通出版社 2001 年版。

5. 胡启生：《海洋秩序与民族国家：海洋政治地理视角中的民族国家构建分析》，黑龙江人民出版社 2003 年版。

6. 刘宝银、杨晓梅：《环中国岛链：海洋地理、军事区位、信息系统》，海洋出版社 2003 年版。

7. 高子川编著：《蓝色警示：二十一世纪初的海洋争夺与展望》，海潮出版社 2004 年版。

8. 张吉平、贾绪智、杨林家、古毅良主编：《航海实操评估Ⅰ：航次计划、海上搜救与海事案例分析》，大连海事大学出版社 2004 年版。

9. 张耀光：《中国海洋政治地理学：海洋地缘政治与海疆地理格局的时空演变》，科学出版社 2004 年版。

10. 李栖筠、张永宁、江吉喜编著：《中国主要远洋航线危险天气预报》，大连海事大学出版社 2005 年版。

11. 张天怀编著：《中国外贸港口与航线》，对外经济贸易大学出版社 2005 年版。

12. 中国现代国际关系研究院海上通道安全课题组：《海上通道安全与国际合作》，时事出版社 2005 年版。

13. 陈先德：《〈国家海上搜救应急预案〉贯彻实施指南及相关法律法规汇编》，人民交通出版社 2006 年版。

14. 交通部救助打捞局编著：《海上救助实用指导手册》，人民交通出版社 2007 年版。

15. 鞠海龙：《亚洲海权地缘格局论》，中国社会科学出版社 2007 年版。

16. 里弼东、楼锡淳、凌勇编著：《海峡》，测绘出版社 2008 年版。

17. 刘明桂：《海上危机管理》，人民交通出版社 2008 年版。

18. 楼锡淳、苏振礼、元建胜编著：《海湾》，测绘出版社 2008 年版。

19. 汪兆椿、李茂和编著：《愤怒的海洋：来自海上的灾害》，海洋出版社 2008 年版。

20. 张炜主编：《国家海上安全》，海潮出版社 2008 年版。

21. 季国兴：《中国的海洋安全和海域管辖》，上海人民出版社 2009 年版。

22. 李兵：《国际战略通道问题研究》，当代世界出版社 2009 年版。

23. 吴士存、朱华友主编：《聚焦南海：地缘政治 · 资源 · 航道》，中国经济出版社 2009 年版。

24. 许可：《当代东南亚海盗研究》，厦门大学出版社 2009 年版。

25. 中国船舶代理及无船承运人协会：《国际航运法律法规文件

汇编》，中国海关出版社 2009 年版。

26. 中华人民共和国海事局编著：《预防和应对亚丁湾及索马里水域海盗袭击工作指南》，人民交通出版社 2009 年版。

27. 冯梁：《中国的和平发展与海上安全环境》，世界知识出版社 2010 年版。

28. 王杰、闵德权、王莉编著：《国际海运政策概论》，大连海事大学出版社 2010 年版。

29. 危敬添编著：《国际海事条约的历史和现状概览》，人民交通出版社 2010 年版。

30. 梁芳：《海上战略通道论》，时事出版社 2011 年版。

31. 王欣主编：《救捞国际标准合同》，大连海事大学出版社 2011 年版。

32. 杨泽伟主编：《中国海上能源通道安全的法律保障》，武汉大学出版社 2011 年版。

33. 中国海上搜救中心、天津市海上搜救中心、大连海事大学编：《国家海上搜救手册》，大连海事大学出版社 2011 年版。

34. 冯梁主编：《亚太主要国家海洋安全战略研究》，世界知识出版社 2012 年版。

35. 马文琦、关广丰主编：《救捞及海洋工程项目管理》，大连海事大学出版社 2012 年版。

36. 吴煦主编：《救捞政策与法规》，大连海事大学出版社 2012 年版。

37. 阎铁毅主编：《救捞应急管理》，大连海事大学出版社 2013 年版。

38. 张玉坤、左立平编著：《戍海固防：海上安全环境与海洋权益维护》，海潮出版社 2013 年版。

39. 于铭、徐祥民等：《世界区域海治理立法研究》，人民出版社 2017 年版。

40. 朱玉柱：《海上搜寻与救助》，大连海事大学出版社 2017

年版。

41. 梁甲瑞：《中美南太平洋地区合作：基于维护海上战略通道安全的视角》，中国社会科学出版社 2018 年版。

（二）中文期刊论文

1. 戴小杰：《应建立中越海上合作搜救机制》，《中国水运》2003 年第 5 期。

2. 翟淑英：《忧思石油运输线》，《中国石油企业》2003 年第 9 期。

3. 朱曾杰：《关于国际海运反恐的若干问题》，《海商法研究》2004 年第 1 期。

4. 左立平：《聚焦海上交通线》，《黄浦》2004 年第 4 期。

5. 沈木珠：《海上救助公约的重大发展及其影响》，《现代法学》2004 年第 5 期。

6. 《扼住海上生命线》，《瞭望新闻周刊》2004 年第 30 期。

7. 张洁：《中国能源安全中的马六甲因素》，《国际政治研究》2005 年第 3 期。

8. 冯梁：《关于应对美军进驻马六甲海峡的战略思考》，《东南亚之窗》2006 年第 1 期。

9. 李兵：《日本海上战略通道思想与政策探析》，《日本学刊》2006 年第 1 期。

10. 汪海：《构建避开霍尔木兹海峡的国际通道：中国与海湾油气安全连接战略》，《世界经济与政治》2006 年第 1 期。

11. 贾大山、孙峻岩、罗洪波：《中国石油海运通道安全评价与对策》，《大连海事大学学报》2006 年第 2 期。

12. 李兵：《印度的海上战略通道思想与政策》，《南亚研究》2006 年第 2 期。

13. 汪翔：《发达国家及地区海上交通突发公共事件的搜救》，《安全生产与监督》2006 年第 2 期。

14. 李金明：《马六甲海峡与南海航道安全》，《南洋问题研究》2006 年第 3 期。

15. 潘永德：《南海，国际人道大救援》，《珠江水运》2006 年第 6 期。

16. 王志平：《中国海上石油运输通道安全策略》，《东南亚之窗》2007 年第 4 期

17. 杨晓东：《英国海上搜寻与救助及其带来的思考》，《航海技术》2007 年第 6 期。

18. 汪海：《从北部湾到中南半岛和印度洋：构建中国联系东盟和避开"马六甲困局"的战略通道》，《世界经济与政治》2007 年第 9 期。

19. 许艳：《中国与东盟加强海事合作》，《中国海事》2007 年第 9 期。

20. 张丽娜：《海上反恐与国际海运安全制度研究》，《河北法学》2008 年第 2 期。

21. 汪翔：《北部湾渔业船舶海上搜救现状分析及对策研究》，《安全生产与监督》2008 年第 5 期。

22. 郑小平：《海警部队参与海上反恐作战的思考》，《武警学院学报》2008 年第 9 期。

23. 耿相魁：《以国际交流提升我国海上搜救水平》，《海洋开发与管理》2008 年第 10 期。

24. 郑怀宇、郝光亮：《中日韩俄四国加强海上搜救合作》，《中国海事》2008 年第 11 期。

25. 李岩、王礼茂：《从地缘政治角度看中国石油进口运输安全》，《资源科学》2008 年第 12 期。

26. 耿相魁：《打击海上恐怖主义需要国际合作》，《海洋开发与管理》2009 年第 1 期。

27. 郭殊：《中国海军索马里护航行动的法律依据与意义》，《今日中国论坛》2009 年第 1 期。

28. 钱利华：《依法实施护航行动　维护世界和平发展》，《求是》2009 年第 2 期。

29. 殷卫滨：《困局与出路：海盗问题与中国海上战略通道安全》，《南京政治学院学报》2009 年第 2 期。

30. 张杰：《浅述海峡战略通道的安全》，《理论界》2009 年第 2 期。

31. 王历荣：《印度洋与中国海上通道安全战略》，《南亚研究》2009 年第 3 期。

32. 马清波：《试论发达国家海上救助水平的几个要素及对策》，《中国海事》2009 年第 5 期。

33. 王历荣：《论中国海上通道安全》，《徐州工程学院学报（社会科学版）》2009 年第 5 期。

34. 王湘林：《索马里海盗对我国海上安全的影响》，《国际关系学院学报》2009 年第 5 期。

35. 李敏：《加强中国与东盟的搜救协作》，《中国水运》2009 年第 6 期。

36. 王历荣：《国际海盗问题与中国海上通道安全》，《当代亚太》2009 年第 6 期。

37. 熊兴：《当前我国海上航线安全浅析》，《中国水运》2009 年第 9 期。

38. 王家兵：《海上反恐与登临法律制度的完善》，《太平洋学报》2009 年第 11 期。

39. 章荣军：《澳大利亚海上搜救体系介绍》，《中国海事》2009 年第 11 期。

40. 刘建飞：《一部研究国际战略通道问题的力作——评李兵〈国际战略通道问题研究〉》，《当代世界》2009 年第 12 期。

41. 李忠杰：《加强对国际战略通道问题的研究——评〈国际战略通道问题研究〉》，《当代世界与社会主义》2010 年第 1 期。

42. 李兵：《建立维护海上战略通道安全的国际合作机制》，《当代世界》2010 年第 2 期。

43. 李兵：《论海上战略通道的地位与作用》，《当代世界与社会主义》2010 年第 2 期。

44. 李兵：《海上战略通道博弈：兼论加强海上战略通道安全的国际合作》，《太平洋学报》2010 年第 3 期。

45. 危敬添：《〈1979 年国际海上搜寻救助公约〉与〈1989 年国际救助打捞公约〉的关系》，《中国远洋航务》2010 年第 3 期。

46. 陈小虎：《世界各国搜救组织架构的共同趋势探析》，《中国水运》2010 年第 5 期。

47. 李靖宇：《关于中国面向世界开拓两洋出海大通道的战略构想》，《中国软科学》2010 年第 8 期。

48. 江淮：《中国的出海通道在哪里：岛链篇》，《世界知识》2010 年第 9 期。

49. 《我国油气进口通道格局初步形成》，《辽宁化工》2010 年第 10 期。

50. 李杰：《全球战略海峡通道纵览》，《决策与信息》2010 年第 11 期。

51. 童晓光、赵林：《对“马六甲困局”与中国油气安全的再思考》，《国际石油经济》2010 年第 11 期。

52. 朱玉柱、李勤荣、李小文：《各国对海上搜救的奖励机制》，《中国海事》2010 年第 12 期。

53. 张明亮：《南海海难合作救助：经验与启示》，《新东方》2011 年第 1 期。

54. 刘章仁：《浅谈船舶预防海盗袭击和打击海盗活动的方法》，《公安海警学院学报》2011 年第 2 期。

55. 罗超：《海上能源通道安全国际法律制度的缺陷与完善》，《云南大学学报法学版》2011 年第 3 期。

56. 刘竞进、邱采真：《护航：我海军军事外交的重要平台》，《海军工程大学学报综合版》2011 年第 4 期。

57. 张德江：《加强国际应急救助合作　保障海上人命安全》，《中国应急管理》2011 年第 9 期。

58. 张湘兰、张芷凡：《现状与展望：全球治理维度下的海上能源通道安全合作机制》，《江西社会科学》2011 年第 9 期。

59. 刘丹：《海洋法视角下的海盗治理问题》，《探索与争鸣》2011 年第 10 期。

60. 许晶岩、孙健：《论马六甲海峡在亚太地区大国战略中的地位和中国的政策选择》，《东南亚之窗》2011 年第 2 期。

61. 程远明：《中外海上救助的比较与借鉴》，《世界海运》2011 年第 12 期。

62. 吕雪：《世界救捞的“广场”上飘扬的中国旗帜》，《珠江水运》2011 年第 19 期。

63. 陈志瑞、吴文成：《国际反海盗行动与全球治理合作》，《国际问题研究》2012 年第 1 期。

64. 邹立刚：《保障我国海上通道安全研究》，《法治研究》2012 年第 1 期。

65. 郑中义：《我国海上战略通道数量及分布》，《中国航海》2012 年第 2 期。

66. 唐翀、李志斐：《马六甲海峡安全问题与中国的政策选择》，《东南亚南亚研究》2012 年第 3 期。

67. 肖洋：《西非航线权益博弈及中国的应对》，《现代国际关系》2012 年第 5 期。

68. 王秀卫：《南海低敏感领域合作机制初探》，《河南财经政法大学学报》2013 年第 3 期。

69. 曾庆丽：《海洋生态安全治理的国际经验与启示》，《哈尔滨市委党校学报》2013 年第 4 期。

70. 梁小成：《英国海上搜救志愿者管理及对我国的启示》，《中国海事》2013 年第 10 期。

71. 陈洁、胡丽：《海洋公共危机治理下的国际合作研究》，《海洋开发与管理》2013 年第 11 期。

72. 范立君：《法国海上搜救体制》，《中华灾害救援医学》2014 年第 3 期。

73. 黄任望：《全球海洋治理问题初探》，《海洋开发与管理》2014 年第 3 期。

74. 罗发菊：《日本海上搜救应急体系》，《中华灾害救援医学》2014 年第 3 期。

75. 许娟、卫灵：《印度对 21 世纪“海上丝绸之路”倡议的认知》，《南亚研究季刊》2014 年第 3 期。

76. 周方冶：《中泰关系：东盟合作中的战略支点作用——基于 21 世纪海上丝绸之路的分析视角》，《南洋问题研究》2014 年第 3 期。

77. 周云亨：《海上能源通道安全与中国海权发展》，《太平洋学报》2014 年第 3 期。

78. 蔡鹏鸿：《为构筑海上丝绸之路搭建平台：前景与挑战》，《当代世界》2014 年第 4 期。

79. 刘赐贵：《发展海洋合作伙伴关系，推进 21 世纪海上丝绸之路建设的若干思考》，《国际问题研究》2014 年第 4 期。

80. 卢芳华：《马航 370 失联与国际联合大搜救》，《思想政治课教学》2014 年第 6 期。

81. 王杰、李荣、张洪雨：《东亚视野下的我国海上搜救责任区问题研究》，《东北亚论坛》2014 年第 4 期。

82. 谢虞南：《多国联合参与国际救援的优势、困境与出路——以马来西亚航空事件为例》，《决策咨询》2014 年第 4 期。

83. 张暮辉：《马航失联后国际合作新亮点》，《中国报道》2014 年第 4 期。

84. 楼春豪：《21 世纪海上丝绸之路的风险与挑战》，《印度洋经济体研究》2014 年第 5 期。

85. 阎铁毅、田雨千：《由“岁月”号纵览韩国海洋水产部与海洋警察厅的发展历程》，《世界海运》2014 年第 5 期。

86. 向力：《南海搜救机制的现实抉择——基于南海海难事故的实证分析》，《海南大学学报（人文社会科学版）》2014 年第 6 期。

87. 张虎：《南海区域港口国监督合作机制探析》，《海南大学学报（人文社会科学版）》2014 年第 6 期。

88. 周玉渊：《东南亚地区海事安全合作的国际化：东盟海事论坛的角色》，《外交评论》2014 年第 6 期。

89. 秦琦：《全球深海救援力量聚焦》，《中国船检》2014 年第 7 期。

90. 游志斌：《“马航事件”中的国际应急救援合作剖析》，《行政管理改革》2014 年第 7 期。

91. 范烨民：《从马航 MH370 事件看国际联合救援的问题与对策》，《新西部》2014 年第 9 期。

92. 钱利华：《构建海上丝绸之路的安全要素及其他》，《理论参考》2014 年第 9 期。

93. 李向阳：《论海上丝绸之路的多元化合作机制》，《世界经济与政治》2014 年第 11 期。

94. 马建英：《海洋外交的兴起：内涵、机制与趋势》，《世界经济与政治》2014 年第 4 期。

95. 杨凯：《东南亚地区海上人道搜救联合行动机制建设展望》，《东南亚纵横》2014 年第 12 期。

96. 陈楠枰：《21 世纪海上丝绸之路的交通谋划从水路安全畅通起步》，《交通建设与管理》2014 年第 11 期。

97. 甘均先：《中美印围绕新丝绸之路的竞争与合作分析》，《东北亚论坛》2015 年第 1 期。

98. 马进：《特别敏感海域制度研究：兼论全球海洋环境治理问题》，《清华法治论衡》2015 年第 1 期。

99. 杨晓杰：《对确保 21 世纪海上丝绸之路建设安全的若干思考》，《广东省社会主义学院学报》2015 年第 1 期。

100. 张虎：《论 21 世纪海上丝绸之路构建中航运的先导作用》，

《中国海商法研究》2015 年第 1 期。

101. 张芃菲：《印度洋通道安全对中国的重要意义及面临的挑战》，《江南社会学院学报》2015 年第 1 期。

102. 蒙仁君：《海上联合搜救机制研究》，《广州航海学院学报》2015 年第 2 期。

103. 宋云霞：《海上丝绸之路安全保障法律问题研究》，《中国海商法研究》2015 年第 2 期。

104. 邢瑞利、郑先武：《私人安全公司与东南亚海上安保》，《东南亚南亚研究》2015 年第 2 期。

105. 许可：《“21 世纪海上丝绸之路”面临的安全挑战——“银河号事件”的启示》，《亚非纵横》2015 年第 2 期。

106. 张洁：《海上通道安全与中国战略支点的构建：兼谈 21 世纪海上丝绸之路建设的安全考量》，《国际安全研究》2015 年第 2 期。

107. 周方冶：《21 世纪海上丝绸之路战略支点建设的几点看法》，《新视野》2015 年第 2 期。

108. 朱时雨、王玉：《21 世纪海上丝绸之路航道安全探析》，《交通运输研究》2015 年第 2 期。

109. 陈伟光：《论 21 世纪海上丝绸之路合作机制的联动》，《国际经贸探索》2015 年第 3 期。

110. 丁阳、黄海刚、王春豪：《21 世纪海上丝绸之路的战略枢纽：克拉运河》，《亚太经济》2015 年第 3 期。

111. 曲波：《南海区域搜救合作机制的构建》，《中国海商法研究》2015 年第 3 期。

112. 蔡鹏鸿：《中国—东盟海洋合作：进程、动因和前景》，《国际问题研究》2015 年第 4 期。

113. 黄茂兴、贾学凯：《“21 世纪海上丝绸之路”的空间范围、战略特征与发展愿景》，《东南学术》2015 年第 4 期。

114. 邵雪婷、荣正通：《21 世纪海上丝绸之路中东海域的安全机制建设研究》，《中国海洋大学学报（社会科学版）》2015 年第

4 期。

115. 李建勋：《南海航道安全保障法律机制对“21 世纪海上丝绸之路”的借鉴意义》，《太平洋学报》2015 年第 5 期。

116. 谢博、岳蓉：《地缘政治视角下的 21 世纪海上丝绸之路通道安全》，《东南亚纵横》2015 年第 5 期。

117. 张文木：《从整体上把握中国海洋安全：“海上丝绸之路”西太平洋航线的安全保障、关键环节与力量配置》，《当代亚太》2015 年第 5 期。

118. 朱坚真、黄凤：《中国参与南海海上搜救合作机制问题探讨》，《中国渔业经济》2015 年第 5 期。

119. 李卫海：《中国海上航运的安保模式及其法律保障：以应对 21 世纪海上丝路的海盗为例》，《中国社会科学》2015 年第 6 期。

120. 王琪、崔野：《将全球治理引入海洋领域：论全球海洋治理的基本问题与我国的应对策略》，《太平洋学报》2015 年第 6 期。

121. 张才圣：《21 世纪海上丝绸之路背景下的东南亚海上通道安全问题研究》，《广西师范大学学报（哲学社会科学版）》2015 年第 6 期。

122. 李骁、薛力：《21 世纪海上丝绸之路：安全风险及其应对》，《太平洋学报》2015 年第 7 期。

123. 李振福：《新“海丝”带来新机遇　航运业可有大作为》，《中国海事》2015 年第 7 期。

124. 李志文、王崇：《争议海域搜救中责任区域划定的相关法律问题》，《学术交流》2015 年第 12 期。

125. 夏子潮、王京齐：《我国参与的海上防险救生国际合作现状和发展》，《科技展望》2015 年第 33 期。

126. 郑凡：《地中海的环境保护区域合作：发展与经验》，《中国地质大学学报（社会科学版）》2016 年第 1 期。

127. 梁宗盛：《共同守护：中国—东盟国家海上联合搜救命运共同体》，《珠江水运》2016 年第 25 期。

128. 梁甲瑞：《海上战略通道视角下中国南太地区的海洋战略》，《世界经济与政治论坛》2016 年第 3 期。

129. 马晓雪、石树凯、郭怡、张成瑶：《日本海上搜救应急体系研究》，《中国水运》2016 年第 3 期。

130. 朱建鹏、周尤亮：《亚太地区海上联合搜救行动中情报支援机制研究》，《海军工程大学学报（综合版）》2016 年第 4 期。

131. 梁甲瑞：《试析大国何以对南太平洋地区的海上战略通道展开争夺》，《理论月刊》2016 年第 5 期。

132. 陈彩云、张华民：《打击海盗与南海地区安全》，《辽宁大学学报（哲学社会科学版）》2016 年第 6 期。

133. 王竞超：《国际公共产品视阈下的索马里海盗治理问题》，《西亚非洲》2016 年第 6 期。

134. 梁甲瑞：《海上战略通道视角下中印在南太平洋地区的海洋战略博弈》，《南亚研究季刊》2017 年第 1 期。

135. 全永波：《海洋跨区域治理与“区域海”制度构建》，《中共浙江省委党校学报》2017 年第 1 期。

136. 吴凡：《美国海岸警卫队突发事件应急处置及其启示》，《中国应急救援》2017 年第 1 期。

137. 梁甲瑞：《南太平洋地区海上战略通道安全与战略支点港口的构建》，《战略决策研究》2017 年第 2 期。

138. 戚凯、刘乐：《“21 世纪海上丝绸之路”建设的海事保障与中国角色》，《当代亚太》2017 年第 2 期。

139. 张晓雷、丁志鸿：《专业救助力量参与海上国际联合搜救的问题研究》，《航海》2017 年第 2 期。

140. 郭旭：《21 世纪海上丝绸之路航海保障服务体系研究》，《广州航海学院学报》2017 年第 3 期。

141. 扈琼琳：《21 世纪海上丝绸之路面临的非传统安全问题研究》，《江汉大学学报（社会科学版）》2017 年第 3 期。

142. 刘大海、王艺潼、刘芳明、于莹、连晨超、徐孟：《“21 世纪海上丝绸之路”海上战略支点港的主要建设模式及其政策风险》,《改革与战略》2017 年第 3 期。

143. 刘乐:《中国海事外交:现状与未来》,《教学与研究》2017 年第 3 期。

144. 郑怀宇:《“一带一路”战略背景下的海上搜救国际合作》,《中国海事》2017 年第 3 期。

145. 夏真真、汪万发:《21 世纪海上丝绸之路:非传统安全问题及其合作安排》,《江南社会学院学报》2017 年第 4 期。

146. 齐庆华、蔡榕硕:《21 世纪海上丝绸之路海洋环境的气候变化与风暴灾害风险探析》,《海洋开发与管理》2017 年第 5 期。

147. 谢斌:《“21 世纪海上丝绸之路”建设背景下的中国—东盟执法安全合作》,《理论界》2017 年第 5 期。

148. 高文胜:《南太平洋能源战略通道的价值、面临的风险及中国的对策》,《世界地理研究》2017 年第 6 期。

149. 翟仲:《国际海上搜救合作的国际条约法述评》,《法制博览》2017 年第 18 期。

150. 赵旭、高苏红、王晓伟:《“21 世纪海上丝绸之路”倡议下的港口合作问题及对策》,《西安交通大学学报(社会科学版)》2017 年第 6 期。

151. 崔野、王琪:《关于中国参与全球海洋治理若干问题的思考》,《中国海洋大学学报(社会科学版)》2018 年第 1 期。

152. 傅梦孜、陈旸:《对新时期中国参与全球海洋治理的思考》,《太平洋学报》2018 年第 11 期。

153. 王珍珍、甘雨娇:《中国与“一带一路”沿线国家港口联盟机制研究》,《东南学术》2018 年第 1 期。

154. 魏德才:《半闭海视野下的海洋治理与中国选择》,《浙江海洋大学学报(人文科学版)》2018 年第 1 期。

155. 袁沙:《全球海洋治理:从凝聚共识到目标设置》,《中国海洋大学学报(社会科学版)》2018 年第 1 期。

156. 袁沙、郭芳翠：《全球海洋治理：主体合作的进化》，《世界经济与政治论坛》2018 年第 1 期。

157. 张聆晔、吕靖、李晶、孙茂金：《应对东南亚海域海盗袭击的应急方案选择》，《大连海事大学学报》2018 年第 1 期。

158. 梁甲瑞：《英国在南太平洋地区的战略评析：基于海上战略通道的视角》，《国际论坛》2018 年第 2 期。

159. 吴士存、陈相秒：《论海洋秩序演变视角下的南海海洋治理》，《太平洋学报》2018 年第 4 期。

160. 孙德刚：《中国港口外交的理论与实践》，《世界经济与政治》2018 年第 5 期。

161. 杨焕彪：《中国海警参与全球海洋治理途径探析》，《公安海警学院学报》2018 年第 5 期。

162. 张继平、黄嘉星、郑建明：《基于利益视角下东北亚海洋环境区域合作治理问题研究》，《上海行政学院学报》2018 年第 5 期。

163. 陈强：《21 世纪海上丝绸之路危险海域反海盗探究》，《海南热带海洋学院学报》2018 年第 6 期。

164. 刘曙光、王璐、尹鹏：《海洋治理问题的国际研究动态及启示》，《中国渔业经济》2018 年第 6 期。

165. 庞中英：《在全球层次治理海洋问题：关于全球海洋治理的理论与实践》，《社会科学》2018 年第 9 期。

166. 崔野、王琪：《全球公共产品视角下的全球海洋治理困境：表现、成因与应对》，《太平洋学报》2019 年第 1 期。

167. 朱璇、贾宇：《全球海洋治理背景下对蓝色伙伴关系的思考》，《太平洋学报》2019 年第 1 期。

168. 翟语嘉：《“21 世纪海上丝绸之路”框架下能源通道安全保障法律机制探究》，《法学评论》2019 年第 2 期。

169. 全永波、石鹰婷、郁志荣：《中国参与全球海洋生态环境治理体系的机遇与挑战》，《南海学刊》2019 年第 3 期。

170. 苏李杰：《海上新丝路背景下的马六甲海峡通道安全研

究》，《学理论》2019 年第 4 期。

171. 崔野、王琪：《中国参与全球海洋治理研究》，《中国高校社会科学》2019 年第 5 期。

172. 全永波、叶芳：《“区域海”机制和中国参与全球海洋环境治理》，《中国高校社会科学》2019 年第 5 期。

173. 王郦久、徐晓天：《俄罗斯参与全球海洋治理和维护海洋权益的政策及实践》，《俄罗斯学刊》2019 年第 5 期。

174. 耿志刚：《试析韩国海洋安保及治理体系》，《东北亚学刊》2019 年第 6 期。

175. 杨泽伟：《新时代中国深度参与全球海洋治理体系的变革：理念与路径》，《法律科学（西北政法大学学报）》2019 年第 6 期。

176. 王阳：《全球海洋治理：历史演进、理论基础与中国的应对》，《河北法学》2019 年第 7 期。

177. 王琪、李简：《我国海洋社会组织参与全球海洋治理初探：现状、问题与对策》，《中国国土资源经济》2019 年第 9 期。

178. 陈腾瀚：《中国主要海上能源通道风险刍议》，《油气储运》2019 年第 11 期。

179. 王辉、刘娜、张蕴斐、仉天宇、任湘湘：《“21 世纪海上丝绸之路”海洋与气象灾害预警报现状和风险防范对策建议》，《科学通报》2020 年第 6 期。

二、外文参考文献

（一）外文著作与报告

1. Amita A. Garwal, *Indian Ocean and World Peace*, New Delhi: Kanishka Publishers, 2000.

2. Duk Ki Kim, *Naval Strategy in Northeast Asia: Geo – strategic Goals, Policies and Prospects*, London: Frank Cass Publishers, 2000.

3. Peter J. Woolley, *Japan's Navy*: *Politics and Paradox*, London: Lynne Rienner Publishers, 2000.

4. Adalberto Vallega, *Sustainable Ocean Governance*: *A Geographical Perspective*, London: Routledge, 2001.

5. Bernard D. Cole, *The Great Wall at Sea – China's Navy Enters the Twenty – First Century*, Annapolis: Naval Institute Press, 2001.

6. Norman Friedman, *Sea Power as Strategy*: *Navies and National Interests*, Annapolis: Naval Institute Press, 2001.

7. Srikanth Kondapalli, *China's Naval Power*, New Delhi: Hardev Printers, 2001.

8. Vivian Louis Forbes, *Conflict and Cooperation in Managing Maritime Space in Semi – enclosed Seas*, Singapore: Singapore University Press, 2001.

9. Liselotte Odgaard, *Maritime Security between China and Southeast Asia*: *Conflict and Cooperation in the Making of Region Order*, Hampshire: Ashgate Publishing Limited, 2002.

10. S. J. Tangredi, *Globalization and Maritime Power*, Washington, D. C.: National Defense University Press, 2002.

11. Thomas M. Kane, *Chinese Grand Strategy and Maritime Power*, London: Frank Cass Publishers, 2002.

12. Timo Kivimaki, *War or Peace in the South China Sea*, Denmark: NIAS Press, 2002.

13. John Reeder, *Brice on Maritime Law of Salvage*, London: Sweet and Maxwell, 2003.

14. Dennis Rumley, *Geopolitical Orientations*, *Regionalism and Security in the Indian Ocean*, Sudbury: Laurentian University Press, 2004.

15. Geoffrey Till, *Sea Power*: *A Guide for the Twenty – First Century*, London: Frank Cass Publishers, 2004.

16. Ministry of Denfence (Navy), *Indian Maritime Doctrine*, New

Delhi: Integrated Headquarters, 2004.

17. D. Johnson, *Piracy in Southeast Asia*, Singapore: Utopia Pte Ltd. , 2005.

18. Euan Graham, *Japan's Sea Lane Security*, 1940 – 2004: *A Matter of Life and Death*, New York: Routledge, 2005.

19. Keyuan Zou, *Law of the Sea in East Asia: Issues and Prospects*, New York: Routledge, 2005.

20. Lyle J. Goldstein, *The Cold War at Sea: An International Appraisal*, Hampshire: Taylor & Francis Group Ltd. , 2005.

21. Peter Dombrowski, *Naval Power in the Twenty – First Century*, Newport: Naval War College Press, 2005.

22. Peter Howarth, *China's Rising Sea Power: The PLA Navy's Submarine Challenge*, New York: Routledge, 2005.

23. Sam Bateman, *The Evolving Maritime Balance of Power in the Asia – Pacific: Maritime Doctrines and Nuclear Weapons at Sea*, Singapore: World Scientific Publishing, 2006.

24. Kwa Chong Guan, *Maritime Security in Southeast Asia*, New York: Routledge, 2007.

25. L. Peter, *Violence at Sea: Piracy in the Age of Global Terrorism*, New York: Routledge, 2007.

26. S. Mehta, *Freedom to Use the Seas: India's Maritime Military Strategy*, New Delhi: Integrated Headquarters Ministry of Defense (Navy), 2007.

27. Marcus Haward, *Oceans Governance in the Twenty – first Century: Managing the Blue Planet*, Cheltenham: Edward Elgar Publishing Ltd, 2008.

28. James R. Holmes, *Chinese Naval Strategy in the 21st Century: The Turn to Mahan*, New York: Routledge, 2009.

29. Toshi Yoshihara, *Red Star over the Pacific: China's Rise and the*

Challenge to U. S. Maritime Strategy, Annapolis: Naval Institute Press, 2010.

30. C. Raja Mohan, *Sino – Indian Rivalry in the Indo – Pacific*, Washington: Carnegie Endowment for International Peace, 2012.

31. Y. C. Chang, *Ocean Governance: A Way Forward*, New York: Springer, 2012.

32. Leszek Buszynski, *In the South China Sea and Australia's Regional Security Environment*, Canberra: Australian National University, 2013.

33. Mohan Malik, *Maritime Security in the Indo – Pacific: Perspectives from China, India and the United States*, London: Rowman & Littlefield, 2014.

34. Peter Dombrowski, *The Indian Ocean and US Grand Strategy: Ensuring Access and Promoting Security*, Washington: Georgetown University Press, 2014.

35. Rory Medcalf, *Defence Challenges 2035: Securing Australians Life Lines*, Sydney: Lowy Institute for International Policy, 2014.

36. European Commission, *The EU and International Ocean Governance*, Brussels: The European Commission, 2015.

37. Leszek Buszynski, *The South China Sea Maritime Dispute: Political, Legal and Regional Perspectives*, London, New York: Routledge, Taylor & Francis Group, 2015.

38. Nadège Rolland, *China's New Silk Road*, Washington, D. C.: National Bureau of Asian Research, 2015.

39. Gopal Suri, *China's Expanding Military Maritime Footprints in the Indian Ocean Region (IOR): India's Response*, New Delhi: Pentagon Press, 2017.

(二) 外文期刊文章

1. J. A. Roach, Straight Baselines: The Need for a Universally Applied Norm, *Ocean Development & International Law*, Vol. 31, No. 1 –

2, 2000.

2. P. Haas, Prospects for Effective Marine Governance in the NW Pacific Region, *Marine Policy*, Vol. 24, 2000.

3. Ted L. McDorman, Global Ocean Governance and International Adjudicative Dispute Resolution, *Ocean & Coastal Management*, Vol. 43, 2000.

4. H. D. Smith, Special Issue on Ocean Governance and Capacity Building, *Marine Policy*, Vol. 25, No. 6, 2001.

5. John Mo, Options to Combat Maritime Piracy in Southeast Asia, *Ocean Development & International Law*, Vol. 33, No. 3 – 4, 2002.

6. H. E. Joseluis Jesus, Protection of Foreign Ships against Piracy and Terrorism at Sea: Legal Aspects, *The International Journal of Marine and Coastal Law*, Vol. 18, No. 3, 2003.

7. Yann – Huei Song, The Overall Situation in the South China Sea in the New Millennium: Before and After the September 11 Terrorist Attacks, *Ocean Development & International Law*, Vol. 26, No. 1, 2004.

8. J. Ashley Roach, Initiatives to Enhance Maritime Security at Sea, *Marine Policy*, Vol. 28, No. 1, 2004.

9. Juan Luis Suárez de Vivero, New Factors in Ocean Governance: From Economic to Security – Based Boundaries, *Marine Policy*, Vol. 28, No. 2, 2004.

10. J. F. Bradford, Japanese Anti – Piracy Initiatives in Southeast Asia: Policy Formulations and the Coastal State Responses, *Contemporary Southeast Asia*, Vol. 26, No. 3, 2004.

11. Yoshifumi Tanka, Zonal and Integrated Management Approaches to Ocean Governance: Reflections on a Dual Approach in International Law of the Sea, *The International Journal of Marine and Coastal Law*, Vol. 19, No. 4, 2004.

12. Gal Luft, Terrorism Goes to Sea, *Foreign Affairs*, Vol. 83, No. 6,

2004.

13. Zou Keyuan, Seeking Effectiveness for the Crackdown of Piracy at Sea, *Journal of International Affairs*, Vol. 59, No. 1, 2005.

14. Ziad Haider, Baluchis, Beijing and Pakistan's Gwadar Port, *Georgetown Journal of International Affairs*, Winter/Spring 2005.

15. Gurpreet Singh Khurana, Securing the Maritime Silk Route: Is There a Sino – Indian Confluence, *China and Eurasia Forum Quarterly*, Vol. 4, No. 3, 2006.

16. Joshua H. Ho, The Security of Sea Lanes in Southeast Asia, *Asian Survey*, Vol. 46, No. 4, 2006.

17. Dong Oh Cho, Evaluation of the Ocean Governance System in Korea, *Marine Policy*, Vol. 30, No. 5, 2006.

18. Donald L. Berlin, India in the Indian Ocean, *Naval War College Review*, Spring 2006.

19. Udo Helge Fox, Maritime Search and Rescue: Benefit or Burden for Society, *WMU Journal of Maritime Affairs*, Vol. 6, No. 1, 2007.

20. B. Raman, Indian Ocean: China's Strategic Triangle, *Indian Defense Review*, Vol. 22, No. 2, 2007.

21. Gurpreet S. Khurana, China's "String of Pearls" in the Indian Ocean and Its Security Implications, *Strategic Analysis*, Vol. 32, No. 1, 2008.

22. Robert Beckman, Singapore Strives to Enhance Safety, Security, and Environmental Protection in Its Port and in the Straits of Malacca and Singapore, *Ocean and Coastal Law Journal*, Vol. 14, No. 2, 2008.

24. Gurpreet S. Khurana, China – India Maritime Rivalry, *India Defense Review*, Vol. 23, No. 4, 2008.

25. Ian Storey, Securing Southeast Asia's Sea Lanes: A Work in Progress, *Asia Policy*, No. 6, 2008.

26. James R. Holmes, China and United States in the Indian Ocean: An Emerging Strategy Triangle, *Naval War College Review*, Summer 2008.

27. Michael Buky, Terrorism, Piracy and Climate Change: Challenges to International Maritime Governance, *Social Alternatives*, Vol. 28, No. 2, 2009.

28. Robert D. Kaplan, Center Stage for the 21st Century: Power Plays in the Indian Ocean, *Foreign Affairs*, Vol. 88, No. 2, 2009.

29. Rosenberg David, The Political Economy of Piracy in the South China Sea, *Naval War College Review*, Vol. 62, No. 3, 2009.

30. Lee Cordner, Rethinking Maritime Security in the Indian Ocean Region, *Journal of the Indian Ocean Region*, Vol. 6, No. 1, 2010.

31. Michael L. Mineau, Pirates, Blackwater and Maritime Security: The Rise of Private Navies in Response to Modern Piracy, *Journal of International Business and Law*, Vol. 9, No. 1, 2010.

32. H. Jill, Blackbread Meets Blackwater: An Analysis of International Conventions that Address Piracy and the Use of Private Security Companies to Protect the Shipping Industry, *American University International Law Review*, No. 2, 2010.

33. Peter Chalk, Piracy off the Horn of Africa: Scope Dimensions, Causes and Responses, *Brown Journal of World Affairs*, Vol. 16, No. 2, 2010.

34. S. Chung, Strengthening Regional Governance to Protect the Marine Environment in Northeast Asia: From a Fragmented to an Integrated Approach, *Marine Policy*, Vol. 34, No. 3, 2010.

35. Freedom C. Onuoha, Piracy and Maritime Security off the Horn of African: Connections, Causes, and Concerns, *African Security*, Vol. 3, No. 4, 2010.

36. Seline Trevisanut, Search and Rescue Operations in the Mediterranean: Factor of Cooperation or Conflict, *The International Journal of Marine and Coastal Law*, Vol. 25, No. 4, 2010.

37. Juan L. Suárez de Vivero, Ocean Governance in a Competitive World. The BRIC Countries as Emerging Maritime Powers – Building New

Geopolitical Scenarios, *Marine Policy*, Vol. 34, No. 5, 2010.

38. Gunnar Kullenberg, Human Empowerment: Opportunities from Ocean Governance, *Ocean & Coastal Management*, Vol. 53, No. 8, 2010.

39. Mahmoud Yazdan - Fam, Persian Gulf Oil: US Challenges and Policies, *The Iranian Journal of International Affairs*, Vol. 218, No. 149, 2010.

40. Daniel J. Kostecka, Places and Bases: Chinese Navy's Emerging Support Network in the Indian Ocean, *Naval War College Review*, Vol. 64, No. 1, 2011.

41. Lauren Hilgers, Pirates of the Marine Silk Road, *Archaeology*, Vol. 64, No. 5, 2011.

42. Jan van Tatenhove, Integrated Marine Governance: Questions of Legitimacy, *Marine Studies*, Vol. 1, No. 10, 2011.

43. Dennis Rumley, "Securing" the Indian Ocean? Competing Regional Security Constructions, *Journal of the Indian Ocean Region*, Vol. 8, No. 1, 2012.

44. Ilie Marian, Developing Effective Ocean Governance, *Geopolitics, History, and International Relations*, No. 4, 2012.

45. Robin Kundis Craig, Ocean Governance for the 21st Century: Making Marine Zoning Climate Change Adaptable, *Harvard Environmental Law Review*, Vol. 36, 2012.

46. Sung Gwi Kim, The Impact of Institutional Arrangement on Ocean Governance: International Trends and the Case of Korea, *Ocean & Coastal Management*, Vol. 64, 2012.

47. Patrick Mendis, The Sri Lankan Silk Road the Potential War Between China and the United States, *Harvard International Review*, Fall 2012.

48. Om Prakash Dahiya, India Australia Maritime Cooperation: Challenges and the Way Ahead, *Maritime Affairs : Journal of the National*

Maritime Foundation of India, Vol. 9, No. 1, 2013.

49. Peter Lehr, Piracy and Maritime Governance in the Indian Ocean, *Journal of the Indian Ocean Region*, Vol. 9, No. 1, 2013.

50. P. Lawrence, Marine Environmental Governance in the East Asian Seas Region, *Coastal Management*, Vol. 41, No. 2, 2013.

51. Thia – Eng Chua, Coastal and Ocean Governance in the Seas of East Asia: PEMSEA's Experience, *Coastal Management*, Vol. 41, No. 2, 2013.

52. A. Petrig, The Use of Force and Firearms by Private Maritime Security Companies against Suspected Pirates, *International & Comparative Law Quarterly*, No. 3, 2013.

53. Duncan Cook, Somali Piracy and the Monsoon, *Weather, Climate, and Society*, Vol. 5, No. 4, 2013.

54. Elio Marchione, Spatial, Temporal and Spatio – Temporal Patterns of Maritime Piracy, *The Journal of Research in Crime and Delinquency*, Vol. 50, No. 4, 2013.

55. Hussein Soliman, The Sinking of the Al – Salam Boccaccio 98 Ferry in the Red Sea: The Integration of Disaster Support System Models and Emergency Management Experience, *International Journal of Disaster Risk Reduction*, Vol. 4, 2013.

56. Zahid Ali Khan, China's Gwadar and India's Chahbahar: An Analysis of Sino – India Geo – strategic and Economic Competition, *Strategic Studies*, Vol. 32, 2013.

57. Yvind Breivik, Advances in Search and Rescue at Sea, *Ocean Dynamics*, Vol. 63, 2013.

58. Nina Maier, Dividing the Common Pond: Regionalizing EU Ocean Governance, *Marine Pollution Bulletin*, Vol. 67, 2013.

59. Jan P. M. van Tatenhove, How to Turn the Tide: Developing Legitimate Marine Governance Arrangements at the Level of the Regional

Seas, *Ocean & Coastal Management*, Vol. 71, 2013.

60. Z. D. Singh, Indian Perceptions of China's Maritime Silk Road Idea, *Journal of Defense Studies*, Vol. 8, No. 4, 2014.

61. Katherine Houghton, Identifying New Pathways for Ocean Governance: The Role of Legal Principles in Areas beyond National Jurisdiction, *Marine Policy*, Vol. 49, 2014.

62. Klaus Topfer, Charting Pragmatic Courses for Global Ocean Governance, *Marine Policy*, Vol. 49, 2014.

63. Christopher Len, China's 21st Century Maritime Silk Road Initiative, Energy Security and SLOC Access, *Maritime Affairs: Journal of the National Maritime Foundation of India*, Vol. 11, No. 1, 2015.

64. Elizabeth A. Kirk, The Ecosystem Approach and the Search for An Objective and Content for the Concept of Holistic Ocean Governance, *Ocean Development & International Law*, Vol. 46, No. 1, 2015.

65. Gurpreet S. Khurana, China, India and "Maritime Silk Road": Seeking a Confluence, Maritime Affairs, *Journal of the National Maritime Foundation of India*, Vol. 11, No. 1, 2015.

66. Mohd Aminul Karim, China's Proposed Maritime Silk Road: Challenges and Opportunities with Special Reference to the Bay of Bengal Region, *Pacific Focus: Inha Journal of International Studies*, Vol. 30, No. 3, 2015.

67. L. B. Pitlo III, India's Perception and Response to China's "One Belt, One Road" Initiative: Views From Indian Mainstream Media, *Asian Politics and Policy*, Vol. 7, No. 4, 2015.

68. Morgan Clemens, The Maritime Silk Road and the PLA, *China Brief*, Vol. 15, No. 6 – 7, 2015.

69. Christian Burger, What is Maritime Security, *Marine Policy*, Vol. 53, 2015.

70. Julien Rochette, Regional Oceans Governance Mechanisms: A

Review, *Marine Policy*, Vol. 60, 2015.

71. D. Pyc, Global Ocean Governance, *The International Journal on Marine Navigation and Safety of Sea Transportation*, Vol. 10, No. 1, 2016.

72. Lisa M. Campbell, Global Oceans Governance: New and Emerging Issues, *Annual Review of Environment & Resources*, Vol. 41, No. 1, 2016.

73. Rory Medcalf, Rules, Balance, and Lifelines: An Australian Perspective on the South China Sea, *Asia Policy*, Vol. 21, No. 1, 2016.

74. Sarah Percy, Maritime Crime and Naval Response, *Survival*, Vol. 58, No. 3, 2016.

75. Basil Germond, Ocean Governance and Maritime Security in a Placeful Environment: The Case of the European Union, *Marine Policy*, Vol. 66, 2016.

76. Portia B. Conrad, China's Access to Gwadar Port: Strategic Implications and Options for India, *Maritime Affairs: Journal of the National Maritime Foundation of India*, Vol. 13, No. 1, 2017.

77. Jean – Marc F. Blanchard, The Geopolitics of China's Maritime Silk Road Initiative, *Geopolitics*, Vol. 22, No. 2, 2017.

78. Shafiah F. Muhibat, Indonesia – Australia Ties: Joint Patrol in the South China Sea, *RSIS Commentary*, No. 50, 2017.

79. Joanna Vince, Ocean Governance in the South Pacific Region: Progress and Plans for Action, *Marine Policy*, Vol. 79, 2017.

80. Tiffany C. Smythe, Marine Spatial Planning as a Tool for Regional Ocean Governance? An Analysis of the New England Ocean Planning Network, *Ocean & Coastal Management*, Vol. 79, 2017.

81. Koh Swee Lean Collin, China – India Rivalry at Sea: Capability, Trends and Challenges, *Asian Security*, Vol. 15, No. 1, 2019.

82. Douglas Guilfoyle, The Rule of Law and Maritime Security: Understanding Lawfare in the South China Sea, *International Affairs*, Vol. 95, No. 5, 2019.

后　记

本书是由笔者主持的国家社科基金资助项目"'21世纪海上丝绸之路'航道安全保障国际合作机制研究"（16BGJ031）的最终成果。该项目自正式立项以来，主持人及课题组成员围绕该项目的有关问题在《中国软科学》（CSSCI）、《东北亚论坛》（CSSCI）、《党的文献》（CSSCI）、《大连理工大学学报（社会科学版）》（CSSCI）、《亚太安全与海洋研究》（CSSCI扩展版）、《广西社会科学》（CSSCI扩展版）、《中共福建省委党校（福建行政学院）学报》（北核）等重要刊物上发表了一系列论文，有的论文还被人大报刊复印资料全文转载或获奖。在此基础上，经过系统钻研，数易其稿，完成本课题最终结项成果。

本项目在申报、完成以及出版的过程中，大连海事大学与时事出版社等有关部门给予了大力支持和帮助，在此表示深深谢意！本书在写作过程中，课题组成员及笔者的学生为本书有关资料的收集、整理与分析做出了一定贡献，同时参考、借鉴、吸收了学术界有关研究成果，在此表示诚挚谢意！

有关航道安全保障国际合作机制构建属于跨学科研究，涉及与海洋有关的多学科知识，需要进行全方位、多角度综合分析，具有很强的特色性、专门性、行业性、技术性与实践性。但由于笔者学识有限，再加上有关资料限制，对个别问题尚缺乏深入探讨，需要在今后的研究中进一步充实、完善与提高。

国际航道漫长，情况复杂，涉及面广，有关航道安全保障国际合作机制构建是一项长期、宏大的系统工程，但目前学术界对此研究尚处于起步阶段，还有许多问题值得不断探讨。因此笔者在今后的工作中将持续关注与思考这一问题，同时希望有越来越多的有识之士也能参与相关问题探究，并随着时代发展而不断提出科学合理与切实可行的建议及方案，共同为航道安全保障国际合作长效机制构建献计献策！

史春林

于大连海事大学